KB251251

한국정치와
권력구조의 선택

내일을여는지식 / 정치 1

한국정치와 권력구조의 선택

강상호 지음

KSi 한국학술정보㈜

1987년 9차 헌법 개정으로 민주 헌정이 부활된 지 20여 년이 되었다. 기간 중 여야 간 정권교체를 포함해 5번의 정권교체가 있었으나 아직도 한국의 정치는 낙후된 분야로 평가받고 있다. 그러나 한국 정치의 후진성을 단순히 정치인들의 자질 문제나 대통령의 리더십 문제로만 볼 수 없는 것은 유사한 문제점들이 대통령과 정권이 바뀌어도 반복적으로 나타나고 있다는 점이다. 따라서 본서에서는 한국 정치를 권력구조와 관련한 제도적인 관점에서 접근하여 각 유형별 권력구조의 특성과 제6공화국 정부 권력구조의 문제점들을 분석하고, 그 결과를 바탕으로 현시점에서 바람직한 대안적 정부 권력구조를 모색하였다.

한국 정치는 민주화 이후 지속적으로 변화하고 있다. 한국 사회가 지식 정보 사회로 진입하면서 다양한 세력이 상생 정치를 지향하는 협의제 정치문화로 변해 가고 있으며, 지역주의 정당문화와 1인 2표 정당 명부식 비례 대표제의 도입으로 다당제가 일반화되어 가고 있다. 그리고 대부분의 정당이 원내 정책정당을 표방하고, 선거제도에 있어서 향후 비례 대표제의 확산과 결선 투표제의 도입 필요성이 부각되고 있으며, 지방자치를 통해 권력의 지방분권화가 가속되고 있다. 대통령제가 다수결 정치문화, 양당제, 선거정당, 다수 득표제와 잘 조응하는 데 비해, 분권형 대통령제는 협의제 정치문화, 정책정당, 비례 대표제, 결선 투표제 그리고 지방분권화와 잘 조응할 수 있다는 점에서 대통령제보다는 분권형 대통령제가 한국의 정치 상황에 더 적절한 제도라 할 수 있다.

분권형 대통령제의 정치적 효과로는 첫째, 분점정부하에서 나타나는 대통령과 의회 간 교착 상태의 제도적 해결이 가능하고, 둘째, 여야 간 혹은 행정부와 입법부 간에 일정 부분 권력을 공유함으로써 책임정치의 구현이 기대되며, 셋째, 내각 책임제적 운영으로 정당이 행정부와 의회의 매개 역할을 함으로써 정당정치가 발전하고, 넷째, 분권형 대통령제가 갖고 있는 집단적 통치 성향으로 잠재적 정치 지도자의 양성과 검증이 가능하며, 대통령제하에서 발생하는 정권 간 경험의 단절 현상이 완화됨으로써 아마추어리즘의 폐해를 줄일 수 있고, 다섯째, 국가 원수와 행정부 수반을 분리시킴으로써 한 사람이 두 역할을 동시에 수행함에 따라 발생하는 역할 갈등을 해소할 수 있으며, 전임 정부의 평가와 책임이 정당을 통해 계승됨으로써 국가 정책의 연속성에 대한 신뢰도를 향상시킬 수 있다는 점이다.

따라서 현시점에서 헌법 개정을 통해 제6공화국의 정부 권력구조를 개편한다면 대안적 권력구조로서 분권형 대통령제를 고려해 볼 수 있다.

본서는 필자의 박사학위 논문을 단행본으로 출판하기 위해 다시 정리한 것이다. 박사학위 논문에서 본서의 출판에 이르기까지 많은 지도를 해 주신 신정현 교수님과 윤성이 교수님 그리고 목천회 회원님들께 깊은 감사를 드린다. 그리고 오랜 기간 동안 함께하면서 항상 격려를 아끼지 않았던 필자의 가족들과 본서의 출판을 맡아 주신 한국학술정보(주)에 감사를 드린다.

2009년 새해 아침에

旦海 강상호

■■■제1장 序 論

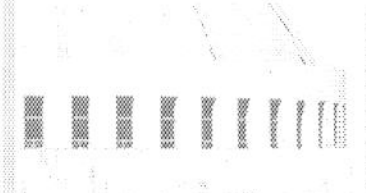

제1장
序 論

19 87년 시행된 9차 헌법 개정으로 한국에서 제6공화국이 탄생한 지도 20년이 되었다. 이 기간 동안 5번의 대통령 선거가 있었고 6번의 국회의원 선거가 있었다. 5명의 대통령을 기준으로 보통사람의 시대, 문민정부의 시대, 국민정부의 시대, 참여정부의 시대 그리고 이명박 정부의 시대로 불리면서 각 정권은 민주주의 공고화에 나름대로 기여해 왔지만, 아직도 정치 분야는 많은 문제점을 갖고 있으며, 한국사회에서 다른 분야에 비교해 낙후된 분야로 평가받고 있다.

제6공화국의 정치 비효율성과 관련해서는 여러 가지 현상들을 지적할 수 있는데, 문제는 이러한 현상들이 정도의 차이는 있지만 어느 한 정권에 국한되어 나타난 현상이 아니라 여러 정권을 거쳐 지속적으로 반복된다는 점에서, 권력구조와 관련한 제도적인 분석이 필요하다. 권력구조란 포괄적 개념으로 정부형태, 정당체제, 선거제도, 중앙정부와 지방정부의 관계 등을 총괄한 정치체제 자체를 말할 수 있으나, 본서에서 말하는 권력구조는 정부형태, 즉 행정부,

입법부, 사법부의 관계를 중심으로 한 대통령제, 내각 책임제, 혼합제 등 협의적 의미로 정부 권력구조를 지칭하는 개념으로 사용하였다.

제1절 연구의 목적

제6공화국 정부 권력구조의 문제점을 논의하고 그 대안적 권력구조를 모색하는 것은 규범적인 차원에서 가능할지라도 현실적으로 상당한 어려움이 있다. 왜냐하면 국민들의 권력구조 선호는 권력구조에 대한 깊은 이해를 기반으로 형성되기보다는 그들이 지지하는 정치인의 선호에 따라 영향을 받고, 정치인은 전략적 계산에 의해 권력구조를 선호하는 경향이 있기 때문이다.[1]

대한민국 정부 수립 후 지금까지 있었던 9차례의 헌법 개정에서 주된 과제는 권력구조와 관련된 것이었다. 그러나 정파적 이해와 관계없이 권력구조와 관련하여 국민의 권력구조 선호 의지가 분명하게 반영된 것은 4·19 혁명 이후 내각제를 선택한 1960년의 3차 개헌과 6월 항쟁의 결과 직선제 대통령제를 채택한 1987년의 9차 개헌이었다. 이 두 차례 국민의 선택에서 알 수 있듯이 대통령제하에서 권위주의적 독재 권력구조를 경험한 직후에는 내각제가 민주화의 전제조건처럼 받아들여졌고, 군부세력의 불순한 정권 연장의

---

1 김재한, "한국의 권력구조 선호", 『한국의 권력구조 논쟁』(서울: 풀빛, 1997), pp.175-213.

수단으로 내각제가 기획되던 시기에는 직선제 대통령제가 민주화를 위한 초석처럼 받아들여졌다.

국민의 권력구조 선호가 이렇게 특정 시기 특수 상황을 반영하면서 가변적이며, 여론조사에서 나타난 대통령제 선호에는 한국형 대통령제에 기반을 둔 선호를 상당 부분 포함하고 있는 것으로 추정되고, 한국형 대통령제는 대통령 중심 혼합제적인 성격을 갖고 있다는 점에서 대통령제에 대한 여론 지지율을 순수 대통령제에 대한 선호로 해석하는 데에는 문제가 있지만, 1987년 이후 현재까지 주기적으로 실시된 여론 조사결과를 살펴보면, 한국 국민들은 대통령제를 가장 선호하는 것으로 나타나고 있다.[2] 국민들의 선호뿐만 아니라, 현실적으로 권력구조를 바꾸기 위해서는 국회 재적의원 2/3의 찬성을 이끌어 내야 하는데, 외부적 충격이 없는 상황에서 다양한 이해관계를 대변하며 보수적 성향을 보이는 현재의 정치권이 기존의 권력구조를 대체할 새로운 권력구조를 도출하기 위하여 적극적으로 나설 것 같지 않아 보인다.

권력구조는 특성상 어떤 권력구조이던 한 번 채택되면 다른 권력구조로 쉽게 전환되지 않는다. 권력구조와 민주주의 공고화 관계에 대한 메인워링(Mainwaring)과 슈가트(Sugart), 스테판(Stepan)과 스카시(Skach), 그리고 슈가트(Sugart)와 케리(Carey)의 연구 보고서를 보면, 일반적으로 내각제를 채택한 국가들이 대통령제를 채택한 국가들에 비해서 민주주의를 유지한 비율이 높았다는 사실을 밝히고 있다.[3] 그러나 중요한 사실은 대통령제에서 실패한 대다수의 국

---

2 2008년 9월 중앙일보 여론조사에서 분권형 대통령제 선호도가 대통령제 선호도보다 앞서는 것으로 나타났지만 다른 조사들에서는 일반적으로 대통령제 선호도가 가장 높게 나타나고 있다.(본서 25page 참조)

가들이 권력구조를 대통령제에서 내각제로 바꾸지 않았다는 사실이며, 내각제에서 실패한 대다수의 국가들 역시 내각제에서 대통령제로 바꾸지 않았다는 사실이다. 1945년 이후 대통령제를 하다가 내각제로 권력구조를 바꾸고 안정적으로 운영하고 있는 나라는 스페인 정도이며,4 브라질은 내각제를 검토하다 이를 포기하고 대통령제를 지속하고 있다.5 내각제를 실시하다 대통령제로 권력구조를 바꾼 나라는 스리랑카(1978년)와 나이지리아(1979년) 등이 있을 뿐이다.6

이상에서 언급한 제반 사항들을 고려하면, 현시점에서 부분적인 보완을 넘어서 총체적으로 그 대안적 권력구조를 모색하는 것은 쉽지 않다. 그러나 9차 헌법 개정 이후 한국 사회에 지속적으로 반복되고 있는 정치의 비효율성, 여야 간 교착 상태의 일상화, 조기 레임덕 현상, 책임정치의 실종, 신당 창당을 통한 상황 극복과 정당제도의 위기, 국가 정책의 지속성에 대한 신뢰도 추락, 아마추어리즘의 반복 등을 대통령 한 개인의 리더십 또는 특정 정치 그룹의 문제로 남겨두어서는 우리의 정치 발전을 기대할 수 없다.

일부에서는 제도의 개선보다는 운영의 묘를 강조하나, 1987년 이후 5명의 대통령을 거치면서도 유사한 문제점들이 개선되지 않

---

3 Juan J. Linz, 「대통령제와 내각제: 과연 다른가」, 신명순 · 조정관 공역, 『내각제와 대통령제』 (서울: 나남출판, 1995), pp.187 – 194.

4 라종일 · 강량, 「통일한국을 대비한 권력구조」, 『한국의 권력구조 논쟁』(서울: 풀빛, 1997), p.506.

5 이종찬, 「한국 권력구조 개편논의의 허상과 실상: 제도화의 방향」, 『한국의 권력구조 논쟁』 (서울: 풀빛, 1997), p.30.

6 Donald Horowitz, L., "Comparing Democratic Systems", Larry Diamond · Marc F. Plattner, eds. *The Global Resurgence of Democracy*(The Johns Hopkins University Press, 1996), pp.143 – 149.

는다는 것은 제도의 변화 없이는 문제의 핵심을 해결할 수 없다는 결론에 이르게 한다. 노무현 정권에서 야당의 협조하에 시도하려 했던 책임 총리제나 대연정이 실현되지 못한 사례에서 알 수 있듯 이, 제도적 변화를 수반하지 않은 권력구조의 변칙적 운영은 위헌 시비뿐만 아니라 야당의 협력조차 얻어내기 어려워, 운영의 묘는 한계를 가질 수밖에 없다.

1987년 6월 항쟁의 결과 국민적 합의로 이루어진 제6공화국 헌법을 만드는 데 관여했던 헌법학자들도 제6공화국 대통령제와 정책정당제도 간의 문제점을 지적하거나,[7] 제6공화국 헌법이 이제까지의 어떤 헌법보다도 국민의 기본권 보장을 넓히고, 헌법 재판소를 통한 실효적인 보장도 이루어졌지만, 권력구조의 경우 대통령과 여소 야대의 국회가 대립할 때 무정부 상태를 가져올 수 있어서 권력구조의 개편이 필요하다고 주장한다.[8]

또한 일부에서는 제6공화국 정부 권력구조가 근대화 시대의 권력구조에 민주화의 국민적 여망을 결합한 미봉적인 것이며, 그 개정 과정도 상황의 시급성과 협상에 의한 민주이행의 단기적 목적 달성의 필요성이 지배하였고, 따라서 통치성 및 안정성 측면에서 많은 결함이 있다고 지적한다. 따라서 '탈근대적인 선진화 시대'에 일상적 정치를 안정적이며 효율적으로 운영할 수 있는 권력구조가 필요하다고 주장한다.[9]

---

7 장석권, 「정치권의 개헌논의와 헌법 제3조(영토조항) 및 제4조(통일의 기본원칙)의 개폐문제」, 『자유공론』 2006년 1월호.

8 김철수, 「헌법 개정의 기본 방향」, 『헌법학 연구』 제10권 제1호(2004).

9 조정관, 「한국 권력구조 개편 논의: 대통령제의 정상적 작동을 향한 개헌론」, 2005 한국정치학회 춘계학술 발표문.

이처럼 권력구조를 주축으로 하는 헌법 개정 논의의 필요성이 각계각층에서 다양한 형태로 나타나고 있다. 그러나 이러한 논의가 충분한 여론 수렴 과정을 거치지 않고, 경제난국과 다른 정치 현안들에 밀려 정치권을 중심으로 또다시 졸속하게 논의된다면, 권력구조의 변화에 따른 정치 사회적 비용만 치르고 그 효과는 기대할 수 없게 될 것이다. 사실 우리 헌법은 그동안 권력투쟁의 수단이 돼 왔고, 개헌 논쟁 등 제도 논쟁 또한 '정권의 유지 획득을 위한 수단으로서, 정치게임의 규칙을 만들기 위한 의도'를 가지고 있었다.[10] 이제 이러한 정략적인 차원에서 벗어나, 학계, 정치권 그리고 시민 단체가 공동으로 제6공화국 정부 권력구조가 갖고 있는 특징과 문제점을 정부형태, 정당체제, 선거제도, 지방분권화 그리고 정치문화를 중심으로 심도 있게 분석하고, 각 제도 간 조응성을 갖춘 효율적인 권력구조를 찾아서 대안을 제시하는 것이 바람직하다. 그리고 그 대안에 대한 상당 기간의 공론화 과정을 거치면서 국민들의 권력구조에 대한 이해를 증진시켜 합의를 이끌어 내고, 그 토대 위에 세계화, 정보화, 선진화 시대에 적합하게 헌법을 개정해야 할 것으로 사료된다.[11]

그런 의미에서 본서가 추구하는 바는 대통령제, 내각 책임제, 대통령 중심 혼합제 그리고 내각 중심 혼합제를 비교 분석하고, 그

---

[10] 이계희, 「이원집 정부제의 한국적 응용」, 『한국 사회과학 논총』 제9권(1998), pp.255－274.

[11] 공론화 과정을 거치지 않은 상태에서 유권자들은 특정 권력구조에 대해 잘못된 이미지를 가질 수 있으며, 이러한 상태에서의 여론 조사 결과는 신뢰하기 힘들다. 2003년 11월에 실시된 SBS 여론조사에서 '분권형 대통령제'에 대한 선호도가 20.3%로 나타났으나, 비슷한 시기인 2003년 12월에 실시된 국민일보 여론 조사에서는 '이원집 정부제'에 대한 선호도가 9.0%로 나타났다. 동일한 권력구조에 대해 이처럼 선호도가 크게 차이를 보인 배경에는 권력구조에 대한 일반 유권자들의 낮은 이해를 반영한 측면이 있다.

결과를 제6공화국 정부 권력구조의 특징과 연관시켜, 우리가 직면하고 있는 제반 문제점들을 해결하는 데 적합한 대안적 권력구조를 모색하는 데 있다. 이것은 권력구조를 기존의 순수 권력구조의 틀에서 생각하고 선택하는 문제가 아니라, 한국의 정부 권력구조를 대통령 중심 혼합제로 인식하고 각 제도 간 조응성을 중심으로 새로운 조합을 만들어 나가는 형식이 될 것이다.

제2절 연구의 방법과 범위

광의적 의미의 권력구조는 헌법 또는 법률로 규정된 제도뿐 아니라 권력관계의 실제적 기능과 운용에 관련된 정치 과정상의 모든 요소를 총체적으로 의미하는데, 최근의 세계화, 탈산업화 등 전환기적 사회변화로 그 총체성이 더욱 확대되고 반대로 그 정형성은 더욱 낮아지고 있다. 따라서 권력구조 논의가 권력구조의 비제도적 차원의 기능까지 고려해야만 부분성이라는 한계를 벗어날 수 있는 것으로 지적되고 있다.[12] 권력구조가 갖고 있는 이러한 본질적 성격 때문에, 권력구조를 비교 분석함에 있어서, 세량적 분석 방법을 이용한 인과적 추론 방법을 사용하는 데에는 상당한 제약 요건이 있는 것으로 보인다. 첫째, 권력구조와 민주 정치의 안정관계를 인과관계로 설명하기에는 다중 인과성에 따른 누락 변인의 오류가

---

12 임성호, 「권력구조의 총체성과 권력구조 논의의 부분성: 그 불이치의 극복을 위한 시론」, 『한국정당 학회보』 4권 1호(2005), pp.61 - 68.

예상되고, 둘째, 특정 기간 동안 비교하고자 하는 각국의 정치 상황을 조작화 과정을 거쳐 통계 처리하여 각각의 권력구조와 민주정치 안정 관계를 인과적 추론 방식으로 설명할 경우, 방법론적으로 분석단위의 동질성(unity homogeneity) 문제가 예상된다. 린쯔(Linz)도 권력구조 연구 시 실증연구에는 통제하기 어려운 많은 변수들이 존재하기 때문에 체계적인 계량 분석에는 방법론상으로 문제가 많다고 지적하고 있다.[13]

따라서 본서는 문헌연구를 중심으로 제2장에서 대통령제, 내각책임제, 대통령 중심 혼합제, 그리고 내각 중심 혼합제에 대한 구성원리와 장·단점을 정리하고, 비교 정치학적인 관점에서 정부형태와 정당체제, 선거제도, 지방분권화 그리고 정치문화의 관계를 중심으로 비교 분석한다. 정부형태, 중앙정부와 지방정부의 관계, 정당체제, 선거제도는 각각 개별적으로 논의되어서는 곤란하다. 정부형태는 정당체제와 밀접한 관계가 있고, 정당체제는 선거제도의 영향을 받는다는 것은 이미 입증되어 있다. 정당체제, 선거제도 지방분권화 그리고 정치문화의 관계는 각 제도의 전체적인 분석보다는 이들 제도가 각각의 정부형태와 어떻게 조응하고 있는가라는 관점에서 접근한다. 구체적인 방법으로 이들 제도가 각각의 정부형태와 어떻게 조합되는 것이 권력구조의 안정성, 정당성 그리고 효율성 면에서 최적의 시너지 효과를 낼 수 있는가를 각 정부형태의 대표적 운영국가들을 중심으로 살펴본다. 즉 대통령제는 미국, 내각 책임제는 영국, 대통령 중심 혼합제는 분권형 대통령제의 프랑스 그리고 내각

---

13 Juan J Linz, 「대통령제와 내각제: 과연 다른가」, 신명순·조정관 공역 『내각제와 대통령』, p.187.

중심 혼합제는 재상제의 독일을 중심으로 분석할 것이다.

지금까지의 연구에 의하면, 정당체제에 있어서 양당제는 대통령제, 내각 책임제와 조응성이 높으며, 다당제는 내각 책임제, 대통령 중심 혼합제, 그리고 내각 중심 혼합제와 조응성이 높다. 선거제도에 있어서 단순 다수 대표제는 대통령제, 내각 책임제와 조응성이 높으며, 비례 대표제는 내각 책임제, 대통령 중심 혼합제 그리고 내각 중심 혼합제와 조응성이 높다. 지방분권화에 있어서는 지방분권화가 모든 정부형태와 조응성이 높은 반면, 중앙집권화는 효율성 면에서 대통령제와 조응성이 낮다. 그리고 정치문화에 있어서는 타협적 정치문화가 모든 정부형태와 조응성이 높은 반면, 갈등적 정치문화는 대통령제와 조응성이 낮다.

제3장에서는 현재의 권력구조인 제6공화국의 권력구조의 특징과 문제점을 분석한다. 먼저 경로 분석적인 차원에서 1948년 제헌헌법과 9차례에 걸친 헌법 개정에서 나타난 권력구조의 변화 과정을 분석할 것이다. 제6공화국 정부 권력구조의 특징은 대통령 중심 혼합제로서 현 제도가 갖고 있는 대통령제적 요소, 내각 책임제적 요인, 분권형 대통령제적 요소를 분석하고, 정당체제, 선거제도, 중앙정부와 지방정부의 관계 그리고 정치문화의 변화를 제2장에서 분석한 정부형태와의 조응성 관점에서 살펴본다. 그리고 그 결과를 바탕으로 제6공화국 정부 권력구조에서 나타나는 문제점을 불안정한 혼합제, 이원적 정통성과 행정부와 입법부 간 비대칭성, 승자의 권력 독점과 제왕적 대통령, 분점정부의 보편화와 통치력의 약화, 정당정치의 위기와 책임정치의 실종 등을 중심으로 분석한다.

제4장에서는 그동안 제6공화국 정부 권력구조의 문제점과 관련

하여 있었던 논의들을 순수 대통령제 회귀론, 순수 내각제 개헌론 그리고 제6공화국 권력구조 보완론을 중심으로 살펴본다. 순수 대통령제 회귀론자들은 총리제 폐지와 내각 책임제적 요소 제거 그리고 부통령제와 4년 중임제 도입 등을 통한 미국식 대통령제를 주장하고 있으며, 순수 내각제 개헌론자들은 대체적으로 영국식 내각 책임제 혹은 내각 중심 혼합제라 할 수 있는 독일식 혼합제 도입을 주장한다. 제6공화국 정부 권력구조 보완론자들은 책임 총리제 도입을 주장하거나, 헌법의 운영적 측면을 강조하면서 헌법의 개정 없이 정당제도·선거제도와 같은 중간수준의 정치제도 보완을 통해서 소기의 성과를 이룰 수 있다고 주장하고 있다. 본 장에서는 이와 같은 주장들에 대하여 비판적 관점에서 분석한다.

제5장에서는 대안적 권력구조로서 분권형 대통령제의 타당성을 설명한다. 대통령 중심 혼합제와 관련한 용어로는 각종 문헌에서 다양한 명칭이 사용되고 있다. 대표적인 명칭으로서 이원집 정부제(dual executive system), 분할 집정제(divided executive system), 준대통령제(semi-presidential government), 총리형 대통령제(premier-presidential regime),[14] 의사 내각제(quasi-parliamentary system), 분권형 대통령제 등이 있다. 이 중 분권형 대통령제는 국내 일부 정치권[15]과 학자들[16]이 사용하는 용어로 아직까지 적절한 영어 표기

---

14 슈가트(Mathew Soberg Shugart)와 캐리(John M. Carey)는 이원집 정부제의 특징을 '분리 집정제(divided executive)'로 규정하고, 뒤베르제의 '반대통령제'라는 용어 대신 '총리(수상)형 대통령제(premier-presidential)'를 제안한다. 즉 총리(수상)와 국민이 선출하는 대통령이 공존하는 총리(수상) 우위의 정부형태를 강조한다. 이계희, 「이원집 정부제의 한국적 응용」 참조.

15 박상천, 「분권형 대통령제 개헌의 시급성과 반대론에 대한 검토」, 2002.

16 황태연·박명호, 『분권형 대통령제 연구』(서울: 동국대 출판부), 2003.

에 대한 합의를 보지 못한 상태에서 그냥 semi-presidential system 으로 표기하고 있다. 그러나 본서에서는 분권의 개념이 권력을 나 누어 갖는다는 개념보다는 권력을 공유함으로써 책임도 공유한 다는 의미를 갖는다는 점에서 분권형 대통령제의 영문 표기로 'Power sharing presidential system'을 사용한다. 분권형 대통령제라 고 한국적 표기를 처음 사용하게 된 배경에는 1980년도 신군부 세 력이 권력 장악을 위한 수단으로 프랑스의 정부 권력구조를 연구 하면서 '이원집 정부제'라는 용어를 사용함으로써 이원집 정부제에 대한 부정적인 인식이 우리 국민들 사이에 남아 있고,[17] 현재의 국 민정서가 대통령제를 선호한다는 사실에 기인하는 것으로 보인다. 실제로 여론조사를 실시해 보면, 아래 〈표 1〉에 나타나는 바와 같

〈표 1〉 정부형태에 관한 여론조사 추이(1987년 - 2008년)

권력구조 \ 조사 시기	1987	1991	1995	2000	2003	2005	2008
대통령중심제	64.6%	39.9%	44.2%	78.1%	59.0%	71.3%	25%
내각 책임제	23.9%	32.2%	40.7%	10.3%	17.1%	10.0%	34%
분권형대통령제	9.0%				20.3%	14.5%	39%
기타	2.5%	27.9%	15.1%	11.6%	3.6%	4.2%	2%

* 자료 출처 : 동아일보(87. 11. 05. 96. 01. 01), 한국갤럽(91. 02. 07), 국민일보(00. 12), SBS(03. 11), 한겨레(05. 07), 중앙일보(08. 09).
* 1987, 1991, 1995년 자료 : 김재한, 『한국의 권력구조 논쟁』에서 재구성.
* 이원집징부제(1987년 동아일보, 2005년 한겨레신문 자료)는 분권형 내통령세로 분류.

---

17 이계희, 「이원집 정부제의 한국적 응용」, pp.267 - 268.
　　10·26 사태 이후 '유신헌법''의 논의 과정에서 이원집 정부제 안이 제시됐으나 실현되지 못했다. 이들 안중에는 '정부가 준비한 개헌안', '서울 변호사회의 개헌안', '6인 학자 개헌 안'이 있는데, 당시의 정치적 분위기 속에서는 이원집 정부제 헌법이 마치 권위주의 정권을 유지하려는 정치적 방편으로 오해되어 이원집 정부제 주장에 대해서 매우 거부적 반응을 보 였다. 그러나 '6인 학자 개헌안'은 내각제에 입각한 절충형의 이원집 정부제 개헌을 제한한 대표적인 안으로 정략적인 발상에 제안된 것이 아니라, 학자들의 순수한 제안이었다는 점에 서 의미가 있고, 구체적인 안도 마련되었다. 당시 이 헌법안 연구에 참여한 6인의 학자는 정 치학자 3인(양호민, 장을병, 한정일)과 헌법학자 3인(김철수, 양건, 임종률)으로 구성되었다.

이 이원집 정부제라는 용어보다 분권형 대통령제라는 용어를 사용
하면 유권자들의 선호도가 높게 나타난다.

우리의 헌정사에서 정부의 권력구조는 표면상 대통령제였지만
내용적으로 내각제 또는 분권형 대통령제의 요소를 많이 포함하고
있어서, 우리 국민들은 순수 대통령제보다는 혼합제에 대한 경험을
많이 축적하고 있다. 다만 익숙해진 혼합제를 대통령제로 잘못 인
식하고 있는 측면이 있다. 경험적으로 혼합제에 익숙해진 한국으로
서는 현행 정부 권력구조를 순수 대통령제나 순수 내각제로 변환
할 경우, 분권형 대통령제로의 전환보다 오히려 변화에 따르는 충
격이 더 클 것으로 보인다. 따라서 본 장에서는 분권형 대통령제의
조직 운영 원리를 설명하고, 분권형 대통령제가 제6공화국 정부 권
력구조의 대안적 권력구조로 적절한 이유를 정당체제에서의 다당
제의 보편화, 선거제도에서의 비례 대표제의 확대, 지방분권화에
있어서 지방자치의 확산 그리고 정치문화에 있어서 다양한 이해관
계 표출과 갈등적 정치문화의 등장을 중심으로 분석할 것이다. 본
장에서 논의하게 될 분권형 대통령제의 조직 운영 원리는 프랑스,
핀란드, 포르투갈 등 유럽의 분권형 대통령제를 참조하고, 독일의
재상제 중 건설적 불신임제와 같은 일부 제도를 수용하는 제도가
될 것이다. 그리고 분권형 대통령제를 채택함으로써 나타나는 효과
를 이원적 지위의 한계 극복, 교착상태의 제도적 해결, 권력의 공유
와 책임정치의 구현, 정당정치의 제도화, 정치 지도자의 자질 향상,
협의제 정치문화의 조성이라는 측면에서 검토할 것이다.

끝으로 제6장에서는 본서에서 나타난 연구 결과를 요약하고 대
안적 권력구조로서 분권형 대통령제가 가장 바람직한 것으로 평가

한다. 본서가 갖는 의미는 제6공화국의 문제점을 제도적으로 접근했다는 것이며, 특히 정부형태를 정당체제, 선거제도, 지방분권화 그리고 정치문화와의 관계에서 분석했다는 것이다. 그 결과 시사하는 바는 정부형태가 효율적으로 운영되기 위해서는 정부형태를 채택할 때, 정당체제, 선거제도, 지방분권화 그리고 정치문화를 조응성 면에서 함께 검토해야 한다는 것이다.

■■■ 제2장 政府 權力構造의 유형과 형성 요인

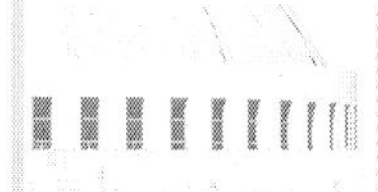

제2장
政府 權力構造의 유형과 형성 요인

정부 권력구조와 관련하여 일반인은 물론 많은 정치인들까지 권력구조에 대한 정확한 이해를 결한 경우가 많다. 대통령제의 경우, 대다수 사람들이 우리가 경험한 대통령제를 기초로 대통령 중심 혼합제를 대통령제로 이해하고 있으며, 내각제의 경우도 짧은 제2공화국의 경험을 바탕으로 분권형 대통령제의 운영형태가 가미된 내각제를 순수 내각제로 잘못 이해하고 있다.[1] 그리고 분권형 대통령제에 대해서는 1980년 신군부의 권력 장악 과정과 관련하여 대다수의 국민들이 부정적 시각을 갖고 있다.

따라서 본 장에서는 먼저 정부의 대표적인 권력구조 형태를 대

---

1 제2공화국은 제도적으로는 내각제임에도 불구하고 실제로 운영된 통치 방식에서는 이원 정부제(분권형 대통령제)에서 나타나는 것과 비슷한 속성을 보였다. 내각제적인 통치형태임에도 불구하고 윤보선 대통령은 상징적인 국가 원수의 역할보다는 실제로 정치적 영향력 행사를 원하는 현역 정치인이었다. 강원택, 『대통령제, 내각제와 이원 정부제』(서울: 인간사랑, 2006), pp.205 – 208.

통령제, 내각 책임제, 대통령 중심 혼합제, 그리고 내각 중심 혼합제로 분류하여 각 제도의 구성 원리와 장·단점을 살펴본다. 그리고 이들 권력구조를 성공적으로 운영하고 있는 미국, 영국, 프랑스 그리고 독일의 운영 사례를 통해 정당체제, 선거제도, 지방분권화 그리고 정치문화가 권력구조와 어떤 조응성을 갖는지 분석한다. 정당체제의 경우는 양당제와 다당제, 선거제도의 경우는 단순 다수 대표제와 비례 대표제, 지방분권화의 경우는 중앙집권화와 지방분권화 그리고 정치문화의 경우는 타협적 정치문화와 갈등적 정치문화의 관점에서 비교한다.

본서에서는 다음 두 가지 원칙에 의해서 대통령제, 내각 책임제, 대통령 중심 혼합제, 내각 중심 혼합제로 분류한다. 첫째, 공화제인가 입헌 군주제(혹은 군주제)인가에 따라 대통령제와 내각 책임제로 분류한다. 둘째, 실질적인 권한이 누구에게 있는가에 따라 대통령 중심 혼합제와 내각 중심 혼합제로 분류한다. 본서의 권력구조 분류 원칙을 적용할 경우, 입헌 군주국(혹은 군주국)의 내각 책임제만이 내각 책임제로 분류되며, 대통령 중심 혼합제에는 대통령 중심 분권형 대통령제가 그리고 내각 중심 혼합제에는 독일의 재상제와 총리 중심 분권형 대통령제가 속하게 된다.

정부의 권력구조 유형은 여러 가지 기준에 의해서 다양하게 분류해 볼 수 있다. 크게 전통적 분류론과 현대적 분류론으로 대별할 수 있는데, 전통적 분류론에 따르면 대통령제, 의원 내각제, 의회 정부제(회의제)로 분류할 수 있다. 그리고 현대적 분류론에는 뢰벤슈타인(K. Loewenstein)의 정부형태 분류론과 파이너(S. E. Finer)의 정부형태 분류론이 있는데, 뢰벤슈타인의 분류론에 따르면, 전제주의적 정부형태와 입헌주의적 정부형태로 분류되고, 파이너의 분류론에 따르면 자유 민주주의 국가의 정부형태, 전체주의 국가의 정부형태, 제3세계의 정부형태로 분류된다.[2] 본서에서는 파이너(S. E. Finer)의 정부형태 분류론에 따라 권력 분산형 '자유 민주주의 국가의 정부 권력구조'를 분석 대상으로 삼았다. 자유 민주주의 국가의 정부 권력구조는 기본적으로 대통령제, 내각 책임제(의원 내각제) 그리고 혼합제로 분류된다. 그러나 본서에서는 혼합제를 실질적인 권력이 누구에게 있는가에 따라 다시 대통령 중심 혼합제와 내각 중심 혼합제로 분류하여, 이 4가지 유형에 대한 구성 원리와 장단점을 분석한나.

---

2 권영성, 『헌법학 원론』(서울: 법문사, 2006), pp.746 – 750.

1. 대통령제

대통령제(presidential system)라 함은 일원적 구조의 집행부가 입법부 및 사법부와 엄격하게 분리·독립됨으로써 국가기관 상호 간에 권력적 균형이 유지되고, 국민에 의해 선출되는 대통령의 집행부가 안정을 유지할 수 있는 정부형태를 말한다.[3] 대통령제는 미국에 의해 새로운 정부형태로 창안되었고, 1787년 헌법에 의해 도입된 이래 미국에서 가장 성공적으로 운영되고 있다.

미국 대통령제 권력구조의 특색은 견제와 균형(check and balance)을 기초로 하면서도 집행부, 입법부, 사법부 간에 상호 의존성을 갖게 함으로써, 고전적인 권력의 분립(separation of power)의 의미보다는 권력의 공유(sharing of power) 형태로 나타난다. 미국의 초기 헌법 제정자들은 연방정부를 '분리된 권한으로 이뤄진 정부(government of separated powers)'가 아니라, '권한을 나누어 가진 분리된 기구들로 이뤄진 정부(government of separated institutions sharing powers)'를 만들려고 하였다.[4] 미국의 헌법에 규정된 것처럼 어느 누구도 권력의 정점에 있지 않고 집행부, 입법부, 사법부가 동등한 권한을 갖고 상호 견제하면서 견제받지 않는 강력한 권력의 출현을 미연에 방지하고 있다. 즉 대통령의 '강력한 지도력'하에 일사분란하게 이끌고 가려는 것이 아니라, 입법부와 사법부가 권한을 공유하면서 상호 견제와 그로 인한 제도적 균형을 이루려고 한 것이다. 권력분산의 제

---

3 권영성, 『헌법학 원론』 p.756.

4 R. E Neustadt, *Presidential Power*(New York: Wiley, 1960). 강원택, 『대통령제, 내각제와 이원 정부제』, p.35에서 재인용.

도적 특성 때문에 미국 통치 과정은 누구도 책임질 수 없는 구조로 되어 있다. 헌법상 미국 권력 체제 내의 어느 부문도 권력과 책임의 최종적 귀착지로 규정되어 있지 않다. 이러한 미국 대통령제의 복잡한 상호 견제 장치는 미국을 벗어난 다른 나라에서는 대통령의 지도력 약화로 이어지는 경우가 적지 않다.[5] 따라서 미국은 강력한 대통령 국가인가라는 이슈가 자주 등장하게 되며, 실제 미국 대통령의 권력변화는 제도적 측면보다는 시대적 환경과 대통령 개인의 역량에 의해 영향을 받는 것으로 분석된다.

대통령이 국가 원수이면서 행정부의 수반으로서 실질적인 정치적 권한을 행사하는 미국의 대통령제는 구성 원리와 관련하여 다음과 같은 특성을 갖는다. 첫째, 권력의 분산을 기본으로 하는 대통령제는 국민의 직접선거로 선출되는 대통령과 역시 국민들의 직접선거로 선출되는 의회가 각각의 민주적 정통성을 갖는다. 따라서 대통령제는 출발에서부터 이원적 민주 정통성(dual democratic legitimacy)을 갖는다. 각각의 민주적 정통성을 갖는 대통령과 의회 중 어느 편이 더 정확하게 국민을 대표하는가를 결정할 수 있는 어떠한 민주주의 원리도 없다.[6] 둘째, 대통령과 의회는 일정한 임기를 보장받고 선출된다. 대통령의 경우, 헌법이 정하는 바에 따라 탄핵을 받으면 대통령직을 상실할 수 있으나, 기본적으로 의회의 신임에 의존하지 않는다.

셋째, 대통령과 의회는 독립적이며 상호 견제로써 권력의 균형이

---

5 이현우, 「미국 대통령제의 권력의 공유」, 『한국의 권력구조 논쟁 Ⅱ』(서울, 풀빛, 2000), pp.149 – 150; 강원택, 『대통령제, 내각제와 이원 정부제』, pp.44 – 45.

6 Juan J.Linz, 「대통령제와 내각제 과연 다른가」, 신명순·조정관 공역 『내각제와 대통령제』, p.45.

유지된다. 대통령은 임기 동안 의회에 대하여 정치적 책임을 지지 아니하며, 의회를 해산할 권한을 갖지 아니한다. 또한 의회 의원과 집행부 구성원의 겸직이 인정되지 아니하고, 정부의 법률 제출권이나 집행부 구성원의 의회 출석·발언도 인정되지 않는다.[7] 넷째, 대통령제에서 내각의 각료는 대통령의 보좌기관 내지 자문기관에 지나지 않는다. 각료는 대통령에게만 책임을 지며, 의회의 내각 전체에 대한 불신임권은 물론 각료에 대한 개별적 해임 결의도 인정되지 않는다.

다섯째, 대통령제에서는 삼권분립의 원칙을 철저하게 반영하며, 그에 따라 상호 견제와 균형이 유지되도록 하는 데 관심을 둔다. 집행부는 법률안 거부권, 예산 편성·제출권 등으로, 입법부는 국정감사·조사권, 고급 공무원에 대한 임명 동의권, 탄핵 소추권 등으로 상호 견제한다. 또한 헌법은 의회 위에 존재하며, 사법부는 의회가 통과시킨 법을 위헌적이라고 판단할 수 있는 권한을 갖는다.[8] 민주적 선출을 결여한 사법부는 그 구성과 탄핵을 대통령과 의회가 담당함으로써 견제받는다.[9]

미국식 대통령제의 장·단점은 대통령제를 채택한 나라의 정치 상황과 문화적 배경에 따라 달리 나타날 수가 있다. 한 나라에서는 장점으로 분류되는 것이 정치적 상황과 문화적 배경이 다른 나라에서는 단점으로 나타날 수 있다는 것이다. 따라서 여기서는 대통령제의 특성에 기반을 둔 일반론에 입각하여 대통령제의 장·단점

---

7 권영성, 『헌법학 원론』, p.757.

8 신정현, 『정치학』(서울: 법문사, 2000), pp.250 – 252.

9 조정관, "대통령제 민주주의의 원형과 변형", 진영재 편저 『한국 권력구조의 이해』(서울: 나남출판, 2004), p.72.

을 살펴보기로 한다.[10]

대통령제의 장·단점으로서는 첫째, 임기의 고정성을 들 수 있다. 대통령제하에서 대통령에 당선되고 나면 안정적으로 정해진 임기 동안 소신 있게 국정을 끌어갈 수 있는 장점이 있다. 그러나 임기의 고정성은 제도의 경직성으로 갑작스런 상황 변동에 잘 대처하지 못하여 헌정의 위기로 이어지는 단점이 되기도 한다.

둘째, 인지성과 책임성을 들 수 있다. 대통령제하에서 유권자들은 누가 집권할 것인가를 확실히 알면서 투표할 수 있다. 유권자의 눈에는 정당들과 그 정당들의 명망 있는 지도자들이 일치되어 인지되기 때문이다. 또한 대통령 개인이 정책에 대한 결과를 직접 지기 때문에 유권자에 대한 책임이 높다. 그러나 현직 대통령의 재선 출마가 제도적으로 금지되어 있다면, 현재의 대통령에게 그가 수행한 정책의 책임을 물을 수 있는 길이 없다. 재임 금지 제도하에서 대통령은 '책임으로부터 면제'되는 단점이 있다.

셋째, 대통령과 의회와의 갈등을 들 수 있다. 대통령제하에서는 국민들의 직접선거를 통하여 대통령을 선출하고 의회도 구성함으로, 두 기구 모두 국민들로부터 직접 권한을 위임받은 이원적 정통성을 갖고 있다. 그러나 대통령은 전 국민을 대표하는 일종의 '국민투표(plebiscite)'적인 정통성을 부여하는 것으로 간주함으로써 권력감과 과도한 사명감을 갖게 되어 의회의 정통성을 부정하거나

---

10 Juan J Linz, 「대통령제와 내각제 과연 다른가」, 신명순·조정관 공역 『내각제와 대통령제』 pp.42-134; 강원택, 『대통령제, 내각제와 이원 정부제』 pp.46-95; Donald L. Horowitz, "Comparing Democratic System", in Larry Diamond and Marc F Plattner, *The Global Resurgence of Democracy*(Baltimore and London: The Johns Hopkins University, 1996), pp.143-149; Juan J. Linz, "The Perils of Presidentialism", in The Global Resurgence of Democracy, pp.124-142.

열등한 것으로 간주하는 경향이 있다. 따라서 특히 분점정부의 경우, 대통령과 의회의 갈등이 교착상태로 나타난다. 또한 대통령 선거에서 승자 독식 현상이 나타나, 승자는 득표비율에 관계없이 집행부 전체를 장악함으로써 대통령과 의회의 갈등이 심화된다.

넷째, 국외자의 출현 가능성을 들 수 있다. 대통령제하에서는 개인이 중심이 되어 권력을 장악하는 측면이 있다. 따라서 풍부한 경험과 정치적 역량을 갖춘 대통령을 선출하는 것이 매우 중요하다. 그러나 대통령 선거가 기본적으로 인물 간 대결의 특성을 띠게 되어 검증이 안 된 국외자의 등장 가능성이 높다. 특히 정당정치의 유동성이 크고 정치적 불신이나 기존 정당에 대한 불만이 높은 곳에서 그 가능성은 더욱 커진다. 예를 들어 페루의 후지모리(Fujimori)는 1990년 대통령 선거가 실시되기 불과 몇 주 전까지도 정치권에 알려지지 않은 인물이었고, 자신을 지지하는 정당도 없었다. 그러나 경제적 위기와 정치적 혼란 속에서 기존 정치와 정치 엘리트에 대한 불만을 기반으로 후지모리는 갑자기 부상되어 당선될 수 있었다.[11]

다섯째, 국가 원수와 행정 수반이라는 대통령직의 모호성을 들 수 있다. 국가 원수로서 대통령은 국가 통합의 상징으로 전 국민을 대표하는 역할이 기대되는 반면, 행정 수반으로서 대통령은 정파적 이해를 갖게 된다. 선거과정에서 이념적·계층적·세대적·지역적으로 분열되었을 경우 두 역할 간의 갈등은 더 심화된다. 선출과정에서는 행정 수반의 역할에 관심이 집중된 반면, 당선 후에는 국가 원수로서의 역할을 강조하면서 생겨난 갈등이다.

여섯째, 부통령에 의한 직위 승계를 들 수 있다. 대통령 유고 시,

---

11 강원택, 『대통령제, 내각제와 이원 정부제』, p.76.

선거과정에서 함께 선출된 부통령에 의한 직위 승계는 정통성을 갖는다는 점에서 대통령제의 장점으로 이야기되기도 한다. 그러나 부통령 후보를 선택할 때 고려하는 변수는 통치능력이나 국민 신임차원과는 관계없이 대통령 후보 개인의 자의에 따라 결정될 수 있다. 또한 선거 연합을 목적으로 대통령과는 정책 면에서 서로 다른 의견을 갖는 인물일 수도 있고, 다른 정당 혹은 다른 정당 연합을 대표하는 인물일 수도 있다. 따라서 부통령이라는 이유만으로 대통령 유고 시 대통령직을 수행할 수 있다는 것은 상당한 문제를 내포하고 있다.

일곱째, 대통령제와 정당체제의 문제를 들 수 있다. 대통령은 일단 당선된 후에는 자신을 당선시켜 준 정당과 일정 거리를 유지하거나, 반정당주의적인 행태를 보이는 경향이 있다. 대통령들이 정당에 반대하여 행동하는 이유는 개인의 성품이나 정치문화뿐 아니라 정치구조에 있는 것이다.[12] 대통령이 자신의 정당소속을 바꾸고 자신을 당선시켜 준 정당에 대한 관계를 경시하는 상황에서 의원들이 끊임없이 자신의 당적을 바꾸는 행태는 전혀 놀라운 일이 아니다. 라틴아메리카의 민주국가들 다수에서 약한 정당들이 존재하는 것은 대통령제와 무관한 것이 아니라 그 제도의 결과인 것이다. 대통령제에서는 정당 충성도를 자극할 제도적 유인책이 없다.[13]

여덟째, 경험의 단절과 아마추어리즘을 들 수 있다. 대통령제하에서는 대통령이 새로 바뀔 때마다 거의 전체 각료가 바뀌는 경향

---

12 Mainwaring, 'Dilemmas of Multiparty Presidential Democracy' p.29. Juan J Linz, 「대통령제와 내각제 과연 다른가」, pp.107－108에서 재인용.

13 Juan J Linz, 「대통령제와 내각제 과연 다른가」, pp.106－107.

이 있다. 또한 어느 한 정부에서 습득한 경험은 그 다음 정부로 이어져서 축적되지 않는다. 따라서 정부조직이나 정책 형성 과정 및 집행에 대해 별로 익숙하지 않은 '아마추어'들의 통치에 의존해야 한다. 일반적으로 대통령제하에서의 장관의 임기는 내각 책임제하에서의 장관의 임기에 비해 짧으며, 서로 다른 대통령하에서 봉직하는 경우는 드물다.[14]

2. 내각 책임제

의원 내각제(parliamentary government)는 이론적 산물이 아니라 역사적 산물이며, 또한 가변적인 정부형태이기 때문에 그 개념규정이 용이하지 아니하다.[15] 내각제는 다양한 나라에서 채택하여 사용하고 있는 만큼 나라마다 그 운영방식에 있어서 적지 않은 차이점이 존재한다. 사르토리(Sartori)는 내각제의 유형을 내각과 의회 간의 관계에 따라 세 가지로 구분하였는데, 내각 우위형(cabinet system), 의회 우위형(assembly system), 정당 우위형((party-controlled parliament) 등으로 나누었다.[16] 한편 사르토리(Sartori)는 총리가 내각의 일반 각료들과 비교하여 행사할 수 있는 권한의 정도에 주목하여 내각제하의 총리의 위상을 다음의 세 가지로 구분하였다. 첫째, 각료들의 권한이 동등하지 않지만 총리는 다른 어느 누구와도 비교할 수 없이 우위에 있는 존재(first above unequals), 둘째, 각료들의 권한이 동등하지 않는

---

14 Juan J Linz, 「대통령제와 내각제 과연 다른가」, p.99.

15 권영성, 『헌법학 원론』 p.750.

16 강원택, 『대통령제, 내각제와 이원 정부제』, p.113.

가운데 총리는 그들 중 으뜸(first among unequals), 셋째, 총리는 상호 동등한 권한을 갖는 각료들 가운데 으뜸(first among equals)으로 분류하였다.[17] 의회와 내각, 총리와 각료 간의 관계를 중심으로 내각제의 유형을 구분한 사르토리의 내각제 분류는 다양한 내각제 운영방식을 이해하는 데 도움이 된다. 영국은 의회와 내각의 관계에선 내각 우위형에, 그리고 총리와 각료와의 관계에서 사르토리의 첫 번째 유형에 속하며, 독일은 내각 우위형이면서도 총리와 각료의 관계에선 사르토리의 두 번째 유형에 속한다. 독일은 의회가 내각에 대한 불신임 권한을 갖고 있지만 의회 해산권은 총리가 아닌 대통령이 갖고 있다. 이런 점에서 본다면 사르토리의 분류상 독일은 의회 우위형이 될 것 같다. 그러나 독일은 건설적 불신임제를 통해서 독일의 총리는 매우 강한 권한을 갖는다. 즉 내각 우위형의 특성을 갖는다.

다양한 운영방식에도 불구하고, 의회 중심제인 내각 책임제는 구성 원리상 다음과 같은 특성을 갖는다.[18] 첫째, 내각 책임제는 군주와 내각의 두 기구로 구성되는 이원적 집행권을 제도화하고 있다. 그러나 내각 책임제에 있어서 군주는 명목상 국가 원수일 뿐 집행에 관한 실질적 권한은 내각에 귀속하는 것을 원칙으로 한다. 이원 집행권을 갖는다는 점에서 분권형 대통령제와 유사하나, 분권형 대통령제에서는 대통령이 국가 원수로서 실질적 권한을 갖는 점이 내각 책임제와 다르다. 둘째, 내각의 성립과 존속은 의회에 의존한

---

17 강원택, 『대통령제, 내각제와 이원 정부제』, p.114.

18 신정현, 『정치학』, pp.243 – 247; 권영성, 『헌법학 원론』, pp.750 – 753; 신명순 · 조정관 공역, 『내각제와 대통령제』, pp.40 – 41.

다. 내각 책임제에서는 내각의 수반인 총리가 의회에 의해서 선출되고, 내각은 의회에 대하여 정치적 책임을 진다. 따라서 총리와 내각은 의회의 신임을 잃으면 총사퇴해야 한다. 셋째, 내각 책임제는 내각과 의회 간 일정한 견제와 균형의 원칙을 적용한다. 내각 책임제에서는 내각의 의회 해산권과 의회의 내각 불신임권을 통해서 집행부와 입법부 간에 권력적 균형을 유지한다. 레즈로브(R. Redslob)는 영국의 경우처럼 내각이 의회 해산권을 갖고 있는 경우를 진정한 의원 내각제라 하고, 프랑스 3.4공화국처럼 내각이 의회 해산권을 갖고 있지 않거나, 의회 해산권이 유명무실한 경우를 불진정 의원 내각제라 하였다.[19] 넷째, 권력의 융합을 특징으로 하는 내각 책임제는 집행부와 입법부 간 공화와 협조관계를 유지한다. 내각 책임제에서는 집행부가 의원들로 구성되기 때문에 각료와 의원의 겸직이 가능하고, 집행부도 법률안 제출권을 가지며, 집행부의 각료가 의회에 출석하여 발언할 수 있다.

내각 책임제의 장·단점은 내각제를 채택한 나라들의 다른 제도적인 측면을 함께 고려해서 분석해야 하나, 여기서는 영국식 내각 책임제의 특성에 기반을 둔 일반론에 입각하여 그 장·단점을 살펴보기로 한다. 내각 책임제의 장·단점으로서는 첫째, 유연성과 민주성을 들 수 있다. 내각 책임제는 대통령제에 비해 정치상황의 변화에 유연한 대응이 가능하다. 내각과 의회 간에 대립이 있을 경우 내각 불신임이나 의회 해산을 통해서 문제를 신속히 해결할 수 있다. 수상이 교체되는 경우는 3가지 경우를 들 수 있다. 1) 유권자가 선거를 통해서 정권을 교체하는 경우, 2) 의회에서 불신임을 받

는 경우, 3) 여당 내에서 지지를 잃어 당내에서 당 대표가 교체되는 경우다. 4) 사례의 대표적인 경우는 존 메이저가 마가렛 대처의 후임으로 영국 수상이 된 경우다. 또한 내각의 존속과 진퇴가 개인의 신임에 의존하지 않고, 국민의 대표 기관인 의회의 의사에 의존한다는 점에서 민주성을 갖는다.[20]

둘째, 책임성과 능률성을 들 수 있다. 내각이 의회의 신임에 의존하고, 정책 결정에서 상당히 높은 수준의 집단적 합의와 책임을 바탕으로 하기 때문에 책임정치가 실현된다. 또한 의회의 다수당이 내각을 구성하여 내각과 의회의 교착상태를 피할 수 있어서 능률적이고 적극적인 국정수행이 가능하다. 내각 책임제가 '형식상으로는 입법의 우위로 보이지만, 내각은 상시적으로 하원 내 다수표를 확보함으로써 실제로는 집행부의 지배를 보장해 준다.[21]

셋째, 권력의 집중과 남용의 방지를 들 수 있다. 내각 책임제에서 집권의 주체는 개인이 아니라 정당이며, 내각과 의회 운영의 주체인 정당은 이념적, 정책적 연합세력으로 합의 형태를 제도적으로 유인함으로써 권력의 집중과 남용을 방지할 수 있다.[22] 내각 책임제는 합의제(consensus) 혹은 협의제 민주주의(consociational democracy) 제도의 일부 요소를 필연적으로 포함하고 있다.[23]

넷째, 경험의 축적과 지도자의 양성을 들 수 있다. 내각제에서는 많은 경험을 축적하는 경향이 있다. 수상은 일반적으로 전에 정부

---

20 권영성, 『헌법학 원론』, p.756.
21 강원택, 『대통령제, 내각제와 이원 정부제』, p.120.
22 안순철, 「내각제와 다당체제」, 진영재, 『한국 권력구조의 이해』(서울: 나남출판 2004), p.141.
23 Juan J Linz, 「대통령제와 내각제: 과연 다른가」, p.71.

에서 봉직한 경험이 있으며, 집행부 장관들의 축적된 정치적·행정적 경험으로 제도의 장점을 갖게 된다. 또한 의회 내의 위원회나 원내의 논쟁을 통해 지도자가 부각되고 검증될 수 있으며, 예비내각을 통해 유권자는 선거 전부터 수상 후보자들에 대해 잘 알 수 있는 기회를 갖게 된다. 반면에 대부분의 대통령제하에 있어서는 대통령의 교체와 함께 경험들을 잃어버리게 된다. 대통령이 그가 개인적으로 신뢰하는 사람을 선발하는 경향이 있기 때문이다.[24] 내각 책임제는 대통령제보다 더 많은 수의 잠재적 지도자 집단을 제공한다.

다섯째, 장기적 관점에서의 정책수립과 연속성을 들 수 있다. 내각 책임제에서는 임기 내 업적에 대한 강박관념과 그에 따른 정책판단의 오류, 단기성과 위주의 정책의 과속 집행 등 대통령제 특유의 비합리적인 문제를 우려할 필요가 없다. 수상의 중임 금지 조항 등이 없기 때문에 국민의 신임이 계속되는 한 대통령제의 비합법적인 장기 집권과 정권 연장에 따른 갈등에서 자유롭다. 따라서 정책은 장기적인 관점에서 수립되고 연속성을 가질 수 있다. 유권자로부터 존경받는 정치 지도자의 경우에 재임 기간이 내각제에서 더 길다고 할 수 있다.

여섯째, 다당제하에서 집권세력에 대한 불확실한 선택을 들 수 있다. 어느 한 정당이 과반수 의석을 차지할 가능성이 희박한 다당제의 내각 책임제에서는 유권자들은 최종적으로 누가 수상이 되고 어떤 형태의 정당 연합이 내각을 구성하게 될지 알지 못한 채 투표

---

24 Juan J Linz, "The virtues of parliamentarism", in Larry Diamond and Marc F Plattner, *The Global Resurgence of Democracy*(Baltimore and London: The Johns Hopkins University, 1996), pp.154–161.

하게 된다. 린쯔(Linz)는 여러 정당들의 연립에 의한 정부수립이 필연적인 다당제하의 내각제에서 누가 집권할지 알 수 없다는 비판 역시 몇 개의 예외를 제외하고는 사실과 다르다고 주장한다. 즉 선거가 있기 전에 정당들이 선거 연합을 구성하기 때문에 이 연합에 참가한 정당을 지지하는 유권자들은 이 정당 연합이 승리한다면 누가 수상이 될 것인지를 알고 투표한다는 것이다. 그러나 후보자를 확실하게 내세우는 대통령제와 비교할 때, 내각 책임제의 경우, 다당제하에서 유권자들은 최종 집권자가 누가 될지 잘 알지 못하는 불확실한 상태에서 투표하게 된다.

일곱째, 군소정당의 난립과 정국의 불안정을 들 수 있다. 사회가 다층적 이해 집단으로 구성되어 있거나, 비례 대표제 확대 등으로 군소 정당이 난립할 경우 또는 정치인들의 타협적인 태도가 결여될 때에는 연립정권의 수립과 내각에 대한 빈번한 불신임 결의로 정국의 불안정을 초래할 수 있으며, 내각이 정권 연장을 위하여 강력한 정치력을 발휘할 수 없다. 군소정당의 과도한 요구가 빈번히 도출된다.

여덟째, 다수당의 횡포와 의회의 정쟁화를 들 수 있다. 내각과 의회를 하나의 정당이 독점하고 여당을 견제해야 하는 야당이 약세인 경우, 특히 야당이 난립한 경우에는 정부 여당을 견제하지 못해 다수당의 횡포가 나올 수 있다. 또한 의회가 정권 획득을 위한 정쟁의 장소가 될 수 있다.[25]

---

25 권영성, 『헌법학 원론』, p.756.

3. 대통령 중심 혼합제

　대통령제와 내각 책임제로 안정적으로 운영하고 있는 미국과 영국을 제외하면, 대다수 국가들은 양 제도가 혼합된 형태의 대안적 권력구조를 갖고 있다. 어떤 의미에서 모든 국가들은 자국의 역사적 경험을 바탕으로 경로 의존적(path dependant)인 자국만의 고유한 권력구조를 갖는 셈이다. 일반적으로 혼합제 형태의 권력구조는 단순히 대통령제와 내각 책임제의 중간 형태라기보다는 대통령제에 내각 책임제를 가미하거나, 내각 책임제에 대통령제적인 요소를 가미한 양 제도의 변형된 형태로 나타난다. 전자를 대통령 중심 혼합제, 후자를 내각 중심 혼합제로 분류할 수 있다. 이들 혼합제는 포괄적 의미의 단순한 절충형 성격을 떠나 독자적인 구성 원리를 갖고 운영된다.

　대통령 중심 분권형 대통령제 또는 프랑스 제5공화국 헌법으로 대표되는 대통령 중심 혼합제는 구성 원리상 다음과 같은 특성을 갖는다. 첫째, 대통령 중심 혼합제는 기본적으로 의회에 의해서가 아니라 국민들에 의해서 직접 혹은 간접으로 선출된 대통령과 의회의 신임을 기반으로 하는 수상이 함께 통치하는 제도이다. 대통령 중심 혼합제하의 대통령은 상징적인 인물이 아니고, 정책이나 정부의 통치 과정에 실질적 영향력을 미칠 수 있는 권력을 향유한다.[26] 둘째, 대통령은 국가 원수로서 외교·국방 등 국가안보에 관한 사항을 관장하고, 수상은 행정수반으로서 법률의 집행권과 그

---

26 Juan J Linz 「대통령제와 내각제: 과연 다른가」, pp.136－137.

밖의 일반 행정에 관한 사항을 관장한다.[27] 셋째, 대통령은 전시 기타 비상시와 같은 헌정의 위기 상황에서 헌법의 존엄성과 국가의 영속성을 위해 필요한 경우, 비상대권을 가지며 의회를 해산시킬 수 있고, 특정 정치 쟁점들은 의회에 회부하지 않고 직접 국민투표에 부칠 수 있다.[28] 넷째, 대통령이 속한 정당이 의회에서 다수당을 형성하면, 강력한 대통령제 형태로 운영되고 대통령은 그가 신임하는 사람을 수상으로 임명하지만, 임명 후 그들의 관계는 때론 갈등적인 국면이 전개되기도 한다.[29] 반대로 야당이 의회의 다수당을 형성하면 의회 내 다수당인 야당이 실질적인 수상 지명권을 갖고 내각을 맡게 되며, 집행부는 수상 중심의 내각 책임제 형태로 운영된다.[30] 이를 동거정부(cohabitation)라 부른다. 이처럼 의회 다수당을 차지하는 정당이 실질적인 수상 지명권을 갖는 것은, 의회가 내각 불신임권을 갖고 있기 때문이다.[31]

　프랑스 권력구조가 이같이 운용되는 근본 원인은 제5공화국 헌법

27　권영성, 『헌법학 원론』, p.766.

28　Ezra N. Suleiman, 「프랑스의 대통령제와 정치 안정」, 신명순·조정관 공역, 『내각제와 대통령제』, p.295.

29　신정현, 『정치학』, p.260.

30　듀베르제는 이원 정부제하에서 어떤 경우에도 대통령과 수상이 동시에 공동으로 정부를 지배하는 절반의 대통령제 혹은 절반의 내각제로 운영되지 않는다고 보았다. 즉 이원 정부제는 대통령제와 내각제가 혼합되어 있는 것이 아니라 두 통치 형태가 때때로 교체해(alternate) 나타나는 것으로 보았다. 강원택, 『대통령제, 내각제와 이원 정부제』, p.192; 이러한 듀베르제의 견해에 대하여, 사르토리(Sartori)는 동거정부의 경우에도 국민에 의해 선출된 대통령은 그 나름의 권한과 정통성을 계속 보유하기 때문에 이때의 이원집 정부제가 엄밀한 의미에서 내각 책임제로 변화 가능하지는 않다고 듀베르제를 비판하였다. 대통령이 상황변화에 맞추어 적응하는 것일 뿐이며 대통령 자신 스스로가 변화되는 것은 아니라는 것이다. Juan J. Linz, 「대통령제와 내각제 과연 다른가」, p.145.

31　프랑스 헌법 49조와 제50조에 의해 의회의 내각 불신임권이 명문화되어 있지만, 제5공화국 하에서 아직 이 권한이 발동된 적은 없다. 석철진, 「프랑스의 이원집정제와 합리적 수용의 정치」 박호성·이종찬 엮음 『한국의 권력구조 논쟁 Ⅱ』(서울: 풀빛, 2000), p.300.

상 대통령과 수상 사이의 뚜렷한 권력의 분할을 명시하지 않은 데서 비롯되고 있으며, 대통령과 수상 역할의 헌법상 모호성 때문에 동거정부 상황이 초래되면, 대통령과 수상은 권한 행사에 있어서 마찰을 빚을 수가 있다. 프랑스 제5공화국 헌법의 대통령 권한과 수상 권한 관련 조항을 살펴보면, 대통령의 권한이 선언적으로 추상적이고 애매모호하게 기술되어 있는 반면, 수상의 권한은 포괄적이면서 구체적으로 규정되어 있다. 예를 들면, 헌법 조항에 대통령이 군통수권자(헌법 15조)인 반면, 수상은 군사를 관리하고(헌법 20조) 국방에 대하여 책임을 진다(헌법 21조)고 규정하고 이 규정 때문에 양자 간에는 그 권한의 마찰이 발생할 수 있는 여지가 상존하고 있다.[32] 대통령의 수상 임명권은 헌법상의 권한이기 때문에 형식적으로는 의회 다수파의 제한을 받지 않도록 되어 있으나, 실제 운용상 대통령은 의회 다수파에서 수상을 임명하는 것이 관례로 되어 있다. 동거체제의 형성도 이러한 운용에 의한 것이지 헌법상의 규정에 의한 것은 아니다. 헌법상으로는 수상 임명권이 대통령의 고유권한에 속하는 것이기는 하지만, 대통령과 의회 다수파의 정파가 불일치할 경우, 대통령이 자신의 의지대로 수상을 임명하기란 불가능하다. 대통령이 의회 다수파를 무시하고 수상을 임명할 경우, 극도의 정치 불안을 감수해야 하기 때문이다. 또한 각료의 임명권 발동에 있어서도 수상의 의견을 존중하게 된다.[33] 2007년 5월 대선을 전후하여 프랑스 정치계에서는 여·야를 막론하고 새로운 정치제

---

[32] 오일환, 「프랑스 이원집 정부제 권력구조의 특징 분석: 한국정치에 주는 시사점」, 『세계지역연구논총』 제23집(2005).

[33] 석철진, 「프랑스의 이원집정제와 합리적 수용의 정치」, p.321.

도, 헌법논쟁이 불붙었는데, 프랑스 제1 야당 사회당은 '대통령과 수상 간의 책임 분할을 보다 분명하게 명시해야 한다.'고 주장하였다.[34]

　제5공화국 체제하에서 대통령과 수상의 일치하지 않는 동거정부는 3차례(1986 - 1988, 1993 - 1995, 1997 - 2000) 발생하였는데, 이 기간 동안 의회 혹은 내각을 중심으로 의원 내각제형 정치 시스템이 가동하였다. 동거정부 상황이 되면, 대통령이 주재하는 국무회의는 유명무실해지고, 대신 수상이 주재하는 내각회의가 국무회의의 기능을 사실상 대체하게 된다. 동거정부하에서는 외교·국방을 제외하고는 집행권이 거의 대부분 수상에게 집중되기 때문에 집행권의 주요 정책은 수상이 주재하는 내각회의에서 실질적으로 결정되고, 대통령이 주재하는 국무회의의 심의와 의결은 형식에 그칠 뿐이다. 동거정부하에서 내각회의는 국무회의에 대비한 사전조율과 준비기관으로서 국무회의의 기능을 대체하게 된다. 프랑스 제5공화국에서 나타난 동거정부는 다음과 같다.

〈표 2〉 프랑스 제5 공화국 역대 대통령과 총리 : 3번의 동거정부

대통령	총리	재임년도	비고
드골 1958 - 1969	드브레(Michel Debré)	1958 - 1962	
	퐁피두(Georges Pomidou)	1958 - 1968	
	뮈르빌르(Maurice Couve de Murville)	1968 - 1969	
퐁피두 1969 - 1974	샤방 - 델마스(Jacque Chaban - Delmas)	1969 - 1972	
	메스메르(Pierre Messmer)	1972 - 1974	
지스카르 데스탱 1974 - 1981	시라크(Jacque Chirac)	1974 - 1976	
	바르(Raymond Barre)	1976 - 1981	

---

34 국정브리핑 2006 - 09 - 01. www.naver.com. 검색일 2006년 10월 8일.

대통령	총리	재임년도	비고
미테랑 1981 – 1995	모로아(Pierre Mauroy)	1981 – 1984	
	파비우스(Laurent Fabius)	1984 – 1986	
	시라크(Jacque Chirac)	1986 – 1988	동거정부
	로카르(Michel Rocard)	1988 – 1991	
	크레송(Edith Crésson)	1991 – 1992	
	베레고보아(Pierre Bérégovoy)	1992 – 1993	
	발라뒤르(Edourard Balladur)	1993 – 1995	동거정부
시라크 1995 – 2007	쥐페(Alain Juppé)	1995 – 1997	
	죠스팽(Lionel Jospin)	1997 – 2002	동거정부
	라파랭(Jean – Pierre Raffarin)	2002 – 2005	
	빌팽(Dominique de Villipin)	2005 – 2007	
사르코지 2007 – 현재	프랑수와 필롱 (Framcois Fillom)	2007 – 현재	

출처 : http://en.wikipedia.org/wiki/List_of_Prime_Ministers_of_France(검색일 2005. 9. 10)와 2007년 선거결과를 반영하여 재편성.

듀베르제(Duverger)가 지적한 것처럼 분권형 대통령제는 국가에 따라 상황에 따라 각각 매우 다르게 기능하기 때문에 그 장·단점도 주어진 여건에 따라 다르게 나타날 수 있다.[35] 여기서는 프랑스의 분권형 대통령제를 중심으로 대통령 중심 혼합제의 장·단점을 살펴보기로 한다.

대통령 중심 혼합제의 장점으로는 첫째, 권력독점의 해소[36]를 들 수 있다. 분권형 대통령제는 의회 다수파를 대변하는 수상이 대통령을 효과적으로 견제함으로써 대통령의 제왕적 권력독점이 해소된다. 둘째, 책임정치의 구현을 들 수 있다. 수상과 내각은 의회의 신임에 의존함으로 의원 내각제와 유사한 책임정치 효과를 달성할 수 있다. 셋째, 권력구조의 가변성과 교착상태의 제도적 해결을 들

---

35 Juan J Linz 「대통령제와 내각제: 과연 다른가」, pp.135 – 143.
36 황태연·박명호, 『분권형 대통령제 연구』(서울: 동국대학교 출판부, 2003), pp.68 – 70.

수 있다. 분점정부 시 대통령제하에서 발생하는 집행부와 입법부의 교착상태를 연정제도인 동거정부로 해결할 수 있다.

넷째, 정부의 안정성 제고를 들 수 있다. 대통령은 당파성을 띠는 내정에서 자유롭게 되어 국가 원수로서 국가를 대외적으로 안정시킬 수 있다. 또한 분권형 대통령제는 내각제에 비해 내각의 안정도를 획기적으로 제고시킨다. 분권형 대통령제를 도입한 제5공화국부터는 수상 임명권을 갖고 있는 실권 대통령의 존재로 제3, 4공화국에서 정국 불안을 야기한 잦은 정부 교체의 빈도가 현저하게 줄었다.

다섯째, 정당제도의 발전을 들 수 있다. 대통령의 직접선거와 결선투표를 통해 분파된 중소 정당을 안정된 다당제 혹은 양당제로 수렴하는 효과를 가져올 수 있으며, 내각 책임제적 요소 때문에 정당이 정책정당으로 발전할 수 있다.

여섯째, 대통령과 수상의 갈등을 들 수 있다. 대통령과 수상이 같은 정파에서 나온다 하더라도 당내에서 지지 기반이 다를 경우 정치적 라이벌 관계가 형성될 수 있으며, 대통령과 수상이 다른 정파에서 나올 경우 동거정부에서 대통령과 수상이 대립할 수 있다.

일곱째, 관료제의 정치화를 들 수 있다. 프랑스의 제5공화국하에서 공무원들은 정치적 역할을 전제로 직위에 오르게 되었고, 그 결과로 공무원들의 권력지향이 공개화되었으며 양극화되었고 정치화되었다. 오늘날 행정 관료의 정치화가 더 진행된 곳은 미국이 아니라 프랑스다.[37]

---

37 Ezra N. Suleiman, 「프랑스의 대통령제와 정치 안정」 신명순 · 조정관 공역, 『내각제와 대통령제』, pp.314 - 315.

끝으로, 프랑스 헌법상 대통령과 총리(수상) 역할을 정리하면 다음과 같다.

〈표 3〉 프랑스 헌법상 대통령과 총리(수상)의 역할

	대통령 (Le Président)	수상(Le Premier ministre)
정부 구성	• 부서 없는 수상임명권(제8조 1항) (Nomme le Premier ministre sans contresigne) • 내각임명권(제8조 2항) (Nomme les ministres)	• 내각추천권과 부서권(제8조 2항)(Propose la nomination des ministres et contresigne) • 의회의 내각불신임권(제49, 50조) (L'Aseemblée peut renverser le gouvernement)
직무	• 조정권(제5조) (Arbitre)	• 정책결정 · 운영권(제20조) (decide et condui la politique)
권한	• 국무회의 주재권(제9조)(Préside le Conseil des ministres) • 법규명령 각의 일반명령 승인권(제13조) (Signe les ordonnances, signe les décrets en Conseil des ministres) • 공무원 및 군 임명권(제13조)(Nomme aux emplois cicils et militaires)	• 정부활동 지도권(제21조)(Dirige l'action du gouvernement) • 법규명령 발안권 및 각의 일반명령 구상권(제38조)(Prendre les ordo-nnances, élabore les décrets en Conseil des ministres) • 임명 부서권(제19조)(Contreseing les décrets de nomonation)
외교 정책	• 대사 신임권(제14조)(Accresite les ambassadeurs) • 조약 교섭 및 비준권(제52조)(Négocie et ratifile les traités)	• 부서권(제19조)(Contreseing) • 국회 주요조약 비준 승인권(제19조) (Le Parlement autorise la ratification des traités les plus importants)
국방	• 군통수권(제15조)(Chef des armées) • 국방위원회 주재권(제15조)(Preside les conseils de défense)	• 군처분권(제20조)(Dispose de la force armée) • 국방책임권(제21조)(Responsable de la défense)
위기	• 의회해산권(연1회)(제12조)(Dissolution de l'Assemblée, une fois par l'an) • 전권(제16조)(Pleins pouvois)	• 불신임동의권(제49조 2항)(Motion de censure du gouvernement) • 국가반역 심의권(제68조)(Haute Cour pour haute trahison)

출처 : 석철진, "프랑스의 권력구조"『한국의 권력구조 논쟁』(서울: 풀빛, 1997), p.331.

4. 내각 중심 혼합제

내각 중심 혼합제는 내각 책임제에 대통령제적인 요소가 가미된 형태로, 독일의 재상제와 총리 중심 분권형 대통령제로 나타난다. 총리 중심 분권형 대통령제에 대해서는 제5장 분권형 대통령제에서 다루기 때문에 여기서는 독일의 재상제를 중심으로 내각 중심 혼합제를 살펴본다.

독일은 1949년 5월 23일 '독일 연방 공화국 기본법'을 확정 발표하였는데 이전의 역사적 교훈으로부터 독일의 권력구조는 모든 전체주의적 경향을 반대하였다. 이 기본법은 의원 내각제의 본질적 요소를 모두 갖추고 있으면서 삼권분립에 입각하되 연방 수상의 지위를 강화하고, 연방 대통령의 권한을 축소한 수평적 권력 분립과 연방주의를 토대로 둔 수직적 권력 분립형태를 취한다.[38]

분권형 대통령제를 처음 실시한 바이마르 공화국의 실패 경험으로부터 2차 세계 대전 후 채택된 독일의 재상제는 구성 원리상 다음과 같은 특징을 갖는다. 첫째, 독일의 재상제는 국민의 직선대표로 구성되는 연방 하원과 지방의 대표로 구성되는 연방 상원에 의한 입법, 연방 수상을 정점으로 하는 내각 중심의 행정, 중립적이고 독립적인 판사 중심의 사법을 축으로 하면서도, 연방 수상을 중심으로 하는 행정권 우위라는 특색을 띤다. 연방 수상은 권력구조상 최고의 권한을 갖는다. 둘째, 내각은 정치적 핵심 통치 기관이

---

38 이규영, 「독일의 권력구조」, 국제평화전략연구원 엮음. 『한국의 권력구조 논쟁 Ⅰ』(서울: 풀빛, 1997), pp.377 – 378; 이규영, 「의원 내각제 원리와 한국에서의 도입 가능성」, 『21세기 민주주의와 한국정치』, 한국정치학회 춘계 학술회의, 2005.

며, 연방 수상과 연방 각료로 구성된다. 연방 수상이 내각회의의 의장이 되며, 내각 구성권을 갖는다. 연방 수상이 각료를 선임하고 연방 대통령에게 해당 인사의 임면을 제청하면, 연방 대통령이 이를 수용하는 형식을 취한다. 연방 대통령은 국정 운영에 관해 보고 받고 의견을 제시할 수 있으나 정책 결정에 일반적으로 관여하지 않는다. 셋째, 내각과 의회의 상호 견제 기능은 연방 대통령에 의해서 이루어진다. 연방 수상의 의회 해산은 연방 대통령에게 건의함으로써 가능하고, 의회의 내각 불신임 조치는 명목적 성격이 강하기는 하지만, 연방 대통령을 통해서만 가능하다. 넷째, 연방 하원의 행정부에 대한 불신임 행위는 연방 하원의 과반수의 찬성을 얻어 새 후임자를 선출한 뒤 연방 대통령에게 연방 수상의 해임을 요청할 수 있다.

독일 재상제하에서 연방 대통령은 독일 연방 공화국의 국가 원수이다. 연방 대통령은 국민의 직접선거가 아닌 연방회의[39]에서 발언 없이 선출되는데 임기는 5년이며 1회에 한하여 연임이 가능하다. 연방 대통령은 연방 수상 후보를 추천하며, 연방 하원이 그를 수상으로 선출하면 그를 수상으로 임명해야 한다.(기본법 63조 1, 2항) 하원이 연방 대통령이 제의한 후보를 선출하지 않을 경우에 연방 대통령은 다시 제2의 후보를 추천할 권한이 없다. 따라서 연방 대통령은 다수당의 대표를 연방 수상 후보로 제의하기 때문에, 수상 후보 제의권은 형식상의 권한에 불과하다. 기본법은 연방 대통령에

---

39 연방회의는 상설기구가 아니고 오직 연방 대통령을 선출할 때만 존재하는 일시적인 성격의 헌법기관이며, 연방 하원의원과 연방 상원에서 동수의 대표로 구성한다.

게 한정된 권한을 부여하고 있을 뿐이고, 대통령이 최고의 국가 지도에 대하여 독자적으로 그리고 결정적으로 관여하는 것을 인정하지 않는다. 연방 대통령은 각료회의에 참석할 수 없고, 연방정부의 정책 결정에 직접적인 영향력도 행사할 수 없다.[40]

바이마르 헌법상 대통령과 관련된 모든 권한들이 기본법에서 수상의 직책으로 옮겨졌다. 각료 임명은 수상의 조치에 대통령이 구속되므로 대통령의 제안과 임면은 형식상의 절차만을 의미한다. 바이마르 공화국 시절 남발되었던 불신임 결의안의 폐해를 경험한 독일은 건설적 불신임제라는 책임주의를 도입함으로써 정국의 안정을 꾀했다. 건설적 불신임제란 연방하원은 의원 과반수의 찬성으로 후임 수상을 선출하고 연방 대통령에게 연방 수상을 해임하도록 요청함으로써만 연방 수상에 대한 불신임을 할 수 있는 제도이다. 불신임 제의와 후임 연방 수상의 선출은 48시간 내에 이루어져야 한다.(제67조 2항) 이 건설적 불신임 제도는 연방 수상이 국정을 강력하게 이끌어 나가도록 하는 중요한 장치이다. 연방 각료에 대한 불신임 제도는 없다.[41]

바이마르 공화국의 실패에 대한 경험에서 출발한 독일의 재상제는 정치적 안정을 무엇보다 중요한 가치로 두었다. 대통령제의 미국이나 내각 책임제의 영국과는 달리 다양한 세력 간 연정이 불가피한 대륙적 상황에서 내각 중심 혼합제인 독일의 재상제는 다음

---

40 이규영, 「독일의 권력구조」, p.380.

41 바이마르 공화국하에서는 각 정당들이 불신임 결의에 찬성투표를 하더라도 기본적 동기의 상이성 때문에 불신임 결의에 뒤이은 후임 정부 구성 가능성이 없었다. 따라서 바이마르 공화국의 불신임 결의는 단순한 국정방해 행위에 불과하였다. 이것을 '파괴적 불신임 투표'라 부른다. 이규영, 「독일의 권력구조」, pp.387 – 388.

과 같은 장·단점을 갖는다.[42] 첫째, 행정권 우위와 책임정치 실현을 들 수 있다. 수상과 내각의 우위 현상, 즉 행정권의 우위 현상을 기본법에 규정함으로써, 연방정부의 안정을 도모할 수 있었다. 비록 대통령이 형식적인 면에서 정책 제안과 공직 임면을 하도록 되어 있으나 실질적으로는 수상의 조치에 대통령이 구속되게 함으로써 수상 중심의 내각이 책임정치를 실현할 수 있게 하였다. 둘째, 다당제하에서 정치적 안정을 들 수 있다. 독일은 1949년 이래 1957년 선거를 제외하고 역대 연방 하원 선거에서 단일 정당이 과반수 의석을 차지한 경우가 없었다. 따라서 연립정부형태가 반복되어 왔다. 그럼에도 불구하고 정국이 안정되어 왔다는 것은 재상제가 연정의 형태로 사회적 제반 갈등 세력을 통합시키는 데 기여하여 왔다는 것을 보여준다.

그러나 독일의 정치적 안정이 재상제라는 정부형태에 기반을 둔 측면도 있지만, 동 제도를 실시하면서 선거제도와 정당제도 등에 함께 채택한 각종 제도적 보완 장치가 기여한 바가 크다. 따라서 독일의 재상제가 제3국에 이식될 때 정부형태만을 고려한다면 다른 결과를 가져올 수도 있다.

---

42 이규영, 「독일의 권력구조」, pp.385 - 400

대표적인 정부형태인 대통령제, 내각 책임제, 대통령 중심 혼합제 그리고 내각 중심 혼합제가 미국, 영국, 프랑스, 독일에서 안정적으로 운영되는 원인들을 분석하면, 이들 권력구조에 영향을 주는 주요 요인들을 도출해 볼 수 있다.

우선 대통령제가 미국에서 지난 200년 동안 안정적으로 운영되어 온 배경과 관련하여, 사르토리(Giovanni Sartori)는 미국의 대통령제가 제대로 기능하기 위해서는 세 가지 조건이 필요하다고 주장한다. 첫째, 정치가 실용주의적이며 융통성이 있어야 하고, 둘째, 정당들이 약하면서 당내 규율이 강하지 않아야 하며, 셋째, 정치가 지방 중심으로 이루어져야 한다.[43] 사르토리는 이러한 세 가지 조건이 충족되는 상황에서 대통령이 의원들을 설득하여 자신이 원하는 법안을 통과시킬 수 있다고 보았다.[44] 요약하면, 미국의 합리적 실용주의 정치문화, 규율이 약한 정당제도 그리고 연방제도가 미국의 대통령제 정착에 기여하고 있다.

다음으로 웨스트민스터 제도라 불리는 영국의 내각 책임제도 지난 300여 년 동안 큰 문제없이 유시되어 왔다. 영국의 내각 책임제 안정 요인으로는 의회 주권 원칙, 단순 다수제에 입각한 양당제와 단일 정당에 의한 집권, 규율이 강한 정당문화 등을 든다.[45] 그러나

---

43 Giovanni Sartori, 「대통령제도 아니고 내각제도 아니다」, p.231.

44 사르토리는 대통령이 사용할 수 있는 설득의 주요 수단으로서, 의회 의원 선거구의 주민들이 원하는 것을 들어주는 것을 들었다. 그러나 이러한 거래가 미국이 아닌 제3국, 특히 한국의 정치문화에서 수용될 수 있을지는 의심스럽다.

유럽의 경험을 토대로 보면, 다당제와 연립정부가 꼭 불안정한 지배 형태라고 볼 수 없으며, 정당들이 강력한 규율을 갖추고 있는 상황이라면, 일당 지배적 정부보다 연립정부가 더욱 민주적인 대표와 토론을 허용한다고 주장하기도 한다.[46] 아무튼 양당제와 다당제 그리고 단일 정부와 연립 정부의 여부를 떠나서, 내각 책임제가 안정적으로 운영되기 위한 공통요인으로는 규율을 지닌 안정된 복수 정당제, 유권자층의 정당 충성도, 정당들 사이에서의 공조 능력과 타협적인 정치문화, 주류 정치에서의 반체제 정당의 소외, 정치적 중립을 지키는 직업 공무원제, 그리고 지방자치의 확립을 든다.

다음으로 대통령 중심 혼합제인 대통령 중심 분권형 대통령제가 1958년 이래 프랑스에서 안정적으로 운영되고 있는데, 이와 관련하여 린쯔(Linz)는 분권형 대통령제가 안정적으로 운영되기 위한 전제조건으로 정당체제와 대통령의 리더십을 들었다. 린쯔에 따르면, 첫째, 정당체제가 분권형 대통령제의 성과를 좌우한다는 것이다. 최적의 조건은 대통령이 속한 여당이 의회 내 과반수 의석을 점유하는 것이다. 구조적으로 안정된 정당체제가 존재하여 정부내각을 받쳐주는 의회를 구성할 수 있을 때 대통령 중심 분권형 대통령제가 잘 운영되었다는 것이다. 둘째, 분권형 대통령제는 대통령 개인의 성격이나 능력 여하에 크게 의존하며, 대통령은 주요 정당의 지도자이거나 그 정당의 가장 영향력 있는 인물이어야 한다는 것이다.[47]

---

45 이규영, 「한국의 권력구조 개편: '의원 내각제'의 대안 가능성」, 박호성, 『한국의 권력구조 논쟁 Ⅲ』(서울: 인간사랑, 2002), p.102.

46 Juan J Linz 「대통령제와 내각제: 과연 다른가」, p.175.

47 Juan J Linz 「대통령제와 내각제: 과연 다른가」, pp.147-150.

끝으로, 1949년 기본법 채택 이후 내각 중심 혼합제인 재상제를 운영하고 있는 독일의 경우, 다당제하 연립 정부의 일상화에서도 이 제도를 안정적으로 운영하고 있다. 독일 재상제의 안정적 운영에는 재상제라는 정부형태뿐만 아니라 정부형태와 함께 채택된 각종 제도적 보완 장치가 커다란 영향을 미치고 있는 것으로 분석되고 있다. 첫째, 건설적 불신임제를 통해서 연방 수상과 내각의 안정을 기하고 행정권 우위를 유지하였으며, 동시에 연방 대통령에게 조정자적 역할을 할 수 있도록 제도적 장치를 마련하고 권위를 부여하였다. 둘째, 안정적 정당 구도를 위해 군소 정당의 난립을 막는 5% 제한 규정과 합리적 비례 대표제를 선거제도에 도입하였다. 셋째, 연방제도를 통해 중앙정부의 권력 집중을 예방하고 지역의 특수성을 지키면서 정치적으로 연방의 통합을 이루어 냈다.

이상에서 살펴본 각 정부형태의 안정적 운영과 관련하여 그 배경을 분석해 보면, 정부 권력구조에 영향을 미치는 주요 요인으로 네 가지가 도출된다. 즉 한 국가의 정부 권력구조가 안정적으로 운영되기 위해서는 정부형태의 제도적 규정뿐만 아니라, 이 정부형태를 뒷받침하는 정당체제, 선거제도, 중앙과 지방의 권력 분산 그리고 정치문화가 함께 검토되어야 한다는 것이다. 따라서 본 절에서는 권력구조에 영향을 미치는 주요 요인들로 정당체제, 선거제도, 지방분권화 그리고 정치문화를 선정하고, 이들 요인들과 권력구조와의 관계를 분석한다. 즉 정당체제의 경우는 양당제와 다당제, 선거제도의 경우는 단순 다수 대표제와 비례 대표제, 중앙정부와 지방정부의 관계는 중앙집권화와 지방분권화 그리고 정치문화의 경우는 타협적 정치문화와 갈등적 정치문화가 각각의 권력구조와 어떤 조응성을 갖는지 살펴볼 것이다. 본서에서 조응성이 높다는 것은 양자의 관계가 긍정적으로 영향(positive effect)을 미친다는 것이며, 조응성이 낮다는 것은 양자의 관계가 부정적으로 영향(negative effect)을 미친다는 의미를 갖는다.

1. 정당체제와 권력구조

정당체제는 정당의 수, 경쟁성 그리고 수와 경쟁성을 함께 고려하는 등 다양한 분류 기준이 있고, 그 기준에 따라 여러 가지 형태로 대별될 수 있다. 듀베르제(Duberger)는 정당 수에 따라 일당체제, 양당체제 그리고 다당체제로 나누었고, 사르토리(Sartori)는 수와 경쟁성을 함께 고려하여 일당체제, 패권적 정당체제, 지배적 정당체제, 양당체제, 제한된 다원주의와 극단적 다원주의 체제 그리고 원자화된 정당체제 등으로 나누었다.[48] 그러나 본서에서는 양당제와 다당제를 중심으로 권력구조와의 조응성을 살펴보기로 한다. 특히 다당제의 경우, 다시 온건 다당제, 극한 다당제 그리고 비구조화된 다당제로 분류할 수 있는데, 다당제의 형태에 따라 권력구조와의 조응성이 달라진다.[49]

---

[48] 신정현, 『정치학』, pp.444 - 454.

[49] 정준표, 「정당선거제도와 권력구조의 선택」, 국제평화전략연구원 엮음, 『한국의 권력구조 논쟁 Ⅰ』(서울: 풀빛, 1997), p.146.

<표 4> 정당체제와 권력구조의 관계

정당구도 평가기준	양당제		온건 다당제		극한 다당제		비구조화된 다당제	
	대통령제	내각제	대통령제	내각제	대통령제	내각제	대통령제	내각제
집행권의 안정	H*	H	H	M	H	L	H	L
체제의 안정	H	H	H	H*	L	M	L	L
교착 가능성	M	H	M	H	L	M	L	M
인지성	H	H	M*	M	H	L	H	L
책임성	H	H*	H	M	H	L	H	L
승자독식성	L*	L	L	H	L	H	L	H
국민대변성	H*	H	M	M*	L*	L	L*	L
지도력	H	H	H*	H	M	H	H	L
권위주의화	H	H*	M	H	L	H	L	H
정당발전	M	H	M	H	L	M	L	M
검증 가능성	H	H*	H	H*	M	H	L	M
상벌 가능성	H	H*	H	M	H	L	H	L

정준표, 「정당·선거제도와 권력구조」, 『한국의 권력구조 논쟁』, 국제평화전략연구원, 1997, p.146.
H : ~측면에서 바람직하다.
L : ~측면에서 바람직하지 않다.
M : 중간수준
* : 대체로 비슷한 수준이나 굳이 택한다면 * 표시한 권력구조를 택하는 것이 좋다.

정당체제와 권력구조와 관계를 대통령제와 내각 책임제를 기준으로 분석한 표 4)에 의하면, 양당제의 경우 대통령제와 내각 책임제 모두 조응성이 높은 것으로 나타난다. 그러나 다당제의 경우, 온건 다당제는 내각 책임제가 대통령제에 비해서 상대적으로 조응성이 높으나, 극한 다당제나 비구조화된 다당제는 대통령제와 내각 책임제 모두 조응성 면에서 많은 문제점이 발생하는 것으로 나타난다. 현실적으로 대통령제를 운영 중인 미국과 내각 책임제를 운영하는 영국이 안정적인 정치를 유지해 오는 데에는 양당제가 기여하는 바가 크다. 미국의 경우, 양당제이면서 정당의 규율과 이념적 갈등이 약하고 실용주의적이라는 것이 대통령제의 안정적 운영에 크게 기여한 것으로 평가된다. 영국의 경우도 양당제 체제하에서 일당에 의한 집권이 가능함으로써, 정책 수행 능력이 제고되고 책임정치가 이루어지는 것으로 보인다.

대통령 중심 혼합제를 운영 중인 프랑스나, 내각 중심 혼합제를 운영 중인 독일의 경우, 정부형태에 의해서 정당체제가 유도되기보다는 다차원적 사회 구조로 인해 다당제가 발생하고 있으며,[50] 이념적으로 극한적이 소수당이 출현함으로써 발생할 수 있는 극한 다당제 체제를 우려해 비례 대표제를 운영하면서도 의석 배정 최소 제한 규정을 운영하고 있다. 이들 혼합제의 경우, 다당제하에서 분점정부가 발생할 경우, 연정을 통한 권력과 책임을 공유할 수 있는 제도적 장치가 있다는 점이 대통령제에 비해서 상대적으로 다당제와의 조응성이 높은 것으로 평가된다.

이상에서 살펴본 내용과 대통령제, 내각 책임제, 대통령 중심 혼합제 그리고 내각 중심 혼합제를 운영하고 있는 미국, 영국, 프랑스, 독일의 사례를 기준으로 정당체제와 권력구조의 조응성을 정리하면 다음과 같다.

---

50 신정현, 『정치학』, p.451.

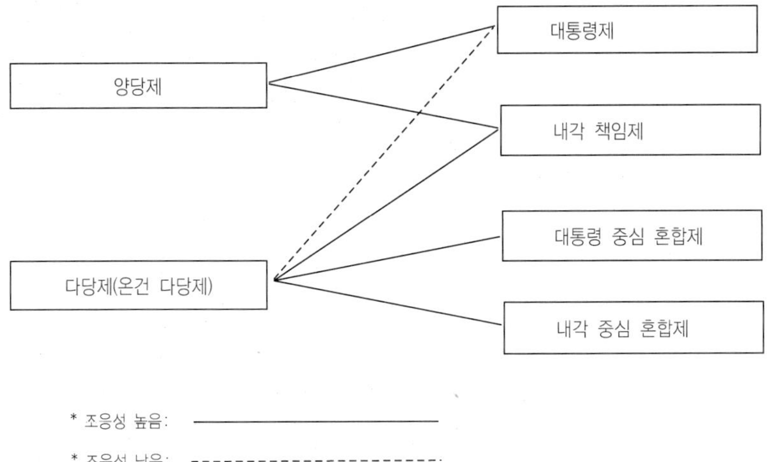

이처럼 권력구조와 연관성을 갖는 정당체제를 결정하는 주요 요인은 다음과 같다.[51] 첫째, 그 국가의 역사적, 문화적 특성들에 따라 정당체제가 다르게 나타난다. 종교적, 인종적, 종족적 구성이 다양하고 이들이 서로 대립적이고 갈등적일 때 대체로 다당체제가 형성되는 경향이 있으며, 반면에 문화적 종교적 동질성과 인종적 일체감이 오랜 기간 유지되어 온 곳은 일당체제가 형성되는 경향이 있다. 둘째, 사회구조가 경제적 이해관계에 따라 첨예하게 대립 분열되이 있는 곳에서는 계급적 구별에 기초한 양당체제가 형성되기 쉽다. 영국의 보수당과 노동당의 양당체제가 대표적인 사례이다. 셋째, 정당체제의 형성은 법적, 제도적 요소들과 관계된다. 특히 선거제도는 정당체제를 형성시키는 데 중요한 영향을 미친다. 넷째, 정당체제는 기본적으로 국가나 정부의 성격 및 구조와 관계

---

51 신정현, 『정치학』, pp.450－451.

된다. 개방적이고 경쟁적인 민주주의적 국가에서는 양당체제 아니면 다당체제를 채택한 반면, 폐쇄적이고 전체주의적인 국가에서는 일당체제 혹은 지배적 일당체제가 형성된다.

2. 선거제도와 권력구조

레이파트(A. Lijphart)는 새로운 헌법을 설계하는 사람이 당면하게 되는 기본적인 선택으로 선거에 있어서 단순 다수 대표제와 비례 대표의 선택 중 하나를 선택하는 것이라고 강조하였다.[52] 그만큼 선거제도의 선택은 정부형태를 결정하는 데 있어서 중요하다는 것이다. 한편 사르토리(Sartori)는 소선거구제와 최다득표제가 전국적으로 정당 수의 감소효과를 가져와 양당 형태를 가져오기 위해서는 정당체제의 구조화가 이루어져야 하고, 전국적인 유권자 분포가 동질적이어야 한다고 보았다. 만일 정당 구도가 구조화되어 있지 않아 전국적이고 대중적인 정당 자체가 존재하지 않는다면 이러한 지역구 효과는 지역적 양당 형태를 가져올 수 있지만 전국적 양당 형태는 가져오지 못하며, 또 구조화된 정당구도가 있어도 특정 지역에 두 개의 가장 큰 대중 정당에 의해 대변될 수 없는 소수가 몰려 있다면 양당 형태가 나타날 수 없다고 보았다.[53] 레이파트는 선거제도의 선택은 그 나라의 정당제도의 발전, 행정부의 형태

---

52 Arend Lijphart, "Double - checking the evidence", in *The Global Resurgence of Democracy*, pp.187 - 188.

53 Giovanni Sartori, 'The influence of Electoral Systems', Bernard Grofman and Arend Lijphart eds., *Electoral Laws and Their political Consequences*(New York: Agathon Press, 1986)). 정준표, 「정당선거제도와 권력구조의 선택」, p.148에서 재인용.

에 많은 연관을 갖는다고 보았다. 예를 들면, 단순 다수 대표제 선거 제도를 갖는 나라는 양당제도와 단일 정당에 의한 정부 그리고 입법부와의 관계에서 우월한 행정부를 갖고 있다고 보았다. 듀베르제(Duverger)도 단순 다수 대표제는 양당제를 조성하는 경향이 있고, 비례 대표제는 다당제를 조성하는 경향이 있다는 소위 '듀베르제의 법칙(Duverger's law)'을 주장하였다.[54] 또한 레이파트는 대통령제와 의회제 그리고 단수 다수 대표제와 비례 대표제의 조합에 따라 장기간 정치적으로 안정을 보인 국가군을 다음과 같이 3가지 범주로 분류하였다. 레이파트는 동 분류에서 장기간에 걸쳐 안정적인 민주주의를 보이고 있지만, 3개의 어떤 범주에도 적합하지 않은 4개국(프랑스, 아일랜드, 일본, 스위스)과 외부적 요인에 영향을 받고 있는 3개국(이스라엘, 아이슬란드, 룩셈부르크)은 제외하였다.[55]

1) 대통령제와 단순 다수 대표제 : 미국

2) 의회제와 단순 다수 대표제 : 영국, 캐나다, 뉴질랜드, 오스트레일리아

3) 의회제와 비례 대표제 : 오스트리아, 벨지움, 덴마크, 핀란드, 독일, 이탈리아, 네덜란드, 스웨덴

이상의 레이파트 분류에서 나타난 것을 보면, 단순 다수 대표제는 대통령제와 내각 책임제(의회제)와 그리고 비례 대표제는 내각

---

54 정준표, '정당 선거제도와 권력구조', pp.147－148; 듀베르제 법칙의 생성 과정에 대해서는 William H.Riker, "Duverger's Law Revisited", Bermard Grofman and Arend Lijphart eds,. *Electoral Laws and Their Political Consequences* 참조.

55 Arend Lijphart, "Double－checking the evidence", p.168.

책임제(의회제)와 분권형 대통령제(혼합제)와 조응성이 높은 것으로 분석된다. 그리고 비례 대표제는 대통령제와 조응성이 낮은 것으로 나타난다.[56] 이것을 도표로 표시하면 다음과 같다.

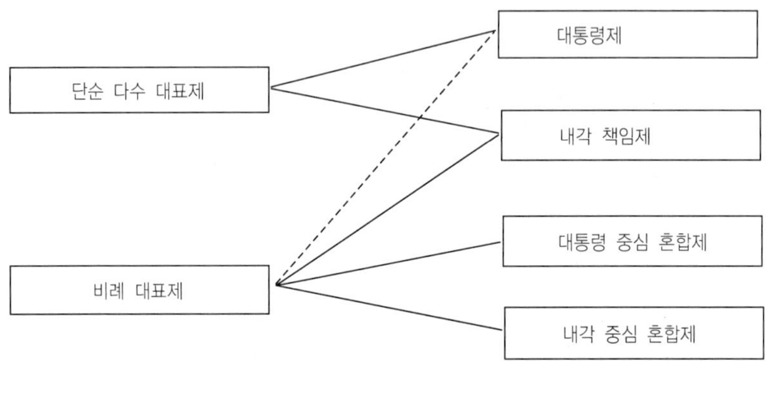
[그림 2] 선거제도와 권력구조

레이파트의 분류에는 포함되지 않았지만, 대통령 중심 분권형 대통령제를 운영하는 프랑스의 제5공화국은 1958년에서 1986년까지 결선 투표제를 겸비한 다수 득표제도를 운영해 오다가, 1986년부터 비례 대표제를 재도입하였다. 다만, 비례 대표제를 도입하면서, 최소 득표 비율 요건을 두어서 극단적인 소수파 정당의 원내 진출을 막았다.[57] 이렇게 보면, 대통령제, 내각 책임제, 대통령 중심 혼합

---

56 레이파트는 오스트리아, 핀란드, 독일, 이탈리아를 의회제로 분류하고 있으나, 본 연구의 분류에 의하면, 오스트리아, 독일, 이탈리아는 내각 중심 혼합제로서 오스트리아 이탈리아는 총리 중심 분권형 대통령제에 속하고, 핀란드는 대통령 중심 분권형 대통령제에 속한다.

57 Juan J. Linz, 「대통령제와 내각제: 과연 다른가?」 p.144.

제 그리고 내각 중심 혼합제를 성공적으로 운영하는 대표적 국가들인 미국, 영국, 프랑스 독일의 선거제도는 위 분석틀과 일치하는 것으로 나타난다.

단순 다수 대표제가 대통령제와 내각 책임제 모두에 조응성이 높다는 점에서, 대통령제나 내각 책임제를 채택한 국가들이 어떤 선거제도를 운영하는가 하는 문제는 선거제도 자체보다는 정치문화와 같은 다른 요인에 기인한다. 즉 보다 균형을 이루고 소수의 가치를 인정하고 분파된 사회의 단결과 평화를 추구할 경우 비례대표제를 채택하게 되고, 민주주의의 책임뿐만 아니라 확고한 리더십과 효과적인 정책 결정을 이유로 일당 내각을 고려한다면 다수 대표제를 채택하는 것이 바람직하다.[58] 그러나 근원적으로 사회가 다원화되어 있어서 이해가 상충하고 있다면 단순 다수 대표제를 채택하는 것은 어려움이 있다. 영국을 제외한 유럽의 대다수 국가들이 이러한 이유로 비례 대표제를 운영하는 측면이 있다.

---

[58] Arend Lijphart, "Double-checking the evidence", p.165.
라데레트(Guy Lardeyret)는 비례 대표제가 소수의 이익을 보호한다는 레이파트의 주장에 대해서 비례대표제가 잘 조직된 압력 단체들에게 의석을 차지하는 기회를 주게 되어 결국 그런 식으로 선거민을 나누어 나가면 한 사회에서 충돌을 악화시키는 경향이 있다면 부정적으로 보았다. 특히, 비례 대표는 작은 정당이 다수당을 만들기 위해 필요한 swing seat를 통제하기 때문에 작은 정당에 어울리지 않은 권력을 주는 경향이 있다고 비판하였다. Guy Lardeyret, "The problem with PR", in *The Global Resurgence of Democracy*, pp.176-178.

3. 지방분권화와 권력구조

지방분권화와 권력구조 간의 관계를 검토할 때 일반적으로 세 가지 관점에서 접근할 수 있다. 첫째, 지방분권화가 권력구조의 운영상 보완적 관계를 이루어 권력구조의 효율성을 높여주는가. 둘째, 어떤 권력구조가 지방분권화에 친화적인가. 셋째, 정부형태로 나타나는 중앙 권력구조가 지방 권력구조의 형태에 영향을 미치는가라는 것이다. 이 세 가지 관점 중에서 지방분권화와 권력구조 간의 조응성을 논할 때는 앞의 두 가지 관점이 주요 논의 대상이 된다.

첫 번째 관점인 지방분권화와 권력구조의 효율성 관계에서 각 권력구조 형태를 분석해 보면, 모든 권력구조의 형태에서 지방분권화는 권력구조의 효율성을 높여주는 것으로 나타난다. 즉 한 나라가 채택하는 권력구조의 안정은 한편으로 견제와 균형, 다른 한편으로 위임과 보완이라는 분권에 기초할 때 권력구조가 좀 더 효율적으로 운영될 수 있다는 측면에서 그렇다. 지방분권이 중앙집권의 폐해나 중앙정부의 권력 남용을 억제하는 측면이 있지만, 분권을 통해서 중앙정부의 책임이 되어 중앙정부의 부담이 커질 수 있는 사안을 지방정부에 넘김으로써 중앙정부 본래의 업무에 충실할 수 있기 때문이다.

미국 대통령제의 성공 요인 중 하나가 연방제도라는 것은 이미 잘 알려진 사실이다. 미국의 연방제도는 지방분권화의 세 가지 유형인 정치적 분권(political decentralization), 행정적 분권(administrative decentralization), 행정권 위임(deconcentration) 가운데 지방분권화의 정도가 큰 것으로 권력의 수직적 분권을 통해 중앙정부를 견제하면

서, 한편으로 주정부가 중심이 되어 지방행정을 주도하고 있다.[59]
내각 책임제를 실시하는 영국의 경우도 연방제도는 아니지만 지방
자치라는 위임과 보완의 분권형태를 갖추고 상보적 원리에 입각하
여 중앙정부의 효율성을 높이고 있다. 기관 통합형을 실시하던 영국
이 2005년 5월 런던시장과 런던 시의회 선거를 기점으로 역사상 처
음 기관 분리형 지방정부를 구성함으로써 지방분권화를 확대하고
있다. 대통령 중심 혼합제를 실시하고 있는 프랑스의 경우, 다른 유
럽 국가들과는 달리 200여 년 동안 중앙집권화된 시스템을 운영해
왔으나, 1982년 지방분권법을 제정하여 간선 도지사의 지방행정 집
행에 관한 권한이 파격적으로 지방의회 의장과 의회에 양도함으로
써 지방분권화가 보다 구체화되었다.[60] 내각 중심 혼합제를 운영 중
인 독일은 연방제 국가로서 지방분권화된 연방제도를 통해 국가 차
원의 통합과 지방 차원의 다양성의 조화를 이루고 있는 것으로 평
가받고 있다.[61]

이상에서 언급한 내용을 바탕으로 지방분권화와 권력구조의 조
응성을 효율성 관점에서 도표로 표시하면 다음과 같다.

---

59 무라마쯔 미찌오, 최외출 · 이성환 공역 『중앙과 지방 관계론』(서울: 대영 문화사, 1991),
   p.18; 이종원, 「대통령제와 지방분권」, 박호성 · 이규영 편저 『한국 권력구조 논쟁 Ⅳ』(서
   울: 인간사랑, 2005), p.38.

60 석철진, 「이원집정제와 지방분권」 pp.132 – 133.

61 심익섭, 「분권화와 지방자치제도」 박응격 외 『독일 연방정부론』(서울: 백산 자료원, 2001),
   p.403; 이규영, 「의원 내각제와 지방분권」, p.99.

[그림 3] 지방분권화와 권력구조(효율성 관점에서)

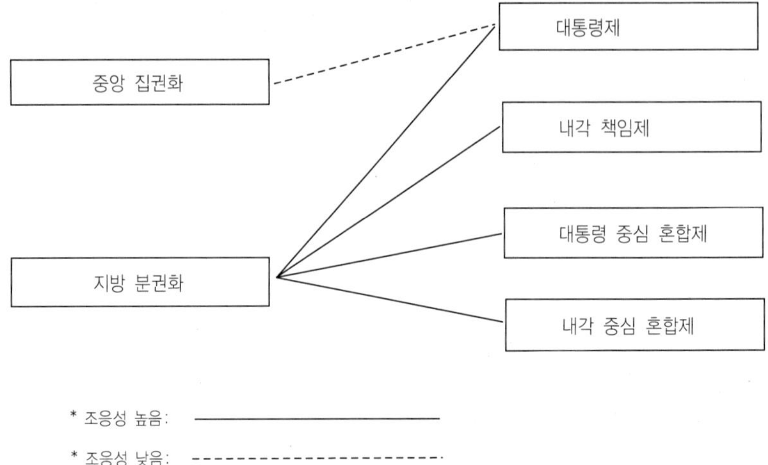

그러나 두 번째 관점인 어떤 권력구조가 지방분권화에 친화적인가라는 측면에서 검토해 보면, 대통령제의 경우 다소 다른 결과가 나온다. 즉 첫째, 대통령제는 권력의 분립이 전제되지 않는 한 권력의 집중을 가져오기 때문에 중앙권력을 강화시켜 중앙–지방관계에 있어서 지방분권과 지방자치의 발전에 친화적이지 않다는 것이다. 둘째, 대통령제에서 지방분권화 수준이 높으면, 때로는 지나친 분권화의 경향 때문에 정책 운용의 효율성을 위하여 새로운 중앙집권화를 야기할 수 있다는 것이다. 셋째, 대통령제라는 것이 지역 정치인의 활동을 증대시켜 줄 수 있는 의원 내각제와 달리 그 국가 내 권력 중심으로부터의 중앙정치의 영향력을 극대화하기 때문에 다단계 계층구조에 의한 지방자치제라 하더라도 대통령제 권력구조를 가지고 있으면, 지방분권화 방향에 역행하여 중앙집권화되는 경향이 증대된다는 것이다.62

따라서 지방분권화와 권력구조의 관계를 권력구조의 친화성의 관점에서 도표로 표시하면 다음과 같다.

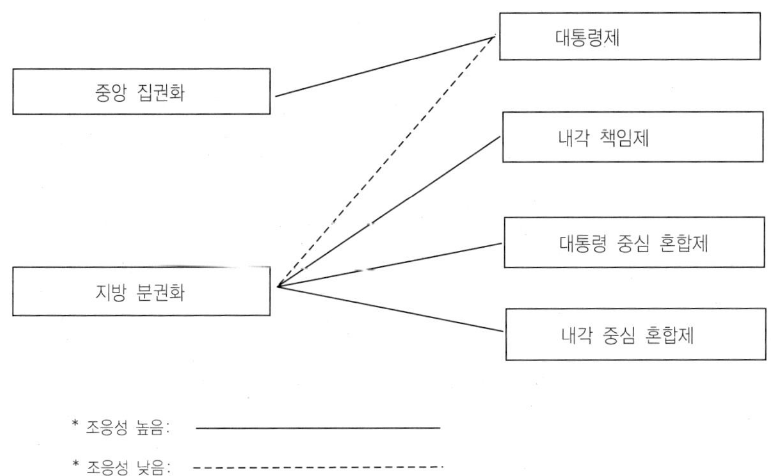

이상에서 언급한 2가지 관점 중, 본 연구에서 대안적 권력구조를 모색하는 데 유용한 관점은 첫 번째 관점인 효율성 면에서의 관점이 될 것이다.

끝으로, 지방분권의 3가지 유형을 분류하면 나음과 같다.

---

62 이종원, 「대통령제와 지방분권」, pp.29-30.

<표 5> 지방분권의 유형

구분	정치적 분권 (Political Decentralization)	행정적 분권 (Administrative Decentralization)	행정권 위임 (Deconcentration)
정의	중앙정부와 우열관계에 있지 않는 지방정부 간의 권한 분할	중앙정부와 우열관계에 있는 지방정부 간의 권한 분할	중앙정부에 종속된 기관에 중앙정부로부터 그 권한의 일부를 위임받음
지방정부의 지위	중앙정부로부터 독립된 정체	어느 정도 자치를 가진 중앙정부의 창조물	중앙정부의 지부
지방정치 담당자의 선택	선거	선거 또는 임명	임명
지방정부와 중앙정부와의 관계	대등	지방정부는 때로 중앙정부에 종속	지방정부는 중앙정부에 완전히 종속
지방정부 권한의 사법적 기초	헌법	중앙정부	중앙정부
지방정부의 재정적 기초	자주재정	부분적으로 자주재정	중앙정부에 의존

출처 : 무라마쯔 미찌오 저, 최외출·이성환 역, 『중앙과 지방관계론』(서울: 대영문화사, 1991), p.18.

4. 정치문화와 권력구조

알먼드(A. Almond)와 버바(S. Verba)가 "안정되고 효과적인 민주주의 발달은 정부 및 정치의 구조에만 의존하는 것이 아니라 국민이 정치과정에 대하여 가지는 지향, 즉 정치문화에 달려 있으며, 정치문화가 민주주의적 시스템을 지지하지 않는 한 시스템의 성공은 불안하다."[63]고 지적하였듯이, 한 나라의 정치문화는 권력구조의 선택과 효율적 운영에 있어서 매우 중요하다. 바이마르 공화국에서는 실패한 정부형태가 프랑스의 제5공화국에서는 성공적으로 운영되고, 미국의 대통령제가 미국 이외의 국가들에 이식되었을 때는

---

[63] Gabriel A. Almond and Sidney Verba, *The Civic Culture*(Princeton, New Jersey, 1963), p.498. 백경남, 「바이마르 민주주의 실패 요인 – 정치문화를 중심으로 한 고찰」, 『한국 정치학회보』 제19권, p.20에서 재인용.

다른 결과를 초래하는 현상 등은 권력구조가 한 국가의 경험을 반
영한 역사적 산물로서 권력구조를 선택할 때에는 반드시 정치문화
가 고려되어야 한다는 사실을 보여준 사례들이다.

　문화란 전수되고 학습되며 공유되는 것으로 정치문화는 고정되
어 있는 것이 아니라 시간을 두고 지속적으로 변화하는 속성을 가
지고 있다. 이러한 정치문화는 다양한 분석 틀에 의해서 여러 가지
형태로 분류가 가능하다. 그러나 본서에서는 정치문화를 단순화시
켜 타협적 정치문화와 갈등적 정치문화라는 분석의 틀에서 권력구
조와의 조응성을 살펴보고자 한다. 타협적 정치문화의 경우, 모든
형태의 권력구조와 조응성을 갖는다는 점에서 비교의 초점은 어떤
권력구조가 갈등적 정치문화에서도 효율적으로 운영될 수 있는가
가 될 것이다.

　대통령제에서 주목해야 할 것은 이 제도가 민주정치 내에 강력
한 제로 섬(zero sum) 게임의 요소를 도입함으로써 승자 독식의 결
과를 초래하게 된다는 점이다. 내각 책임제나 혼합제에서도 한 정
당이 절대 과반수 의석을 확보하는 선거 결과가 나타날 수 있지만,
일반적으로 내각 책임제와 혼합제하에서의 선거는 다수 정당이 권
력을 공유하는 결과를 초래한다. 이러한 권력구조의 속성 때문에,
대통령제는 다수결에 근거한 민주주의로 가는 경향이 강하며, 내각
책임제와 혼합제는 합의제 민주주의로 가능 경향이 강하다. 그런데
권력을 공유하면서 권력을 제한하고 또 분산시키는 특징을 갖는
합의 민주주의가 다수결 원칙에 따르는 것보다 갈등 해소에 훨씬
더 효과적이다. 쉬미터(Philippe C. Schmitter)가 지적한 바와 같이,
합의 민주주의는 '방어적' 민주주의이기 때문에 문화적, 인종적, 정

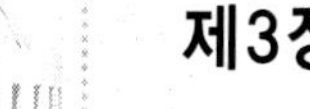

제3장
제6공화국 政府 權力構造의 특징과 문제점

이제까지 권력구조의 유형과 권력구조에 영향을 미치는 주요 요인인 정당체제, 선거제도, 지방분권화 그리고 정치문화를 살펴보았다. 본 장에서는 이를 토대로 한국의 현행 제6공화국[1] 정부 권력구조의 특징과 문제점을 분석해 보고자 한다. 우선 권력구조란 경험적 역사적 산물이라는 측면에서 제헌 헌법에서 제6공화국 헌법에 이르기까지 한국 정부 권력구조의 변화를 헌법 개정을 중심으로 살펴본 후, 1987년 민주항쟁의 결과 탄생한 제6공화국 권력구조의 특징과 문제점을 정부형태, 정당체제, 선거제도, 지방분권화 그리고 정치문화의 변화를 중심으로 분석해 본다.

---

1 1987년 9차 헌법 개정 이후를 제6공화국으로 분류하였다. 대한민국의 헌정사를 공화국으로 분류하여 이승만 정권을 제1공화국, 장면 정권을 제2공화국, 박정희 정권 전반기를 제3공화국, 유신체제 이후의 박정희 정권 후반기를 제4공화국, 전두환 정권을 제5공화국 그리고 1987년 노태우 정권 이후를 제6공화국으로 분류하였다. 중요한 정치체제 변화를 중심으로 이같이 분류하는 것에 대해 권영성 등 일부 헌법학자들은 비판적 견해를 나타내고 있으나, 본 연구에서는 통상적인 공화국 분류법을 수용하였다. 제6공화국에는 노태우 대통령의 보통사람의 시대, 김영삼 대통령의 문민정부의 시대, 김대중 대통령의 국민정부의 시대,노무현 대통령의 참여정부의 시대, 그리고 이명박 대통령의 이명박 정부시대가 포함된다. 혹자는 6공화국을 다시 집권자를 기준으로 기수를 부여하여 현재 이명박 정권을 6공화국 5기로 명명하기도 한다.

한국 정부 권력구조의 변화를 살펴보면, 대한민국 정부 수립 후 지금까지 9차례의 헌법 개정이 있었다. 9차례의 헌법 개정 중에서 4·19 혁명 이후 이승만 정권 시절 부정선거 관련자 처벌을 위해 추진한 4차 개헌을 제외하고 나머지 8차례 헌법 개정의 주된 과제는 권력구조와 관련된 것이었다.[2] 1948년 헌법을 제정한 이래 1987년 9차 개정까지 평균 4.3년마다 한 번씩 헌법이 개정된 셈이다. 이렇게 권력구조와 관련된 헌법 개정이 빈번했던 이유는 권력구조의 변경을 정권의 유지나 정권의 창출과 관련하여 정략적으로 이용했기 때문이다.

다른 개정 헌법들과는 달리 지난 20여 년 동안 한국 사회의 기본 틀로서 오래 유지되고 있는 제6공화국 헌법은 정부 권력구조로 대통령제, 내각 책임제 그리고 분권형 대통령제적 요소가 내재된 대통령 중심 혼합제를 채택하고 있다. 그리고 그 운영과정에서 정당체제는 다당제가 보편화되었으며, 선거제도는 비례 대표제가 확대되었고, 지방자치 실시를 통해 지방분권화가 강화되었으며, 정치 문화도 많은 변화를 가져왔다.

그러나 제6공화국 헌법이 민의를 반영하여 추진되었지만, 군부 권위주의 정권과 6월 시민 항쟁이 대립하는 과정에서 정부형태에 대한 충분한 토의과정을 거치지 못하고 대통령 직선과 중임제 철폐를 중심으로 졸속하게 처리된 측면이 있다. 그 결과 제6공화국 헌법이 민주주의 공고화에 크게 기여했음에도 불구하고, 권력구조라는 제도적인 측면에서 많은 문제점을 야기하고 있다.

---

2 권영성, 『헌법학 원론』(서울: 법문사, 2006), pp.94-99.

제1절 한국 정부 권력구조의 변화

1948년 정부수립 이후 한국의 헌정사를 정치체제 중심의 시대구분, 헌법 개정 중심의 시대구분, 정권(집권자) 중심의 시대구분, 이데올로기 중심의 시대구분 등 여러 가지 방법으로 구분해 볼 수 있다. 본서에서는 정치체제 변화를 중심으로 민주주의 관점과 공화국 분류법에 의해 시대를 구분하고 한국 정부 권력구조의 변화를 살펴본다. 우선 민주주의적 이념과 민주화 정도를 척도로 '민주 헌정 출범기(1948. 7 – 1961. 5)', '민주 헌정 수난기(1961. 5 – 1988. 2)', '민주 헌정 부활기(1988. 3 – 2009년 현재)'의 3단계로 구분한다.[3] 민주 헌정 출범기에는 제1, 제2공화국이, 민주 헌정 수난기에는 제3, 제4, 제5공화국이 그리고 민주 헌정 부활기에는 제6공화국이 포함된다.

1. 민주 헌정 출범기(1948 – 1961)

제헌 헌법으로 불리는 제1공화국 헌법하에서 한국의 정부형태는 대통령제와 내각 책임제의 혼합 형태로 출발하였다. 제헌의회의 헌법 기초 위원들은 대통령제의 경우 대통령과 의회 간의 대립으로 비효율과 정치 불안이 야기되고 남미에서와 같은 독재를 불러일으킬 가능성이 있다며 내각 책임제 안을 기초하였다. 그러나 이승만이 건국기의 불확실성 속에서 정치적 안정이 필요하다며 대통령제

---

3 권영성, 『헌법학 원론』, p.103.

를 주장해, 결국 정치 세력들 간의 타협으로 대통령제와 내각 책임제가 모호하게 섞인 혼합제가 만들어진 것이다. 제헌 헌법하에서는 대통령이 국회에서 무기명 투표에 의한 간선으로 선출되었으나, 1952년 1차 개헌으로 그 선출 방식이 국민 직선제로 바뀌었다는 점에서, 대통령 국민 직선제 이후의 제1공화국 정부형태를 내각제가 가미된 변형된 대통령제로 보는 관점도 있다.[4]

제헌 헌법에서 국회의 동의가 필요한 국무총리 제도를 두고, 대통령의 국무에 관한 행위는 국무원의 의결을 거쳐야 하고 국무총리와 국무위원의 부서가 있어야 한다고 규정한 것은 사실상 행정 수반으로서 실권을 갖는 국무총리를 인정한 것이다. 그러나 제헌 헌법상, 국무총리의 해임은 대통령만이 가능하고, 국회는 총리 해임권이 없어 총리는 대통령에게 종속될 수밖에 없었다. 이런 점에서 제헌 헌법은 분권형 대통령제적 운영이 가능하도록 되어 있으면서도, 그것은 대통령의 권력공유에 대한 의지가 없으면 불가능한 것이었다.

제헌 헌법에서 발견되는 대통령제의 원형으로부터의 중대한 일탈 중에 하나는 제3의 권부인 사법부의 독립성에 대한 배려의 부재이다. 사법부는 처음부터 대통령과 국회에 대하여 동등한 수준의 권부가 아니었고 부차적이며 종속적이어서 국회와 대통령의 대립에 대한 중재자나 권위 있는 헌법의 수호자적 역할을 감당하는 것이 불가능했다. 특히 위헌 법률 심사권을 대법원에 두지 않고 별도로 설치된 헌법 위원회에 둠으로써 조정자와 심판자로서의 사법부

---

4 권영성, 『헌법학 원론』, p.774; 조정관, 「대통령제 민주주의의 원형과 변형」, 진영제 편저, 『한국 권력구조의 이해』(서울: 2004, 나남 출판), pp.81-82.

의 역할을 최소화시켰다.[5]

1960년 4·19 혁명 이후 등장한 제2공화국 헌법은 정부형태로 고전적 의원 내각제 또는 영국의 내각 책임제 형태를 채택하였다. 대통령은 양원 합동 회의에서 선출되었고 국가 원수로서 국가를 대표하였으며, 국무총리는 국무회의 의장(70조 1항)으로서 국무원의 대표권을 가졌다. 또한 민의원은 국무원 불신임권을 가졌고, 국무원은 민의원 해산권을 가졌다. 이처럼 제2공화국 헌법이 제도적으로 내각 책임제 형태를 가졌지만, 운영적인 측면에서 분권형 대통령제적인 형태를 보였던 것은 군주제가 아닌 공화제에서 내각 책임제를 채택할 때 나타나는 현상으로 본다.

제2공화국의 정부형태는 5·16 군부 쿠데타로 9개월(1960년 8월 8일 – 1961년 5월 16일) 만에 끝나고 회의제(의회 정부제) 형태의 군사 정부를 거쳐 제3공화국으로 이어졌다.

2. 민주 헌정 수난기(1961 – 1988)

1961년부터 1988년까지 27년 동안 군부 출신에 의한 권위주의 정권이 집권하던 시기이다. 5·16 쿠데타로 출발한 제3공화국 정부형태는 대통령의 국회 해산권과 국회의 정부 불신임권이 인정되지 아니하고, 국민에 의하여 직접 선출되는 대통령이 행정부의 수반이었다는 점에서 기본적으로 대통령제였다. 그러나 국무총리제와

---

5 헌법 위원회는 제헌 헌법 81조에 따라, 부통령을 위원장으로 하고, 대법관 5인 국회의 위원 5인으로 구성되었다. 조정관, 『대통령제 민주주의의 원형과 변형』, p.86.

같은 내각 책임제적 요소와 국가 긴급권(73조, 75조)과 같은 분권형 대통령제적 요소가 가미되어 있을 뿐만 아니라, 정당 국가적 경향을 반영하고 있었기 때문에 순수 대통령제는 아니었다. 제3공화국 정부형태 역시 혼합제로서 변형된 대통령제라 볼 수 있다.

유신헌법으로 불리는 제4공화국 정부형태는 국가 원수와 행정부 수반을 겸한 대통령이 임기 동안 국회에 대하여 전혀 책임을 지지 않았다는 점에서 대통령제의 범주에 속한다. 그러나 제4공화국 헌법 역시 의회 해산권과 행정부 불신임권을 규정한 내각 책임제적 요소와 긴급조치권 등 비상대권을 규정한 분권형 대통령제적 요소를 가진 혼합형 정부형태였다. 제4공화국 헌법은 특히 대통령의 권한이 강화되었다는 점에서 전제적 혼합 정부제 또는 권위주의적 대통령제로 보는 관점이 있다.[6]

1980년 제5공화국 헌법은 1958년－1962년간 초기 프랑스 제5공화국 헌법(드골 헌법)과 유사한 것으로, 대통령에게 비상 조치권과 계엄 선포권을 부여하여 정부형태 또한 프랑스 제5공화국의 분권형 대통령제와 비슷하였다. 내각 책임제적 요소로서 국회의 동의를 요하는 국무총리제를 두고 있었고 국회에 국무총리와 국무위원에 대한 개별적 해임 의결권을 부여하였으며(99조 1항), 대통령의 국회 해산권(57조)과 정부의 법률안 제출권이 인정되었다(88조).

이 시기의 정부형태를 분석해 보면, 한국 정치는 대통령제의 기초가 되는 권력 분립의 권력구조를 시행하지 않았다.[7] 오히려 권력 융합적 측면과 규율이 강한 정당정치에 의지하면서도 대통령과 의

---

6 권영성, 『헌법학 원론』, p.775.
7 조정관, 「대통령제 민주주의의 원형과 변형」, p.90.

회는 대결 구조를 형성해 왔다. 이는 내각 책임제적인 요소가 본래적 기능보다는 대통령의 권력 강화에 이용되었기 때문이다. 따라서 대통령제를 표방했지만, 제도적으로나 혹은 운영적인 측면에서 정부형태는 일정 부분 대통령 중심 분권형 대통령제의 요소를 갖고 있었다. 이러한 현상은 제6공화국 헌법에서도 계속된다.

3. 민주 헌정 부활기(1988 – 2009 현재)

군부 출신인 노태우 대통령의 집권을 민주 헌정 부활기의 시작으로 보는 데 다른 의견이 있을 수 있으나, 노태우 대통령이 국민적 합의에 의한 9차 개정 헌법에 따라 직선으로 선출되었고, 9차 개정 헌법 이후를 제6공화국으로 분류한다는 점에서 1988년 이후를 민주 헌정 부활기로 분류하는 데 무리가 없다고 본다. 민주 헌정 부활기인 제6공화국 정부 권력구조에 대해서는 다음 절(본 장 제2절)에서 상세하게 분석한다.

끝으로, 제헌헌법에서 9차 헌법 개정까지 권력구조와 관련한 헌법 주요 개정 내용을 정리하면 다음과 같다.

<표 6> 권력구조와 관련한 헌법 주요 개정 내용

		주요 내용	개정이유(국회 사무처 보도 자료)
제 1 공 화 국	제헌 헌법 (1948. 7. 17)	1. 대통령 중심제의 정부형태 2. 대통령 – 국회의 간접선거로 선출. 임기는 4년. 재선 가능 3. 단원제 국회 – 의원 임기 4년 4. 대법원장 – 대통령 지명. 국회 승인을 거치며 법관들을 임명	
	1차 개헌 (1952. 7. 7)	1. 대통령 선출방법 – 국회 간접 선거 → 국민 직접선거 2. 국회 – 민의원(하원, 임기 4년), 참의원(상원, 임기 6년)의 양원제 채택	• 다수당의 전제 방지 • 국회에서의 의안처리에 있어 부당한 의결과 과오를 피함 • 정부와 국회 간의 충돌을 완화 • 상원에 직능별로 우수하고 원만한 인물을 선출·활용함으로써 국회운영을 강화
	2차 개헌 (4사5입 개헌 : 1954. 11. 29)	1. 초대 대통령(이승만)에 한해 연임제한 폐지 2. 중요 사항에 대한 국민 투표제 실시	• 국내외의 위급한 상황에 대응하고 • 우리나라 정치제도상의 문제를 해결함으로써 정계의 안정을 도모하는 동시에 민심의 안정·발췌개헌안의 이론적 모순을 제거 • 우리나라의 실정에 맞는 국가 기본법을 제정
제 2 공 화 국	3차 개헌 (1960. 6. 15)	1. 의원 내각제 정부 구성 2. 대통령 – 국회 선출, 임기 5년. 재선 가능 3. 국무총리(실질적 국가 원수) – 대통령 지명. 민의원 동의로 임명 4. 국무 위원의 과반수는 국회의원 중 임명 5. 대법원장 – 선거인단이 선출	• 국민의 기본권의 보장을 위한 권력구조를 종래의 대통령제에서 내각 책임제로 하고 • 사법권의 독립과 그 민주화를 위하여 대법원장과 대법관을 선거제로 하는 한편, 위헌입법의 심사와 기타 헌법사항을 관할하도록 헌법 재판소를 설치하며 • 선거의 공정을 기하기 위하여 중앙 선거위원회를 헌법기관으로 하고 • 경찰의 중립화를 위한 필요한 기구의 설치와 지방자치단체의 장의 직선제를 헌법상 보장하기 위하여
	4차 개헌 (1960. 11. 29)	1. 부정선거관리처벌법, 반민주 행위자 공민권 제한법, 부정축재 특별 처리법, 특별재판소 및 특별검찰부조직법 등 일련의 소급 특별법이 제정되었다.	• 이승만 정권하의 구부패세력을 발본색원하여 한국의 민주주의제 제도를 수호하기 위해 • 형사법의 일반적 기본원칙인 형벌불소급의 원칙과 헌법상 보장된 국민의 기본권에 일부 예외규정을 두어 개헌 • 5·16혁명 이후 다시는 과거와 같은 암흑의 역사를 반복하지 않도록 새로운 국가적 기초를 확립코자 국민투표에 의해 개헌

		주요 내용	개정이유(국회 사무처 보도 자료)
제3공화국	5차 개헌 (1962. 12. 26)	1. 대통령 중심제 정부 구성 2. 참의원 폐지(단원제 국회 구성) 3. 대통령 – 국민 직선. 임기 4년, 재선 가능 4. 비례대표제(전국구 의원) 선거 도입 5. 대법원장 – 대통령 임명. 국회 동의, 임기 6년, 재선 불가 6. 기타 이전 헌법의 의원 내각제 요소 폐지	• 5·16혁명 이후 다시는 과거와 같은 암흑의 역사를 반복하지 않도록 새로운 국가적 기초를 확립코자 국민투표에 의해 개헌.
	6차 개헌 (3선 개헌 : 1969. 10. 27)	1. 대통령의 3선 허용	• 헌정을 통하여 경험한 법률상의 미비점을 보완하고, • 정국의 안정, 국방태세확립 및 지속적인 경제성장 등을 위해 개헌.
제4공화국	7차 개헌 (유신 헌법 : 1972. 12. 26)	1. 대통령 – '통일주체 국민 회의'의 간접선거, 임기 6년, 중임제한 폐지 2. 유정회(대통령이 지명한 국회의원. 전체 의원 수의 1/3에 해당) 설립 3. 대통령의 국회 해산권 채택 4. 국회의 국정 감사권 박탈(국정조사권만 유지) 5. 대법원장 – 재선 허용 6. 대통령에게 긴급조치권('비상시국'에서 대통령이 법률과 같은 효력을 가지는 긴급조치를 내릴 권리) 부여 7. 법관 전원을 대통령이 임명 8. '통일이 될 때 까지' 지방자치제 폐지 9. 대법원의 위헌심판권 박탈	• 통치기구와 관계제도를 개혁해 민주주의의 한국적 토착화와 국력의 극대화를 꾀하고, • 정치, 경제, 사회, 문화 등 모든 영역에서 안정을 유지하고, 번영의 기반을 확고히 하며, • 국민의 기본권을 우리나라의 실정에 알맞게 최대한으로 보장하고, 영구적 세계평화에 이바지하고자 개헌.
제5공화국	8차 개헌 (1980. 10. 27)	1. 대통령 – 선거인단 간접 선거, 임기 7년, 재선불가 2. 대법원장 – 임기 5년, 재선불가 3. 기타 유신헌법의 비민주적 조항 삭제	• 10·26사태와 그에 뒤따르는 혼란을 극복하고 국민 모두기 참여하는 참다운 민주전치를 토착화하며 복지국가와 정의 사회를 실현하고, • 안보를 튼튼히 하고 국력을 배양하여 북한공산집단의 침략야욕을 분쇄해 평화통일의 기반을 정착 • 이에 새로운 제5공화국의 출발에 즈음하여 새 시대 새 질서에 부응하는 확고한 제도적 기틀이 될 민주헌법을 국민적 합의에 의하여 마련

		주요 내용	개정이유(국회 사무처 보도 자료)
제6공화국	9차 개헌 (현재 헌법 : 1987. 10. 29)	1. 대통령 – 국민 직접선거, 임기 5년, 재선 불가 2. 대법원장 – 임기 6년, 재선 가능 3. 국회의 국정 감사권 회복	• 역사상 처음으로 여·야 합의에 의하여 대통령직선제의 헌법 개정안을 제안. • 이 헌법개정안은 여·야 정당 간에 합의된 내용을 기초로 하여 국회 내의 모든 교섭단체 대표 등이 참여한 헌법개정 특별위원회에서 만장일치로 기초·성안한 것을 그대로 제안.

출처 : 권영성, 『헌법학 원론』(서울, 2006, 법문사)과 국회사무처 보도자료
(http://www.agendanet.co.kr/zb41pl7/bbs/view.php?headfile = &footfile = &id = pol_sub1&no, 검색일 : 2006. 12. 09) 종합 편집.

제2절 **제6공화국 정부 권력구조의 특징**

1987년 민주화 운동의 결과 국민적 요구를 반영하여 탄생한 제6공화국 헌법은 제3공화국의 대통령제를 토대로 국회의 권한을 확대하고 대통령의 권한을 제한하면서 사법권의 독립을 강화하는 등 권력의 분산과 상호 간 견제 장치를 재조명함으로써 보다 미국형 대통령제에 접근되었다.[8] 그러나 제6공화국 헌법의 정부형태도 여전히 내각 책임제적 요소와 분권형 대통령제적 요소가 가미된 혼합제의 범주를 벗어나지 못하고 있다. 제6공화국 헌법의 정부형태, 정당체제, 선거제도 그리고 중앙정부와 지방정부의 관계를 중심으로 그 특성을 살펴보면 다음과 같다.

---

8 권영성, 『헌법학 원론』, p.777.
  현행 헌법은 5년 단임제를 취하고 있다는 점이 다르긴 하지만, 기본적으로 3공화국 헌법에 기초하고 있다. 1987년 시민 항쟁 후 '여야 8인 정치 회담'에서 헌법을 만드는 과정에 그 중심은 유신헌법 이전으로 돌아가자는 것이었다. 그리고 제3공화국 헌법은 역대 헌법 중 가장 미국 헌법에 가까운 것으로 평가받고 있다. 제3공화국 헌법 초안 작성 배경과 관련하여 미국의 영향이 있었다는 사실은 브루스 커밍스의 'Korea's Place in the Sun'에 기술되어 있다. 김정혜, 「한국 정치 발전과 내각제에 대한 고찰」, 연세 대학교 행정 대학원, 2000, p.20.

1. 대통령 중심 혼합제

제6공화국 헌법에 다수의 내각 책임제적 요소, 분권형 대통령제적 요소가 포함되어 있음에도 기본적으로 대통령 중심 혼합제로서 보다 대통령제에 근접되었다는 이유는 첫째, 제6공화국 헌법이 국회의 정부 불신임권[9]과 대통령의 국회 해산권을 규정하지 않고 있으며, 둘째, 국무회의는 내각 책임제의 각료회의와 달리 의결기관이 아니라 심의기관에 불과하고, 국무총리 또는 국무위원도 내각 책임제의 수상이나 각료와는 달리 집행에 관한 실질적인 권한과 책임이 귀속되는 기관이 아니라 대통령의 보좌기관이며, 셋째 무엇보다도 내각 책임제적 요인이 국회의 영향력을 실질적으로 증대시키는 역할을 하기보다는 대통령으로 하여금 입법부의 정치 과정에 적극적으로 개입하게 하고, 따라서 삼권분립하의 행정부의 수반으로서보다는 삼권 위에 위치하는 국가의 수반으로서의 위상을 강화하고 있다는[10] 점을 들 수 있다. 구체적으로 제6공화국 헌법에 나타난 대통령제적인 요소, 내각 책임제적인 요소, 그리고 분권형 대통령제적인 요소를 분석하면 다음과 같다.

1) 대통령제적 요소

현행 헌법에 나타난 미국형 대통령제적인 규정은 다음과 같다.[11]

---

9 국무총리 국무위원에 대한 해임 건의는 단순한 정치적 성격의 건의일 뿐 해임의결이 아니라는 점에서 정부 불신임권과는 구별된다.

10 조정관, 「대통령제 민주주의의 원형과 변형」, p.91.

11 권영성, 『헌법학 원론』, pp.776-777.

첫째, 대통령은 국가 원수인 동시에 집행부 수반의 지위와 권한을 보유하고, 집행에 관한 최고의 권한과 최종적인 책임은 대통령에게 귀속되어 있다.(66조) 둘째, 대통령은 국민에 의해서 직접 선출된다.(67조) 셋째, 대통령은 5년의 임기 동안 탄핵소추의 경우를 제외하고는 국회에 대하여 정치적 책임을 지지 아니하며 국회도 대통령에 대하여 불신임 결의를 할 수 없다.(70조) 넷째, 대통령은 법률안 거부권을 행사함으로써 국회의 경솔과 전제를 방지할 수 있다.(53조)

2) 내각 책임제적 요소

현행 헌법에 나타난 내각 책임제적인 규정은 다음과 같다. 첫째, 국무회의를 설치하여 집행부의 권한에 속하는 중요한 정책을 심의하게 한다.(88조) 둘째, 국무총리를 임명함에 있어서 국회의 동의를 얻게 하고, 국무총리는 대통령의 명을 받아 행정각부를 통할하며, 국무위원의 해임을 대통령에게 건의할 수 있다.(86조) 셋째, 국회는 국무총리와 국무위원에 대한 해임을 대통령에게 건의할 수 있다.(63조) 넷째, 대통령의 국법상 행위에는 국무총리와 관계 국무위원의 부서가 있어야 한다.(82조) 다섯째, 정부도 법률안을 제출할 수 있다.(52조) 여섯째, 국무총리·국무위원·정부위원은 국회나 그 위원회에 출석하여 발언할 수 있고, 국회와 그 위원회도 이들을 출석시켜 답변을 요구할 수 있다.(62조) 그리고 헌법상 국회의원의 국무위원 겸직 금지 조항이 없어 국회의원이 국무위원과 행정 각부의 장관을 겸직할 수 있도록 하고 있다.[12] 일곱째, 국민투표에 의한

---

12 9차 개정 헌법 43조에 국회의원은 법률이 정하는 직을 겸할 수 없다고 명시되어 있으나, 관련 법률에 국무위원 겸직 조항이 없다.

대통령 선거에서 최고 득표자가 2인 이상인 때에는 국회에서 재적 의원 과반수가 출석한 비공개 회의에서 다수결로 선출한다.(67조)[13]

3) 분권형 대통령제적 요소

현행 헌법에 나타난 분권형 대통령제적인 규정은 다음과 같다. 첫째, 대통령은 전시·사변 또는 이에 준하는 국가 비상사태에 있어서 군사상의 필요에 응하거나 공공의 안녕 질서를 유지할 필요할 때에는 법률이 정하는 바에 의하여 계엄을 선포할 수 있다.(77조) 둘째, 대통령은 국무회의의 의장이 되고, 국무총리는 부의장이 된다.(88조) 대통령은 필요하다고 인정할 때에는 외교·국방·통일 기타 국가 안위에 관한 중요 사항을 국민투표에 붙일 수 있다.(72조) 이상의 헌법상 규정 외에도 제6공화국 헌법이 대통령제를 표방하면서도 부통령제 대신 국무총리제를 채택하여, 비록 국무총리가 대통령의 보좌 기관으로서 독자적인 권력을 갖지 않는다 할지라도 행정 각부를 통할하고 국정을 심의하며, 대통령의 의지에 따라서는 헌법의 개정 없이도 책임 총리제로 운영될 수 있다는 것은 제6공화국 헌법의 분권형 대통령제적인 요소를 보여주는 것이다.

2. 정당체제 : 다당제의 보편화

한국 정치에 있어서 신당 창당을 통한 정치적 상황 극복은 하나의 패턴이 되어 가고 있으며, 지역주의 투표 성향과 비례 대표제의

---

13 김광선, 「분권형 대통령제에 관한 연구」, 『중앙법학』 제6권 1호(2004).

확대로 다당제가 보편화되어 가고 있다. 1987년 이래 한국 정당들의 이합집산을 살펴보면, 1988년 실시된 13대 국회의원 선거에서 과반수 확보에 실패한 노태우 대통령의 주도로 1990년에 민주 정의당, 통일 민주당, 신민주 공화당 사이의 3당 합당이 합당하여 민주자유당이 창당되었다. 한국의 정당들이 원래 이념적 성격이 희박하지만, 군사 정부하에서 만들어진 민주 정의당과 반독재 민주화 투쟁의 한 축을 담당해 왔던 김영삼의 통일 민주당이 합당을 하였다는 사실은 이후에 이루어질 한국 정당들의 이합집산의 성격을 대변해 준다. 1994년 7월에는 통일 국민당과 신정치 개혁당이 합당하여 신민당을 창당하였고, 1995년 2월에는 민주당과 새한국당이 합당하여 민주당을 창당하였다. 같은 해 5월에는 신민당이 자민련으로 흡수되었고, 1996년 2월에는 민주자유당에서 김종필이 탈당하여 자유민주연합을 창당하였다. 1996년에는 당권을 잡은 이회창이 차기 대선을 목적으로 민주 자유당의 명칭을 신한국당으로 바꾸었다. 1996년 6월에는 김대중이 정계복귀를 선언하고 민주당에서 자기 지지 세력을 탈당시켜 새정치국민회의를 창당했다. 1997년 대선을 앞두고 신한국당은 이기택의 민주당과 합당하여 한나라당을 창당하였으며, 같은 기간에 신한국당을 탈당한 이인제를 중심으로 국민신당이 창당되었다. 또한 1988년에는 국민신당이 새정치국민회의와 합당하였다. 2000년에는 차기 총선을 앞두고 새정치국민회의가 새천년 민주당으로 바뀌었으며, 2004년에는 새천년 민주당의 후보로 대통령에 당선된 노무현의 추종 세력이 주축이 되어 열린 우리당을 창당하였다. 그리고 2007년 17대 대통령 선거와 2008년 18대 국회의원 선거를 거치면서 대통합민주신당[14]과 민주당이 합당하여 통합민주당이 되었고, 창조한국당, 자유선진당, 친박연대가 창당되었다.

민주정치로의 이행 이후 2년 만에 시작된 정당들의 창당과 분열, 그리고 합당 등의 이합집산 양상은 그 이전의 한국정치에서는 볼 수 없는 새로운 양상이었다.[15] 민주정치로 이행한 후에 나타난 정당들 간의 이합집산은 이념의 동질성을 바탕으로 이루어진 것이 아니라 특정 인물을 중심으로 이루어졌고, 또 대통령 선거를 앞두고 선거에서 승리하기 위한 전략으로 이루어지거나 정당에서 후보가 되지 못하면 탈당하여 정당을 창당하는 양상을 보였다. 이러한 현상은 한국의 정치 수준과 문화를 반영한 측면도 있지만, 대통령제라는 권력구조와 무관하지 않다. 대통령제하에서 대통령은 일단 선거에서 승리하거나 그 외에 다른 방법으로 집권한 이후에는 자신의 정당, 국회, 심지어 그를 뽑아 준 국민들의 의사와 관계없이 통치할 수 있는 구조적 특성을 갖는다. 따라서 대통령은 임기 동안에 개인 중심의 참모와 행정조직을 중심으로 정국을 주도하게 되어 정당은 부차적인 역할만 하게 된다. 따라서 대통령제하에서의 정당은 정책정당으로 기능하기보다는 선거정당으로 기능하는 바가 크다. 정당이 아직 제도화되지 않은 한국적인 상황에서 선거정당적인 기능을 중심으로 정계 개편이 반복되다 보니 정당들의 역사가 3－4년도 안 된다는 상황이 계속되는 것이다.

---

14 열린 우리당 탈당파 80명, 민주당 탈당파 4명, 한나라당에서 탈당한 일부세력과 시민사회세력을 주축으로 출범했으며, 2007년 8월 20일 신당 출범으로 상대적으로 약해진 열린 우리당과의 합당을 통해 의석 수 143석으로 원내 제1당이 되었다.

15 신명순, 「한국정당과 민주주의 공고화」, 민준기 편저, 『21세기 한국의 정치』(서울: 법문사, 2001), p.221.

    정당정치의 제도화를 측정하는 지표 중의 하나는 의회 내에서 기능하는 효율적인 정당의 수이다. 제6공화국하에서의 유효 정당의 수를 살펴보면, 13대 국회 전반부에는 민주 정의당, 통일 민주당, 평화 민주당, 신민주 공화당의 4개였으나 1990년 3당 합당으로 2개로 줄었다. 14대 국회에서는 민주자유당이 149석, 민주당이 97석, 통일 국민당이 31석을 얻어 3당 체제로 바뀐 이후 15대 16대 국회에도 3당 체제로 유지되었다. 그러나 17대 국회에서는 지역주의 선거와 1인 2표 정당 명부식 비례 투표제 도입으로 열린 우리당, 한나라당, 민주당, 민주 노동당 그리고 국민중심당이라는 5당 체제의 다당제로 바뀌었다. 18대 국회에서는 한나라당이 과반수를 획득하였으나, 정당 수에 있어서는 통합민주당, 자유선진당, 친박연대, 민노당 그리고 창조한국당으로 다당체제가 더욱 확산되었다. 후기 산업사회에 나타나는 사회 욕구의 다양성, 정당 유동성의 증가,[16] 유권자들의 정당 일체감의 약화 그리고 지방 자치 확산으로 인한 지역 중심 정치 활성화와 지역 정당의 등장 가능성 등을 고려하면, 한국 정치에서 향후 다당제 현상은 일반화될 것으로 보인다. 메인워링(Mainwaring)은 대통령제와 다당체제가 결합하였을 때 대통령의 소속 정당이 의회 내 소수당이 될 가능성이 커서 정당 간의 경쟁에 있어 구심력보다 원심력이 작용하여 행정부와 의회 간의 교착상태가 악화될 수 있다고 보았다. 실제 6공화국하에서 민주화가 이루어진 후에도 대통령제가 원활하게 운영되지 못하고 있는 데에는 지역주의에 토대한 다당체제가 작용하고 있다.[17]

---

16 정진민, 『후기 산업사회 정당정치와 한국의 정당발전』(서울: 한울 아카데미, 1998), p.175.
17 정진민, 「한국 대통령제의 문제점과 극복 방안」, 진영제 편저, 『한국 권력구조의 이해』, p.230.

민주정치로의 이행이 이루어진 제6공화국에서도 정당정치가 여러 면에서 권위주의 체제하에서보다도 더 비관적이라는 주장들이 제기되고 있다. 우선 한국의 정당들이 권위주의 시절 강화된 중앙집중적인 구조를 청산하지 못하고 있으며, 국회의원 개개인의 판단보다는 지도부의 정치 전략적 판단이 입법관련 당론에 많은 영향을 미치고 있다. 중앙집권형 정당 구조와 정당 사령탑의 지휘를 받는 집단적 의정활동은 여전히 변화가 없다. 따라서 국회는 대통령의 정당이 과반수 의석을 차지할 때에는 대통령에 종속되는 거수기 입법부로 전락하고, 야당이 다수 의석을 점유할 때에는 사사건건 대통령의 아젠다를 가로막는 장애물로 인식되고 있다. 김대중 대통령 이후 주요 정당에서 당권과 대권의 분리 시도가 있었고, 노무현 대통령은 과거 3김과 달리 여당의 절대적 리더라고 보기 어려운 것이 사실인 데도 여전히 정당 수준의 집단적 의정 활동 형태는 계속되고 있다.[18] 과거와 비교해서는 상당 수준까지 당의 규율이 완화된 측면이 있지만 아직도 이러한 중앙집권적 정당 활동이 계속되는 한 국회가 정파적 이해관계를 넘어서 대통령의 권력에 대해 적절히 견제를 가하기 어렵고, 규율이 강한 정당체제에서 여야 간 교착 상태를 제도적으로 해결할 수 있는 방법이 없어 다당제 대통령제하에서는 효율적 정국 운영을 기대하기 어렵다.

한국 정당의 고질적인 병폐인 당내 비민주화와 관련하여 정치자금의 문제는 제6공화국에서도 많은 문제를 일으켰다. 70년대의 유신체제와 80년대의 권위주의 정치가 지속되는 동안에 여당의 중앙당은 거대한 관료조직으로 변신하였고, 이러한 거대조직을 운영하

---

18 조정관, 「대통령제 민주주의의 원형과 변형」, p.95.

여 나가는 데는 막대한 정치자금이 필요하였다. 제6공화국의 정치자금과 관련된 대표적인 사건은 수서 비리, 차세대 전투기 구입사건, 상무대 비리 등이며 노태우는 비자금 사건과 관련되어 1995년 12월 구속 기소된 헌정사상 최초의 대통령이 되었다. 1993년 8월 금융 실명제가 실시되어 비공식적인 정치자금의 운용은 많은 제약을 받고 있지만, 그 이후에도 이로 인한 정치부패는 근절되지 않았다.[19] 2002년 대통령 선거에서 한나라당이 '차 떼기 당'이라는 부패정당의 굴레를 벗지 못하고 참패한 이후 노무현 정권에서 엄정한 법 집행을 통해 정치자금의 흐름이 개선된 것은 한국 정당정치의 발전을 위해서는 다행한 일이다.

3. 선거제도 : 비례 대표제 확대

한국의 선거제도는 지속적인 개정을 통하여 변화해 왔다.[20] 1948년 헌정 원년의 선거제도는 소선거구와 다수대표제였으며, 이 제도는 1960년 대선거구가 일시적으로 도입되었던 참의원 선거를 제외하고 1973년 유신체제 직전까지 유지되었다. 1973년 유신체제가 시작되면서 한국의 선거제도는 2인 선출 중선거구제로 전환되었다. 동시에 대통령이 직접 임명하는 유정회라는 전국구 제도가 도입됨으로써 독재정권을 위한 선거제도의 구축이 이루어진다. 1980년 제5공화국에서 유정회가 폐지되고 지역구 수의 1/2이 되는 전국구 의석을 지역구에

---

19 김정혜, 「한국정치 발전과 내각제에 대한 고찰」, 연세대학교 행정 대학원, 2000, p.81.

20 장의관, 「선거제도의 쟁점, 사례 및 제도화 방향」, 박호성 · 이종찬 편저, 『한국의 권력구조 논쟁 II』(서울: 풀빛, 2000), pp.125 - 127.

서 5석 이상 확보한 정당들 사이에 배분하였는데, 주목할 만한 사실은 제1당에게 전국구 의석정수의 2/3를 할당하고, 제2당 이하의 정당들에게 나머지 잔여 의석을 배분하여, 실질적으로는 제1당인 여당에게 유리한 선거제도였다.

1987년 민주화 이후 중선거구제가 기존의 소선거구제로 환원되었고, 전국구 의석수도 지역구 의원 정수의 1/3로 축소되었다. 전국구 의석 배분은 지역구에서 5석 이상을 획득한 정당들에게 이들 당이 확보한 지역구 의석수의 비율에 따라 배분하는 방식이 채택되었으며, 제1당에게 주는 전국구 의석정수를 2/3에서 1/2로 완화하였다. 1991년 선거법 개정으로 군소 정당들이 5석 미만을 확보했을 경우라도 이들의 득표수가 유효 총수의 3% 이상을 획득한 경우에는 1석의 전국구 의석을 배정받을 수 있게 되었다. 이 법은 1994년 5석 이상의 지역구 의석을 확보하였거나 전국 유효 투표 총수의 5% 이상을 확보한 정당에 대해서는 지역구 의석 확보율이 아닌 전국 득표 비율에 의거해서 전국구 의석을 분할하는 제도로 개정되었는데, 개정법이 적용된 1996년 15대 총선은 1963년 이래로 집권당에게 직접적인 프리미엄 의석이 제공되지 않는 30여 년만의 최초의 선거였다.

그리고 2000년 선거법 개정을 통해 선거구별 인구 상하한선을 9만과 35만으로 정하여, 의원 총수를 지역구 227석에 비례대표 46석을 합한 273석으로 결정하였으며, 정당별로 비례대표 30%를 여성에 할당한다는 정당 법안이 통과되어 여성의 정치적 참여가 확대되는 계기가 되었다. 동개정안은 2004년에 다시 개정되어 의원정수를 지역구 243석, 비례대표 56석으로 변경하였다. 특히 비례 대표의 경우,

국회의원 선거에도 1인 2표제를 도입하였는데 유권자가 지역구 후보와 지지 정당에 대해 각각 투표를 실시하도록 해 정당 득표율에 따라 각 정당에 비례대표 의석을 배분하였다. 비례대표 최소 득표 기준은 국회의원 선거에서 유효 투표 총수의 3% 이상을 얻거나, 지역구 국회의원 총선거에서 5석 이상의 의석으로 다시 변경하였다. 또한 2004년 개정안은 예비 후보자 선거 운동과 언론매체를 이용한 선거운동을 확대하고, 선거비용 규제를 크게 강화하여 선거제도에 많은 개선을 가져왔다.

이제까지 살펴본 한국의 선거제도의 변천과정을 분석해 보면, 한국은 다수 대표제와 소p선거구제를 근간으로 하여 비례 대표적 전국구를 병행해 왔다. 비례 대표제의 경우 권위주의 정부시대에는 제1당인 여당에게 안정적 의석을 확보해 주는 방편으로 이용되기도 하였으나, 1987년 민주화 이후 점차 개선되어 1996년, 2000년 그리고 2004년의 개정을 통해 다양한 정책정당과 새로운 정치세력이 제도권에 진입할 수 있는 계기를 만들었다. 그러나 소선구제를 실시하면서 비례 대표제에서 다수당 프리미엄을 제거함에 따라 앞으로의 선거는 다당화를 더욱 가속화시킬 가능성이 있다.[21] 2004년 국회의원 총선거에서 민주 노동당이 지역구에서 2석밖에 얻지 못했으나 비례대표에서 8석을 차지함으로써 총 10석으로 제3당으로 국회에 입성한 것은 선거제도가 정당구도에 미치는 영향을 단적으로 보여주는 사례가 되었다.[22] 향후 비례 대표제가 확대될 경우, 정

---

21 장의관, 「선거제도의 쟁점, 사례 및 제도화 방향」, p.129.

22 2008년 18대 국회의원 총선거 결과에서도 17대 국회의원 총선거 결과와 유사한 결과를 보여주고 있다. 즉 친박연대가 지역구에서 6석을 얻었으나 비례대표에서 8석을 얻었으며, 창조한국당은 지역구에서 1석을 얻었으나 비례대표에서 2석을 얻었다.

강정책에 근거한 정당 발전을 촉진시킬 수 있으나, 비례 대표제의 성격상 이념 지향적이고 당 규율이 강한 정당들을 다수 생성해 낸다고 가정할 때, 이는 범국민적 지지하에서 정치적 리더십을 추구하는 대통령에게는 장애로 작용할 수 있다.[23] 이상의 분석을 고려해 볼 때 비례 대표제와 대통령제도는 상호 부조화적이라는 메인워링(Mainwaring)의 견해가 설득력을 갖는다. 그러나 비례 대표제는 그 변형의 폭이 넓고 변형에 따른 제도적 충격도 크기 때문에 특정 모델을 지정하지 않는 한 논의가 개념적 모호성을 수반하게 되므로 비례 대표제에 대한 일반화된 논의의 전개는 상당한 주의가 요청된다.[24]

비례 대표제와 관련한 전국구 국회의원제도는 5·16군부 쿠데타 이후 3년간 지속된 군사 정권에 의해서 만들어졌는데, 군부 권위주의 시대에는 전술한 바와 같이 제1당의 전국구 의석 획득 비율을 비정상적으로 높여 운영함으로써 여당에게 유리하게 적용하였고, 또한 전국적인 명망가와 전문적 능력을 갖춘 인력을 국회의원으로 충원하기보다는 여야에 의해 정략적으로 이용된 측면이 있었다. 여당의 경우, 이 제도를 논공행상의 수단으로 이용하거나 친정체제 구축에 이용하였으며, 야당의 경우, 헌금이나 특별 당비 명목하에 정치자금 조달 방편으로서 운영되기도 하였다. 1987년 이후 야당에 대한 정권의 탄압이 없어진 이후에도 전국구 국회의원직을 매매하는 행태가 지속되는 데도 1994년 여야가 합의하여 통과시킨 정치자금법과 공직선거 및 선거부정 방지법에서 전국구 국회의원직을

---

23 장의관, 「선거제도의 쟁점, 사례 및 제도화 방향」, p.106.
24 장의관, 「선거제도의 쟁점, 사례 및 제도화 방향」, p.109.

대가로 한 특별당비 명목의 헌금기부를 금지하는 규정을 포함하지 않았다.[25]

　제6공화국하에서 선거와 관련하여 나타난 현상 중 하나는 과거에는 대선에서만 나타났다 사라졌던 지역주의 투표가 총선에서 지속적으로 나타나는 것이다. 이러한 지역주의 현상의 원인을 민주화에서 보는 시각이 있다. 즉 민주화에 의해 민주·반민주의 쟁점이 희석된 결과 대통령 선거에만 나타났던 지역주의 투표가 국회의원 선거까지 나타나게 되었다는 것이다. 지역주의 선거는 후보자의 자질이나 정책과 상관없이 특정 지역의 후보에게 표를 던짐으로써 정당의 정책적 무차별성으로 유권자들의 정당 해체 현상으로 나타나고, 또한 공천권을 통한 정당의 사당화 현상으로 나타났다. 이러한 지역주의 현상은 정당의 쇠퇴를 가져올 뿐만 아니라 지역주의가 선거 쟁점을 압도하면서 민주화의 공고화를 저해하는 요인으로 작용하고 있다.[26]

　끝으로 1987년 9차 헌법 개정 시 대통령의 임기를 5년 단임으로 하고, 국회의원 임기를 4년으로 규정함에 따라 대선과 총선의 일정이 불일치하는 현상이 나타났다. 이 불일치 현상은 대통령 소속당에게 일반적으로 불리하게 작용했다. 대선에서 승리한 정당을 총선에서 견제하는 분할(split ticket voting) 경향과 아울러 대선 후의 총

25　신명순, 「전국구 국회의원 제도의 비판적 고찰」, 『한국 정치학 회보』 제28권 2호(1994). 미국, 영국, 캐나다, 호주 등의 선진 민주주의 국가들에서는 비례대표나 전국구 국회의원 제도를 두지 않고 있다. 신명순은 동 논문에서 의회발전과 정당발전, 그리고 선거의 선진화에 부정적인 영향만을 미쳐 온 전국구 국회의원제도의 폐지는 새로운 의회 정치의 시작이 될 수 있다고 주장한다.

26　조기숙, 「한국의 지역주의 선거와 민주화」 민준기 편저, 『21세기 한국의 정치』, pp.309 - 311.

선은 대통령에 대한 중간 평가적 성격을 갖기 때문이다. 그러나 국회의원 선거가 대통령 선거 후 몇 개월 이내에 실시된다면 다른 결과를 가져올 수도 있다. 대통령 선거 후 몇 개월 이내에 실시되는 허니문 선거의 경우, 대통령 당선 후 초기 6개월-1년간은 대통령의 인기가 높다는 점에서 대통령이 속한 정당에 유리하게 작용할 수 있기 때문이다. 2007년 12월에 17대 대통령 선거가 있었고, 2008년 4월에 국회의원 선거가 있었던 18대 총선은 그런 의미에서 지역 투표 성향이 비교적 약한 수도권의 경우, 대통령 선거의 결과가 바로 이어지는 국회의원 선거에 큰 영향을 미친 것으로 보인다.

4. 지방분권화의 강화

한국의 지방자치제도는 1961년 5·16 군사 쿠데타로 전면 중단되다가 제6공화국 이후 본격적인 검토 과정을 거쳐 1991년 지방의회 의원 선거와 1995년 지방자치 단체장 선거를 계기로 본격적으로 다시 시작되어 지방분권화가 강화되었다. 한국의 지방자치는 중앙정치와 밀접한 관계를 가지면서 전개되어 왔는데, 그 과정을 살펴보면 다음과 같다.

1948년 7월에 제정된 제헌 헌법에서 지방자치가 제도적으로 명시되어 있었으나, 이승만 대통령은 여러 가지 행정미비와 국내 치안상태가 불안하다는 이유를 들어 그 실시를 연기하다가 1952년 피난 수도인 부산에서 제2대 정·부통령 선거를 앞두고 정략적인 목적에서 갑자기 지방의회 의원 선거를 실시한다고 공포하였다.[27]

이승만은 지방의회를 구성하여 국회를 압박하고자 하였던 것이었는데, 5월 10일 선거 결과 이승만의 의도대로 자유당을 비롯한 친여 세력이 60%가 넘는 당선율을 보였다.

1960년 6월 15일 공포된 제2공화국 헌법은 내각 책임제의 도입과 함께 기초 단체장의 자기 선임 원칙을 헌법으로 보장하였다. 동법에 의해 1960년 12월 지방선거를 전국적으로 실시하였다. 그러나 지방자치 단체가 구성된 지 5개월 만에 5·16 군사 쿠데타로 막을 내렸다. 제3공화국과 제4공화국 유신체제하에는 지방자치는 없고 오직 지방행정만이 있었다.

제5공화국 전두환 정권에서 지방자치가 다시 논의되기 시작하여, 1987년 9차 헌법 개정 시 지방자치에 대한 유예 조항을 삭제하였고, 1991년 3월에 기초 자치단체 의회 선거를, 그리고 동년 6월에 광역 자치 단체 의회 선거를 실시하였다. 이로써 제2의 지방자치시대가 다시 시작되었다.

지방자치가 전국적으로 실시되면서 한국의 정치문화에 많은 변화가 예상된다. 권력구조 면에서 정부형태가 권력의 수평적 분권에 의한 견제와 균형을 결정한다면, 지방자치는 권력의 수직적 분권을 통해 중앙정부의 권력 집중을 견제하면서 지방정치의 활성화를 통해 지방 정치 세력이 조직화되면서 중앙정치에 상당한 영향력을 행사할 것으로 보인다. 과거 지방정치는 없고 지방행정만 있던 시기에 지방정부는 중앙정부에 일방적으로 의존할 수밖에 없었지만, 이제는 중앙정부도 지방정부를 의식하지 않을 수 없게 되었다. 지

---

27 이동선, 「한국 지방자치제도의 특징과 평가」, 박호성·이규영 편저, 『한국의 권력구조 논쟁 Ⅳ』, p.433.

방정부의 정통성이 중앙정부에 의존하지 않고 지역주민에 의해서, 포괄적으로 말하면 국민에 의해서 부여되기 때문이다.

2006년 5월 31일 지방자치 선거를 통해 선출되는 지방의원까지 정당 공천제가 도입됨으로써 지방정치와 중앙정치는 정당을 매개로 긴밀한 유대 관계를 갖게 되었다. 중앙정치는 정부형태와 밀접한 관계를 가지며, 지방정치는 지방 권력구조와 관계된다는 점에서 중앙정치와 지방정치 간의 연관성은 일정부분 중앙의 정부형태와 지방 권력구조 간 연관성을 토대로 이해될 수 있다.

정부형태와 지방 권력구조 간 연관성에 대한 문제에 대해서는 본서 2장에서 상세히 기술한 바 있다. 동 분석에 따르면, 대통령제는 지방분권에 친화적이지 못하다.[28] 첫째, 대통령제는 속성상 중앙권력의 강화를 지향하기 때문에 지방분권과 지방자치의 발전에 유용한 정부형태로 보지 않는다. 둘째, 대통령제하의 연방제가 지방분권화 수준을 증대시킬 수 있으나, 지나친 분권화를 요구하는 경우, 이에 대한 반동적 형태로 새로운 중앙집권화를 야기하여 지방자치의 자율성을 해칠 수 있다. 셋째, 중앙집권과 지방분권은 기본적으로 대립적이면서 보완적이기 때문에 균형은 언제나 변질될 수 있고, 변증법적 긴장관계에 있다. 따라서 신중앙 집권화와 신지방분권화의 경향이 나타날 가능성이 존재한다.

내각 책임제는 지역 정치인의 활동을 증대시킨다고 본다. 따라서 지방정치라는 위임과 보완의 분권형태를 갖춘다면 상보적 원리에 의하여 내각 책임제의 효율성은 증대될 수 있다. 지방분권은 내각 책임제하에서 기본적으로 중앙집권의 폐해 또는 중앙정부의 권력

---

28 이종원, 「대통령제와 지방 분권」, pp.27 - 72.

남용을 억제하기 위한 것으로 본다.[29]

분권형 대통령제는 중앙 권력구조와 지방 권력구조는 직접적인 인과관계보다는 구조적 상관관계에 있다. 즉 중앙 권력구조가 지방 권력구조에 미치는 영향은 일정한 패턴을 보여주는 것이 아니라 중앙과 지방의 구조적 관계 속에서 상대적으로 형성된다.[30]

끝으로, 지방 권력구조와 중앙 권력구조의 관계를 간략히 살펴보면, 중앙 권력구조가 지방권력에 미치는 영향은 작은 것으로 나타난다. 우선, 지방 권력구조는 의사 결정 기능과 집행 기능을 단일 기관에서 담당하는 기관 통합형과 양 기능이 분리되는 기관 분립형으로 나누어진다. 대통령제를 실시하는 미국의 경우, 대다수 지방에서는 기관 분립형으로 운영되고 있고 일부에서 기관 통합형으로 운영된다. 내각제를 실시하고 있는 영국과 분권형 대통령제를 실시하고 있는 프랑스는 기관 통합형으로 운영되고 있다. 반면에 내각제를 실시하고 있는 일본은 기관 분립형으로 운영되고 있으며, 재상제를 실시하고 있는 독일의 경우는 기관 분립형과 기관 통합형이 각 연방주의 실정에 맞도록 수립되어 있는 이른바 혼합형으로 운영된다. 한국의 지방자치는 기관 분립형으로 운영되고 있는데, 각국의 사례로 볼 때 한국의 지방 권력구조가 중앙 권력구조의 영향을 직접 받는다고는 단정할 수 없다.

---

29 이규영, 「의원 내각제와 지방 분권」, pp.73 - 116.
30 석철진, 「이원집정제와 지방정권」, pp.117 - 166.

5. 정치문화의 변화

정치문화는 '유형화된 정치적 가치체계'로서 정치적 관념, 지배 규범 및 정치적 상징 등의 요소로 구성되며, 정치제도의 형성 또는 개개인의 정치적 행위에 영향을 주는 것으로 정의할 수 있다. 정치문화와 정치제도 및 권력구조는 상호 영향을 주는 관계이다. 한 국가의 권력구조 및 정치제도는 그 정치 사회의 정치문화를 포괄적으로 규정하는 큰 틀이다. 동시에 권력구조와 정치제도는 그 정치 공동체의 역사적 산물이다. 따라서 정치문화의 개념은 정치발전이나 민주주의 발전 등과 같은 정치적 변화를 설명하는 데 필요한 준거 틀로서 사용될 수 있다.

6월 항쟁의 결과로 등장한 제6공화국은 헌법 개정을 통해 제도의 변화를 가져왔을 뿐만 아니라 정치문화에 있어서도 많은 변화를 동반하고 있다. 그 내용들을 살펴보면 다음과 같다.

첫째, 권위주의 문화와 반체제 정치문화가 퇴조하고 있다. 한국 정치문화의 특성을 이야기할 때면 항상 가부장적인 권위주의가 제일 먼저 거론되어 왔다. 여론조사에서 나타나는 대통령제 선호는 한국의 권위주의적이고 중앙 집중적인 정치문화를 반영한다는 분석도 있다.[31] 즉 한국인들의 권위주의적이고 중앙 집중적인 정치문화 때문에 대통령제를 선호하게 되었으며, 역으로 오랫동안 대통령제의 독재가 유지되면서 권위주의적인 정치문화가 심화되었다는 것이다. 5·16 군사 쿠데타 이후 지속된 27년간의 군부 권위주의

---

31 이홍종, 「한국의 정당과 권력구조: 정치문화 및 책임 정당 논의를 중심으로」, 『선거·정당』 한국정치학회 연례학술 대회, 1997, pp.490－491.

시대를 거치면서 한국 사회의 주된 갈등은 독재와 반독재, 민주와 반민주가 되었고, 정치권은 정책에 의한 대결보다는 정통성과 관련한 투쟁으로 이어졌다. 이 시기 반체제 운동은 비단 정치권뿐만 아니라 사회 저변 문화의 주요한 흐름이 되었다. 권위주의와 반체제 문화가 주류를 형성하던 시기에는 타협보다는 대결이, 다양한 논리보다는 흑백논리가 지배했으며, 정치권에서 중도란 회색분자를 의미했다. 어떤 정치인과 정당도 합리적 중도노선을 표방하고서는 대중의 지지를 끌어낼 수가 없었다.

제6공화국 초기 노태우 정권, 그리고 문민의 정부를 표방했던 김영삼 정부, 국민의 정부를 내세웠던 김대중 정권을 거치면서 과거 군부 권위주의 문화는 많이 퇴색되었고 반체제 문화는 거의 사라졌지만, 3김으로 대변되는 김영삼, 김대중 정권 시절에는 과거 군부 권위주의를 대체한 문민 권위주의 문화가 상존하였다. 그러나 2002년 노무현 정권의 등장은 그 탄생에서부터 권위주의 문화의 탈피를 예견케 했다. 이 시기 권위주의 문화의 쇠퇴는 3김 정치의 종식에 의한 것도 있지만, 디지털 인터넷으로 대변되는 지식 정보화 사회로의 변화가 지식 정보의 대중화를 가져오면서 신비주의적 권위주의 문화의 급격한 쇠퇴를 가져온 것으로 보인다. 정보화는 강압적 권위의 탈신비화를 가져왔다. 이제 대중적 언어로 변환되지 않은 지식, 그리고 정치인과 정당은 대중으로부터 외면당하는 본격적인 탈권위주의 시대로 접어들었다.

둘째, 참여 정치문화가 조성되고 대의정치가 변화되고 있다. 알먼드(Gabriel Almond)와 버바(Sidney Verba)는 정치문화의 유형을 기본 3가지 유형과 혼합형 3가지 유형으로 분류한 바 있다.[32] 기본

3가지 유형으로 1) 지방적 정치문화, 2) 신민적 정치문화, 3) 참여적 정치문화를 들었고, 혼합형 3가지로 1) 지방적 - 신민적 문화, 2) 신민적 - 참여적 문화, 3) 지방적 - 참여 문화를 들었다. 이 기준에 의하면 한국의 제6공화국, 특히 노무현 정권을 전후한 한국 정치문화는 신민적 - 참여적 문화에 근접한 것으로 보인다. 신민적 - 참여적 문화에서 사회 구성원들은 국가 의식이나 일체감을 갖고 있으면서, 한편에서는 중앙권위에 복종하면서 다른 한편에서는 정치적 과정에 적극 참여하려는 태도와 신념 및 느낌을 갖는다. 신민적 - 참여적 문화는 구체적으로 시민사회의 역량과 역할의 확대로 나타났다. 제6공화국에서 공동선과 사회정의에 입각한 시민 사회단체의 조직과 활동이 크게 증가하였고, 공공정책의 입안, 결정, 시행, 평가의 전 과정에 시민적 감시가 확산되었다.

지식 정보화 사회를 가능케 한 인터넷은 한국 정치문화에 중요한 상수가 되어버렸다. 2002년 대선 전날 하루 동안 '다음(Daum.net)'이 운영한 '대선특집'에 500만 회의 접속이 기록됐다. 40장짜리 일간지 120만 부와 맞먹는 구독수를 기록한 것이다. 정몽준이 노무현 후보 지지철회를 선언한 직후 세 시간 동안 '네이버(Naver.com)'의 뉴스에는 300만이 접속되었고 대선 기간에 네이버 토론장에만 8만 개 이상의 글이 올라왔다.[33] 사이버 공간은 이제 새로운 정치 공간을 만들고 있으며, 직접 민주주의의 새로운 대안적 장소로 등장하고 있다. 인터넷을 통한 참여 민주주의의 확산으로 시민사회의 자발적 참여가 기존 제도권 정당의 조직을 압도했다는 것은 주목할

---

32 신정현, 『비교 정치론』(서울: 법문사, 2000), pp.113 - 116.
33 한겨레 신문, 2002년 12월 22일.

만한 변화이다. 2002년 노무현 후보의 대통령 당선은 인터넷을 통한 사회의 변동이 정치 변동을 이끌어 낸 대표적 사례로 기록될 만하다.

직접 민주주의 혹은 전자 민주주의에 대한 비판적인 시각들이 있지만, 정치 영역에서 정보 통신 기술의 활용은 현재 대의 민주주의가 갖고 있는 많은 문제점들을 보완하는 데 상당히 기여할 수 있을 것으로 보인다. 정치 과정에서 정보 통신 기술의 도입은 국민, 정부기관, 선출된 대표자 사이의 활발한 상호 교류와 협의를 가능하게 한다. 사이버 공간을 이용하여 다양하고 질 좋은 정보가 제공됨으로써 국민들은 정부 활동을 효율적으로 감시·견제하고, 대표자 선출에 있어서도 보다 정확한 판단을 내릴 수 있다. 과거 산업사회에서 정부에 편중된 정보를 정보사회에서는 일반 국민과 시민사회도 함께 공유하게 될 것이며, 이러한 변화는 정부로부터 국민에게로의 권력이동을 가능하게 할 것이다. 아무튼 정보 통신 기술의 발달에 따라 정치 과정이 크게 변화하고 있다. 유권자뿐만 아니라 정치인과 정당도 오프라인 못지않게 온라인 정치활동을 중시하게 되었다.

한국 정치에 있어서 대의 정치의 위기가 확산되어 가고 있다. 대의 정치 위기의 배경으로 선출된 정치적 대리인의 행위에 대해서 효율적으로 책임을 물을 수 없는 제도상의 문제와, 유권자들의 투표율 저하로 나타나는 정치에 대한 무관심을 들 수 있다. 또한 한국 사회에서 정당의 제도화 수준이 낮은 것도 대의 정치의 위기를 더욱 가중시키고 있다. 따라서 정보 통신 기술을 활용한 직접(전자)민주주의의 활성화를 바로 시도할 수 없다 하더라도, 동 기술을 활용한 대의 정치의 정상적 작동과 변화를 시도해야 할 것이다.

셋째, 제도적 민주주의가 공고화되고 있다. 제6공화국 한국정치에서 문민정부와 국민의 정부 그리고 참여정부를 거치면서 가장 두드러진 현상 중 하나는 제도적 민주주의가 공고화되고 있다는 사실이다. 절차적 민주주의가 강조되면서 광범위한 정치제도의 변화가 있었고, 권위주의 시대의 가신정치와 같은 비제도적인 요인의 영향력은 현저하게 감소하였다. 일반 유권자나 당원이 참여하는 상향식 공천제도는 일부 지역에서만 시험적으로 실시되었지만, 이제 각 정당의 지도자가 후보의 공천을 좌지우지하던 과거의 관행은 점차 사라지고 있다. 또한 광범위한 정치 개혁안을 입법화함으로써 제도적 민주주의를 더욱 공고히 하고 있다. 구체적 사례들을 살펴보면, 막대한 정치자금 수요를 줄이기 위해 법정 지구당을 폐지하였고, 선거법 위반자에 대한 제제를 강화하였으며, 합동 연설회나 정당 연설회 등 경비가 많이 소요되는 대규모 유세 대신에 TV 등 미디어와 인터넷 중심의 선거 운동 방식을 도입하였고, 기업과 법인의 정치자금 기부를 금지하였으며, 전국구 후보에 대한 1인 2표 정당 투표제를 도입하였다.[34] 이러한 제도개혁들에 대한 효과 여부를 떠나, 선거과정, 정당조직이나 운영 그리고 정치자금 조성 등 한국 정치의 근간을 흔드는 제도적 장치들이 크게 달라져 총괄적으로 한국 정치문화는 과거에 경험하지 못한 새로운 단계에 진입하고 있다.

끝으로, 타협적 정치문화와 정권교체의 경험을 들 수 있다. 정치문화를 합의적 정치문화와 갈등적 정치문화로 대별한다면, 군부 권위주의 시대의 한국 정치는 갈등적 정치문화였다. 이러한 문화 속에서

---

34 류재택, 「한국 정치의 변화와 뉴라이트의 역할」, 2005.

한국 정치는 기본적 이슈나 절차에 대해서도 대립적 투쟁적 성향을 보여 왔다. 이러한 문화의 배후에는 여러 가지 역사적 경험이 작용했지만, 군부 권위주의와 결합된 절대적 대통령제에서도 그 요인을 발견할 수 있다. 린쯔(Juan J. Linz)와 발렌주엘라(Arturo Valenjuela)는 민주주의가 정착되지 않은 나라에서 대통령제를 채택할 경우, 사회 내 갈등을 증폭시켜 민주화 과정을 위태롭게 할 수 있다고 주장하였다. 그리고 그 원인으로서, 1) 경직성으로 인해 위기관리의 제도적 장치를 결여하여 변화하는 정국에 제대로 대처하지 못하기 때문이며, 2) 정치상황을 제로 섬 게임의 상황으로 만듦으로써 정치세력들 간의 극단적인 대결과 분파주의를 조장하기 때문이라 하였다.

제6공화국 대통령제하에서 이념과 배경이 서로 다른 정치세력 간 연대가 두 차례 있었다. 첫 번째는 1990년 노태우 대통령 시절 전두환이 창당했던 민주 정의당, 정통 야당인 김영삼의 통일 민주당 그리고 박정희의 맥을 이은 김종필의 신민주 공화당이 '민주자유당'으로 통합된 사건이었다. 두 번째는 1997년 대통령 선거를 앞두고 김대중의 새정치국민회의와 김종필의 자유민주연합이 소위 '디제이피(DJP) 연합'을 형성한 사건이었다. 이들 두 번의 서로 다른 정치세력 간의 연대는 근본적으로 권력의 유지나 획득을 목적으로 한 것이지만, 한국 정치의 과제로 주장되어 온 권력의 분점과 공유라는 점에서 의의가 있고, 한국 정치문화에서 타협과 정치적 관용성을 확대시킨 사례로 분석하는 시각도 있다.[35]

노무현 정권에서 책임 총리제를 매개로 한 대연정 제안이 있었

---

35 이홍종, 「한국의 정당과 권력구조 – 정치문화 및 책임정당 논의를 중심으로」, 한국 정치학회 연례 학술 대회, 1997, pp.489 – 499.

다. 비록 헌법상 제도적 문제와 한나라당의 거절로 성사되지는 않았지만, 이 또한 과거 권위주의 정부에서 볼 수 없던 타협적 정치 문화의 한 사례로 볼 수 있다.

제6공화국에서 또 다른 사건은 1997년 12월 대통령 선거에서 새정치국민회의의 김대중이 15대 대통령에 당선된 것이었다. 이는 한국 정치사에서 1948년 대한민국 정부 수립 후 처음 경험하는 여·야 간의 정권교체였다. 한국에서 여·야 정권교체 경험의 부재는 여·야 간 대결이 정책대결로 되지 못한 하나의 중요한 요인으로 지적되어 왔었다. 그간 여·야 정권교체가 없었기 때문에 일반 국민들은 정권교체가 자신들의 생활에 가져올 변화를 쉽게 인식하지 못했고, 따라서 정당들의 정책대결이 선거에서 유권자들을 동원하는 정치적 쟁점이 되지 못했는데, 이제 여·야 간의 정책대결은 선거의 중요한 이슈가 되었다. 그리고 여·야 간의 정권교체 경험은 국가기구들뿐만 아니라 다양한 사회 조직 단체들에게 정권 종속성의 위험성을 예고하였고, 정권 종속성에서 상당히 이탈하게 만들었다. 지방자치제도가 확대 실시되면서 이러한 현상은 더욱 보편화되고 있다.

제3절　제6공화국 정부 권력구조의 문제점

제6공화국 정부 권력구조의 문제점은 대통령 중심 혼합제를 채택하는 과정에서 헌법 개정에 관여된 정치 세력들의 이해관계를 반영하다 보니 각 제도 간의 조응성이 떨어져 그 기능이 제대로 작동하지 않는다는 것이다. 이 불안정한 혼합제로부터 나타나고 있는 구체적인 문제점은 다음과 같다. 첫째, 대통령과 의회가 국민의 직접선거에 의해 선출되었다는 점에서 이원적 정통성의 문제가 발생하고, 국정 운영이 행정부 중심으로 이루어져 권한과 책임에 있어서 행정부와 입법부 간 비대칭성이 심화되었다. 둘째, 내각 책임제와 분권형 대통령제적 요소가 대통령의 권한을 강화시켜, 대통령제에서 발생하는 승자의 권력 독점 현상과 제왕적 대통령 성향이 강화되었다. 셋째, 지역주의 성향과 선거제도의 변화로 다당제가 보편화되면서 분점정부가 일상화되어 통치력이 약화되었다. 넷째, 신당 창당을 통한 상황 극복이 반복되면서 정당정치의 위기와 책임정치가 실종되었다.

1. 불안정한 혼합제

한국의 권력구조는 제헌 헌법의 제정 절차에서부터 한국적 적실성과 권력구조 원칙에 대한 합의를 바탕으로 만들어진 것이 아니라, 정치 세력의 이해타산을 반영한 정치적 타협의 산물이었다. 그 결과 대통령제가 갖고 있는 기능들이 제대로 작동하지 않는, 그래서 대통령제가 갖고 있는 장점을 실현할 수 없는 왜곡된 결과를 가져왔다. 구체적인 사례를 보면, 제헌 헌법은 초기 내각제 안이 이승만의 반대로 대통령제로 전환되면서 집행부에 대통령, 부통령 그리고 국무총리가 함께하는 기형적 절충안이 채택되었다. 또한 대통령제를 표방하면서도 정치적 구도 때문에 야당인 한민당이 기획했던 내각제적인 요소가 대부분 반영되었다. 국무원을 의결기관으로 두었고, 총리 임명 시 국회의 동의를 받게 하였으며, 국회의원이 장관에 임명될 수 있게 하였고, 내각을 구성하는 총리와 장관이 국회에 출석하여 발언할 수 있도록 하였다. 지금까지 있었던 9번의 헌법 개정 가운데 8번이 권력구조와 관련되었던 사실에서 제6공화국 헌법에 내재된 권력구조의 문제를 추론할 수 있다. 물론 미국식의 대통령제, 영국식의 내각 책임제에 근접하는 것이 한국의 상황에서 안정된 권력구조를 보장하는 것이라고는 말할 수는 없다. 미국이나 영국 모두 자국의 오랜 역사적 경험의 산물로서 현재의 정부형태를 갖게 되었기 때문이다. 문제는 대통령제에 내재된 일부 내각 책임제적 요소가 대통령제 권력구조 운영 기본 원칙에 부합되지 않아 그 효율성을 떨어뜨린다는 것이다.

구체적인 사례를 보면, 국회의원이 국무위원을 겸직함으로써 국회의 제도적 독립성을 훼손하고 있다.[36] 국회의원들이 국무위원이

---

[36] 김용호, 「2003년 헌정 위기의 원인과 처방」, 진영재 편저, 『한국 권력구조의 이해』(서울: 나남 출판, 2004) pp.316-317.
'9차 개정 헌법은 대통령제의 원칙에 어긋나는 국회의 국무위원 해임 건의안이 포함되어 있다. 내각제에서는 국무위원이 국회에 책임을 지지만 대통령제에서는 대통령에게 책임을 지도록 되어 있으므로 국회가 국무위원의 인사권에 개입해서는 안 된다. 이는 대통령제의 운영원리에도 부합하지 않을 뿐만 아니라 행정부의 안정적인 정책수행에 걸림돌이 되고 있다. 더욱

되려고 대통령의 눈치를 보는 경향이 있는데 이를 통해 대통령이 국회를 통제하게 된다는 것이다. 노무현 대통령의 경우, 국무위원 임명과정에서 국회의원을 최대한 배제하였기 때문에 오히려 소속당의 반발을 사고 소속당과 국회의 지지를 얻는 데 걸림돌이 된 바 있다.

제6공화국 헌법은 제헌 헌법과 8차례 개정 헌법에서 갖고 있었던 몇 가지의 문제점들을 부분적으로 보완한 점이 있으나, 내재된 불안정한 혼합제적 성격을 지우지는 못했다. 그것은 1987년 9차 헌법 개정 당시의 시대적 상황 때문에 권력구조에 대한 규범적인 논의가 충분하지 못했고, 정치권 이해 당사자들의 타협의 결과였으며, 국민적 합의를 이끌어 낼 수 있는 공론화 과정도 충분하지 못했기 때문이다.

이제 다시 헌법 개정의 필요성을 논의하면서, 대통령제냐 아니면 내각 책임제냐 하고 권력구조의 큰 틀을 전제할 필요는 없다. 그러한 전제가 만들고자 하는 권력구조를 왜곡시켜 불안정한 혼합제를 탄생시킬 수 있기 때문이다. 미국과 영국을 제외하고서는 그 어느 나라에서도 미국식 순수 대통령제, 영국식 순수 내각 책임제를 채택할 수 없고, 자국의 역사적 경험과 상황을 반영한 고유한 권력구조 체제로 운영할 수밖에 없다. 그것이 권력구조의 속성이다. 따라서 순수 대통령제나 순수 내각제로의 전환보다는 대통령제와 내각 책임제로부터 기능적 작동 원리를 선별해 내고, 선별된 기능들이 서로 상충되지 않고 순기능적으로 작동되도록, 나아가 상호 시너지

이 분점정부의 상황에서 국회를 장악한 반대당이 국무위원 해임 건의안을 자주 행사함으로써 대통령과 국회가 서로 충돌하게 된다.'고 주장한다.

효과를 낼 수 있도록 조합하여 자국의 상황에 적절한 안정된 혼합제를 만들어 가야 한다.

2. 이원적 정통성과 행정부·입법부 간 비대칭성

제6공화국 헌법하에서는 대통령과 국회의원 모두 국민의 직접선거에 의해서 선출된다. 따라서 대통령과 국회의원 모두 국민들로부터 직접적으로 권한을 위임받은 구조를 갖고 있다. 이러한 이원적 정통성의 문제는 대통령제를 채택한 모든 나라에서는 구조적으로 내재된 일반적인 현상이나 미국과 같이 정당의 규율이 약해 교차투표(cross voting)가 일반화되었거나 분점정부하에서도 대통령이 설득을 통해 문제를 해결해 가는 타협적인 정치문화에서는 크게 문제되지 않는다.

그러나 한국의 정당들은 규율이 강하고 교차투표의 관행보다는 당론투표가 지배적으로 나타나며 민주화 과정에서 형성된 선명성을 중시하는 투쟁적 정치문화를 갖고 있다. 이러한 정치문화 때문에 분점정부 상황에서는 물론 단점정부 상황에서도 의회는 강력하게 대통령과 대립하는 양상을 보였다. 대통령은 전 국민을 대표하게 하는 국민투표(plebiscite)적인 형태의 정통성을 부여받은 것으로 자신을 인식하고 의회가 갖는 정통성을 부정하거나 열등한 것으로 간주하는 경향을 보였고, 야당 국회의원들은 단점정부하에서도 다수결 투표에 승복하기보다는 단상 점거와 같은 극단적 투쟁으로 대처해 왔다.

　이처럼 이원적 정통성의 문제는 한국적 정치문화에서 반복적으로 대통령의 행정부와 국회 간 교착상태를 야기했다. 분점정부의 경우 이 교착상태는 더 심화되어 대통령은 분점정부 상태를 극복하기 위하여 인위적인 정계개편을 시도하였다. 노태우 대통령시절의 3당 합당이나, 김대중 대통령 시절 국회의원 꿔주기 그리고 노무현 대통령의 탄핵과정은 한국의 정치문화에서 이원적 정통성이 야기한 대표적인 사례로 볼 수 있다.

　행정부와 입법부 간의 비대칭성은 2가지 측면에서 이야기할 수 있다. 첫 번째 비대칭성은 국정운영에 있어서 행정부의 지나친 우위 현상이다.[37] 산업화 과정에서 관료주의적 권위주의 정권이 경제성장에 성공함으로써 아직도 행정부 중심의 국정 운영을 당연시 여기는 경향이 있다. 또한 행정부는 검찰과 국정원 등 권력기관은 물론 거대한 조직이 뒷받침되는 데 반해, 국회는 인력과 자원이 부족한 관계로 대통령이나 대통령 측근의 비리폭로와 같은 수단을 동원하여 견제기능에 치중하였다.

　두 번째 비대칭성은 정치적 책임에 관한 것이다. 대통령의 행정부와 국회 간 교착상태가 발생했을 때 교착상태에서 발생하는 모든 책임은 대통령이 속한 행정부에 돌아간다는 점에서 야당 국회의원들은 정치적 목적으로 사태의 악화를 유도한 경우도 있었다. 이러한 현상은 대통령제하에서 행정부와 입법부가 권력을 공유하지 않는 관계로 의회에 정치적 책임을 물을 수 있는 제도적 장치가 없어서 행정부와 입법부 간 책임의 비대칭이 발생하기 때문에 일어나는 현상이다. 한국 정치문화가 쉽게 바뀌지 않는 한 대통령제

37　김용호, 「2003년 헌정위기의 원인과 처방」, pp.314-315.

하에서 발생하는 이원적 정통성의 문제와 행정부·입법부 간 책임의 비대칭 문제를 해결할 제도적 장치가 필요하다.

3. 승자의 권력 독점과 제왕적 대통령

대통령제하에서 승자와 패자의 위상은 현격하다. 대통령 선거의 승자는 득표율과 관계없이 모든 권력을 독점하게 되고, 패자는 미미한 차이로 패배했다고 하더라도 차기 선거 때까지 모든 것을 잃게 된다.

제6공화국하에서 있었던 대통령 선거에서 그 어느 대통령도 총 유효투표의 과반수로 당선된 경우가 없었다. 노태우 대통령은 1987년 선거에서 36.6%, 김영삼 대통령은 1992년 선거에서 42.0%, 김대중 대통령은 1997년 선거에서 40.3%, 노무현 대통령은 2002년 선거에서 48.8% 그리고 이명박 대통령도 2007년 선거에서 48.7%로 당선되었다. 다당제하에서 결선투표가 실시되지 않을 경우에 한국의 대통령 선거에서 어느 후보도 반수를 넘는 절대 지지로 당선될 확률은 지극히 낮다.

제6공화국의 헌법하에서 당선된 모든 대통령들 역시 득표율과 관계없이 모든 권력을 독점하였다. 헌법상 행정권의 수반으로서 행정부의 구성뿐만 아니라 국가 원수로서 입법부와 사법부에까지도 막강한 권한을 행사하였다. 뿐만 아니라 대통령은 주어진 권력을 바탕으로 공기업과 정부 산하 기관의 인사까지 개입하였다. 한국사회의 모든 분야가 정치권의 영향력이 미치는 관계로 대통령의 선거 결과에 따라 공적 영역뿐만 아니라 민간 영역에서도 주류세력의 교체가 이루어졌다. 이렇게 승자가 권력을 독점하는 상황에서 한국의 대통령 선거는 사생결단의 전면전 양상으로 치러져 왔다. 막대한 선거자금과 인력이 동원되었으며, 온갖 부정한 방법과 편법이 동원되었다. 한국 정치의 후진성은 이러한 선거문화와 무관하지 않았으며, 그 선거문화의 이면에는 승자가 권력을 독점하는 제도적 장치가 있었다.

제6공화국하에서 과거에 있었던 대통령의 장기 집권의 가능성은 사라지고, 단임제로 인해 대통령 임기 초반부터 레임덕 현상이 나타나는 경우도 있었지만, 여전히 대통령은 헌법상의 권력분립과 무관하게 집권 여당을 통해서 입법부를 장악하였다. 입법부의 수장인 국회의장은 대통령의 사람이 되었다. 뿐만 아니라 사법부의 수장인 대법원장과 대법관 그리고 헌법재판소의 소장과 재판관의 임명까지도 대통령의 영향력은 절대적이었다. 헌법 재판소 9인의 재판관 중 대통령이 직접 임명하는 자는 3명에 불과하나, 대법원장이 3명을 지명하고, 국회에서 3명을 선출하면, 대통령은 이를 임명한다. 대통령이 임명한 대법원장은 헌법 재판소 재판관 3명을 지명함에 있어서 대통령의 의지를 무시할 수 없고, 국회에서 선출하는 3명도 여·야 간의 타협에 의존하는 것이 일반적이다.[38] 이로써 대통령은 입법부와 사법부에 대하여 우월적 지위를 향유하였다. 군부 권위주의 시대에 대통령에게 주어졌던 영도자적 지위를 갖지 않았다 하더라도, 보통사람으로 시작된 제6공화국의 대통령들도 선출된 군주로 군림하였다. 그것은 제도적으로 보장된 '다른 헌법 기관에 대한

---

38 김정현, 「이원정부제에 관한 연구」, 서울 대학교, 2006.

대통령 지위의 우월성'에 기반하고 있으며, 여기에 한국의 전통적 가부장적인 권위주의 정치문화가 제왕적 대통령의 정치행태를 조성하였다. 한국에서 대통령 개인에게 권력이 집중됨으로써 권력의 사유화 현상이 발생하였고, 이로 인해 국가 기능이 왜곡되는 결과를 가져왔다. 대통령의 가족 그리고 주변 인사들이 공식적인 지위와 관계없이 국가기관에 영향력을 행사하였다.

한국의 대통령이 제왕적 대통령으로 불리는 이유를 헌법적인 제도보다는 헌법 외적 요소로 보는 시각도 있다.[39] 첫째, 대통령의 거대 여당 장악인데, 김영삼, 김대중 대통령은 강력한 카리스마와 지역 주의적 투표성향, 공천권, 정치자금을 기반으로 하여 여당을 장악하였다. 둘째, 국정원, 검찰, 경찰, 국세청과 같은 이른바 '권력기관'이 대통령의 직·간접적 영향하에 있기 때문이라는 것이다.

제왕적 대통령제(Imperial - presidency)라는 용어가 미국에서 닉슨 대통령의 막강한 권력을 비판하면서 처음 사용되었듯이 대통령제를 실시하고 있는 미국의 경우에서도 대통령의 비대해진 권력에 대한 논의가 있었다. 베트남 전쟁의 교훈으로, 미국 의회는 1973년 '전쟁 수행법(War power act)을 제정하여 의회의 동의 없이는 대통령이 미국 군대를 적지에 파견할 수 없도록 제한하였다. 닉슨 대통령은 이 법안에 대하여 거부권을 행사하였으나 의회가 재가결하여 통과시켰다. 이후 미국에서 쉴레싱거(Arthur M Schlesinger, Jr)가 닉슨 대통령의 막강한 권력을 비판하면서 제왕적 대통령이라는 용어를 처음 사용하였다.[40] 그러나 미국의 경우 권력의 분산과 공유, 그

---

39 정준표, 「정당·선거제도와 권력구조의 선택」, 진영재 편저, 『한국 권력구조의 이해』(서울: 나남 출판, 2004), pp.260-261.

리고 독립된 사법부의 견제로 한국의 대통령처럼 대통령이 행정부, 입법부 그리고 사법부 위에 군림하지는 않는다. 한국에서 승자의 권력 독점과 제왕적 대통령제의 폐해를 막기 위한 제도적 보완이 필요하다.

4. 분점정부의 보편화와 통치력의 약화

1987년 개헌 이후 실시된 6번의 국회의원 총선거 중 여당이 국회 과반수 의석을 차지한 것은 2004년 실시된 17대 총선과 2008년 실시된 18대 총선뿐이었다. 이 두 번의 선거가 탄핵정국과 10년 만의 정권교체라는 특수 상황에서 치러졌다는 것을 고려하면, 제6공화국에서 분점정부의 출현은 일반적 현상이 되었다. 제6공화국하에서 분점정부의 출현 가능성이 높아진 데에는 9차 개정 헌법과 주요 정치제도들의 변경에 기인하고 있다.

우선 헌법상 대통령의 임기를 5년, 국회의원 임기를 4년으로 함으로써, 두 선거의 주기가 불일치함에 따라 대통령 임기 중에 국회의원 선거가 실시되는 결과를 나았다. 비교 정치학의 연구에 의하면, 의원 선거에 있어서 대통령 선거 실시 후 몇 개월 이내에 실시되는 허니문 선거의 경우, 대통령 인기의 동반효과(presidential coattail effect)로 대통령 소속 정당에 유리하게 작용하지만, 두 선거가 분리되는 중간 선거의 경우, 대통령에 대한 견제 심리가 강하게 나타나 대통령 소속 정당에 불리하게 나타난다. 이러한 현상은 제6공화국하

---

40 김정현, 「이원정부제에 관한 연구」, p.154.

에서 실시된 13대, 14대, 15대, 16대 국회의원 선거 결과를 통해서 확인되고 있다. 또한 비례 대표제의 확대로 민주 노동당이 제도권에 진출하게 되었고, 민주 노동당은 지역주의에 기반을 둔 민주당, 국민 중심당과 함께 한국의 정당체제를 다당제 체제로 이끄는 중요한 한 축이 되고 있다. 제6공화국 이전 군부 권위주의 시대에는 양당제의 골격이 유지되었다. 보다 정확히 말하면 사르토리(G. Sartori)가 말하는 '일당 우위 정당제'가 유지되었다.[41] 그러나 제6공화국에서 '1인 2표 정당 명부식 비례 대표제'가 도입되고, 지역주의 정치가 힘을 발휘함으로써 군부 권위주의 시대의 양당제 경향은 무너지지 않을 수 없었다. 이제 한국에서 다당체제는 상수에 가깝다.[42] 그리고 이러한 다당체제는 향후 분점정부의 출현 가능성을 더욱 높게 하고 있다.

미국과 마찬가지로 한국에서도 분점정부와 정치적 효율성의 저하는 무관하다는 분석도 있으나,[43] 분점정부에 직면했을 때 대통령이 분점정부 상황을 극복하기 위하여 정당 간 합당(1990)이나 무소속 의원의 영입(1992, 1996) 또는 권력공유에 의한 정당 간 정책

---

41 정해구, 「정당정치의 위기」, 성공회 대학교, 2006.
군부 권위주의 시대에 집권 여당과 이에 대립했던 야당이 존재하기는 했으나, 여당은 야당에 의한 정권 교체가 불가능할 정도의 거대 여당으로 존재했기 때문에 이를 '일당 우위 정당제'로 본다. 학자에 따라서는 이를 '1.5 당제'라고 부르기도 한다.

42 안순철, 「내각제와 다 정당체제」, 진영제 편저, 『한국 권력구조의 이해』(서울: 나남출판, 2004), p.132.

43 장훈, 「대통령과 국회/정당」, 박세일 외, 『대통령의 성공 조건 Ⅰ』(서울: 동아시아 연구원, 2002), pp.546-547.
'국회의 개의 일수와 개의율, 회기당 개의 일수, 비개의 일수, 국정조사권 발동상황 등에 있어서 단점정부와 분점정부는 별다른 차이가 없으며, 국회의 해임건의안 제출은 대부분 단점정부 상황에서 제출되었다. 경험적으로 획득한 공식적 통계로 판단하면 분점정부가 단점정부에 비해 행정부와 의회 간 갈등과 교착으로 입법 산출이 낮고 의회의 집회가 위축된다는 증거를 발견할 수 없다. 오히려 인위적인 정계 개편을 통한 단점정부로의 전환 이후 행정부와 의회 간 관계가 급속 냉각되고 대립과 갈등이 증폭되었다'고 주장한다.

연합(2001)을 추진함으로써, 여야 간의 관계가 급속히 냉각되고 대립과 갈등이 심화되어 행정부와 입법부의 교착상태가 나타나 대통령의 통치력이 크게 약화되는 결과를 가져왔다.[44] 인위적 방법을 사용하여 분점정부를 단점정부로 만들었을 경우, 인위적으로 만들어진 단점정부하에서는 행정부와 입법부의 갈등이 더 심화될 수 있다는 점에서 분점정부의 문제를 분석할 때 선거에 의한 단일정당 단점정부가 아닌 경우를 대상으로 해야 한다는 주장이 제기되기도 한다. 그래서 선거에 의한 단일정당 단점정부가 아닐 경우를 '선거적 소수 여당'이라 구별 지어 부른다.[45] 이처럼 분점정부의 문제점이 분점정부의 본질적인 문제는 아니라 하더라도 분점정부가 발생했을 때 대통령과 여당이 이에 대응하는 방식이 한국 정치의 수준을 저하시켰고 정국을 교착상태로 만들어 효율성을 저하시켰다는 점에서 분점정부와 관련한 제도적 보완이 요구된다.

5. 정당정치의 위기와 책임 정치의 실종

정부 수립 이래 한국의 정당은 이념을 중심으로 한 정당이라기보다는 권력을 잡기 위해 동원되는 성격으로 만들어져 왔다. 그러다 보니 대통령제를 추구하면서도 행정부와 입법부는 권력의 분산보다는 권력의 융합적인 성격을 가졌고, 이러한 체제하에서 한국의 정당은 대통령 개인의 사당적 구조를 벗어나지 못했다. 그래서 정

---

44 조정관, 「대통령제 민주주의의 원형과 변형」, pp.97 – 99; 김정현, 「이원 정부제에 관한 연구」, pp.158 – 159.

45 정준표, 「정당선거제도와 권력구조의 선택」, p.267.

당은 권력의 주체와 함께 떠오르고 사라져 갔다. 대통령제하에서는 비록 정당의 기반이 약하더라도 대통령이 국민에 의해 직접 선출되고 임기제라는 점에서 정부의 안정성이 정당의 안정성에 의해 치명적으로 영향을 받지는 않는다. 그러나 한국 정치에서 지속적으로 나타나는 신당 창당을 통한 정치적 상황 극복은 정당정치의 제도화를 불가능하게 하고 있을 뿐만 아니라, 대통제의 단임제로 국민은 정당에게도 그리고 단임제하의 대통령에게도 책임을 물을 수 없는 함정에 빠지고 말았다.

제6공화국에서 자주 발생하는 분점정부의 상황은 또한 국정 결과에 대한 책임소재를 찾기 어렵게 만들 수 있다고 지적한다. 분점정부하에서 대통령은 행정부가 추진하는 정책에 대해 확실한 의회 내 지지를 얻어내기가 어렵기 때문에, 이를 위해 수많은 타협을 하게 되며 그 결과 최종 통과된 정책안은 최초안과는 전혀 다른 것으로 변질되게 된다. 흔히 대통령제에서는 정책의 결과에 대한 책임을 대통령이 직접 지기 때문에 유권자에 대해서 책임(accountability)이 높다고들 평가하는데, 분점정부의 사례에서 보는 것처럼 수많은 타협과 흥정의 과정을 거쳐 정책안이 통과되기 때문에 유권자들이 이 정책안의 공과에 대한 책임소재를 찾기란 여간 힘들게 된다.[46]

제6공화국에서 다양한 이익 단체와 시민단체가 시민정치의 형태로 새로운 정치문화를 조성하고 있으나, 이들 단체들의 활동이 정당 고유의 기능을 대체할 수는 없다. 국민들은 이들 단체들의 행위 결과에 대하여 책임을 물을 수 있는 방법이 없고, 결국 이들 단체

---

46 안용흔, 「대통령제 논쟁의 비판과 새로운 쟁점의 모색」, 『사회과학 논총』 제4권, 대구 효성 가톨릭 대학교 사회과학 연구소, 2005, p.42.

들이 표출하는 다원적 이해관계를 정책으로 승화시키는 것은 정당
의 고유 역할이기 때문이다.

제6공화국에서 발생한 정당정치의 위기는 국가 정책 지속성에
대한 신뢰도를 하락시켰고, 한 정권의 경험이 다음 정권에 계승되
지 못함으로써 권력의 주변은 아마추어리즘으로 둘러싸여 국가 경
영의 효율성은 저하되었으며, 국가 경영에 대한 국민들의 신뢰도는
추락하였다.

그러나 대통령제가 정당 충성심을 자극할 제도적 유인책이 없고,
당내 지도자를 키우기에도 부적합하고, 정당 소속이 아닌 국외자의
입후보가 용이하고, 대통령 자신도 약한 정당을 선호한다는 점에
서,47 제6공화국에서 발생한 정당정치의 위기, 특히 노무현 정권에
서 심화되었던 정당정치의 위기를 전적으로 리더십에 의한 위기로
만 볼 수는 없다. 바꿔 말하면, 6공화국에서 발생한 정당정치의 위
기와 책임정치의 실종은 권력구조와 관련하여 접근할 필요가 있다
는 것이다.

---

47 정준표, 「정당, 선거제도와 권력구조」, p.131.

제4장　대안적 政府 權力構造에 대한 논의

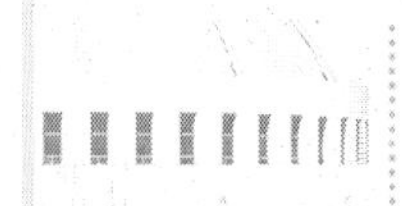

제4장
대안적 政府 權力構造에 대한 논의

권력구조 논쟁과 관련하여, 대통령제와 내각 책임제라는 도식된 틀 내에서 장·단점을 논의하는 것 자체에 비판적인 시각들이 있다. 즉 제도가 발휘하는 효과 자체에 의문을 제기하면서, 그 제도의 특색뿐 아니라 제도를 둘러싼 사회 환경적 제 조건, 역사적 궤도와 전통, 제도를 이용하는 행위자들의 규범적 이해와 기대, 사회적 관계의 성격 등을 총체적으로 고려하는 시각이 필요하다는 것이다.[1] 대통령제와 내각 책임제의 장·단점으로 거론된 여러 가지 현상과 논리 형식은 경직된 전통적인 고정 관념의 산물로서 그 타당성과 설득력에 한계가 있어, 정부형태로서의 대통령제와 내각 책임제가 어떤 절대적인 정형이 아닌 것처럼 두 제도의 구조적인 장·단점도 상대적인 성격밖에 가질 수 없다는 것이다.

---

1 임성호, 「권력구조의 총체성과 권력구조 논의의 부분성: 그 불일치의 극복을 위한 시론」, 『한국 정당학 회보』 4권 1호, 2005.

따라서 정부형태가 한 나라의 통치 질서 내에서 차지하는 통치 기능적인 의미 및 다른 제도들과의 기능적인 연관성을 무시한 채, 정부형태를 단순히 하나의 자기 목적적인 제도만으로 생각하는 제도 중심의 사고방식과 거기에서 나오는 양 제도의 장·단점에 관한 천편일률적인 표피적 설명은 지양되어야 한다고 주장한다. 동일한 유형의 정부형태를 채택한 국가라 하더라도 선거제도, 정당제도, 역사적 배경, 정치문화, 국민의 정치적 수준, 정치인의 행태 등에 따라 정치적 현실은 다른 양상을 보일 수 있다는 것이다.[2]

이러한 비판적인 시각까지 고려하면서, 한국 정치에서 나타나는 제반 문제점들과 관련하여 정부형태에서 해답을 찾으려는 노력은 부단히 제기되어 왔다. 특히 한국의 권력구조가 제정 당시부터 타협적 산물로 혼합제적 성격을 가졌으며, 그러한 정치적 타협의 결과가 지속적으로 문제를 제기한다는 점에서 대안적 권력구조는 순수 형태의 권력구조로 바뀌어야 한다며 순수 대통령제 회귀론, 순수 내각 책임제 개헌론이 대두되었다. 그러나 헌법 개정이라는 현실적인 어려움 때문에 정치권에서는 헌법 개정을 통한 권력구조의 변화 없이 제6공화국 헌법하에서 운영의 묘를 살리거나, 중간수준의 정치적 제도만을 바꿔서 문제점을 해결할 수 있다는 제6공화국 정부 권력구조 보완 유지론이 제기되었다.

본 장에서는 이들 세 가지 대안적 정부 권력구조 논의들을 비판적 시각에서 비교해 본다.

---

2 허영, 『헌법 이론과 헌법』(서울, 박영사, 2003), pp.912-914.

현재 제6공화국하에서 시행 중인 한국의 대통령제는 1948년 제정 헌법 이래 여러 공화국과 정부를 거쳐 정착 단계에 진입해서, 순수 대통령제는 아니지만 한국의 토양에 맞는 대통령제와 정치 문화가 형성되어 가고 있다는 시각이다. 따라서 갑자기 내각 책임제 형태로 권력구조를 변화시키는 것은 이제까지 형성되어 온 정치문화와 상충될 수 있기 때문에 현시점에서는 순수 대통령제로의 추진이 가장 현실성이 있는 대안으로 보고 있다. 순수 대통령제에 근접하기 위해서 제6공화국 헌법에 규정된 총리제를 폐지하고 내각 책임제적 요소를 제거하며, 부통령제를 도입하고, 대통령 중임제를 허용해야 한다고 주장한다.

1. 총리제 폐지와 내각 책임제적 요소 제거

제헌 헌법에서 처음 도입된 총리제는 한민당의 내각제 안과 이승만의 대통령제 안의 정치적 타협의 결과로서 대통령제하에서 대통령 – 부통령 – 총리라는 기형적인 형태로 나타났다. 대통령제하에서 국무총리의 위상은 제도적으로 상당히 애매하다. 국무총리를 대통령의 보좌기관으로 규정하면서도 대통령 유고 시 제1순위 권한 대행권을 갖게 하였고 임명 절차에 국회의 동의를 득하도록 하였다. 국민들로부터 직접 정통성을 인정받지 않은 임명직인 국무총리

에게 대통령 권한 대행을 인정한다는 것은 민주적 대표성 원칙에 위배될 소지가 있다는 주장이다.[3]

다음으로 국무총리와 국무위원의 의원직 겸직을 허용한 조항을 문제 삼는다. 이는 내각 책임제적인 요소로서 행정부가 정당정치로부터 자유롭지 못하게 만드는 조항이라는 것이다. 총리의 국무위원 제청권은 실효성에 문제가 되는데, 현실적으로 대통령이 국무총리의 국무위원 임명 제청을 존중해 주는 차원을 넘어서 이에 구속된다면 대통령의 임명권은 형식적인 것이 되고, 국무총리가 실질적인 임명권을 갖는 결과가 된다는 것이다. 더불어 국무총리가 해임되었을 경우에 국무총리가 임명 제청한 국무위원들도 총사퇴해야 하는가의 문제를 제기한다. 이처럼 국무총리제는 권한과 책임에 있어서 애매성과 모순성을 갖고 있기 때문에 폐지되어야 한다는 것이다.

또한 국회와 대통령이 원만한 관계를 유지하면서 효율적으로 국정을 운영하는 대통령제를 정착하려면 내각 책임제적 요소를 제거함으로써 헌정 제도상의 부정합성을 고쳐서, 대통령의 리더십 스타일에 좌우되지 않는 안정된 대통령제 시스템을 만들어야 한다고 주장한다. 무엇보다도 국무위원이 내각 책임제에서는 국회에 책임을 지지만, 대통령제에서는 대통령에게 책임을 지도록 되어 있음으로 국회가 국무위원의 인사권에 개입하는 국회의 국무위원 해임건의권은 폐지되어야 한다고 주장한다.[4] 총리나 국회가 총리의 임명이나 국무위원의 해임과 관련하여 내각 책임제적 요소를 확대

---

3 김정현, 「이원 정부제에 대한 연구」, 서울 대학교, 2006, p.171.
4 김용호, 「헌정 위기의 원인과 처방」, 진영재 편저, 『한국 권력구조의 이해』(서울: 나남출판, 2004), pp.323-324.

해석할 경우 대통령과의 관계에서 불필요한 갈등이 초래될 가능성이 있다는 것이다.[5]

그러나 국무총리제도를 긍정적으로 보는 시각에서는 국무총리제의 폐지보다는 운영의 묘를 살릴 필요가 있다고 주장한다.[6] 국무총리제도는 우리나라의 역사적 맥락에서 그 의의를 찾아볼 수 있다는 것이다. 조선시대의 영의정으로 대표되는 재상은 단순한 관료라기보다는 신권의 상징적 존재로 인식되었으며, 왕권에 대한 견제적 의미도 가졌다는 것이다. 그리고 영의정 제도에 대한 역사적 전통은 우리의 정치체제 속에 하나의 문화로 체화되어 정착되었다는 주장이며, 1919년 수립된 대한민국 임시정부 시절에 대통령제하에서 국무총리제를 두었던 것도 같은 맥락에서 이해할 수 있다는 것이다.[7] 그리고 비록 국무총리제도가 제헌 국회에서 정치세력 간 타협의 산물로서 생긴 제도이지만, 지난 60여 년 동안 우리의 정치, 행정의 현실에 적응해 온 제도이며 그 존재에 대한 국민적 공감대가 형성되어 있다는 것이다. 따라서 우리의 정치 행정 제도에 익숙해진 국무총리제도를 정착시켜 권력의 수직적 견제, 정치적 요구에 대한 여과, 정치적 완충 장치로서 계속 운영해야 한다고 주장한다.

---

5 박찬욱, 「대통령제의 정상적 작동을 위한 개헌론」, 진영재 편저, 『한국 권력구조의 이해』(서울: 나남출판, 2004), p.191.

6 이재원, 『한국의 국무총리 연구』(서울: 나남출판, 1998), pp.335－339.

7 1919년 3・1 운동의 결과로 수립된 대한민국 임시정부의 정부기구에 국무총리라는 명칭이 처음으로 등장한다. 즉 권력구조는 대통령 중심제였으나, 행정권은 '국무원'이 갖도록 함으로써 대통령과 국무총리를 유리시켰다. 이재원, 『한국의 국무총리 연구』, p.29.

2. 부통령제의 도입

순수 대통령제를 주장하는 사람들은 총리제를 폐지하고 부통령제를 도입해야 하는 이유로 다음과 같은 것을 들고 있다. 첫째, 국민들의 직접 선출로 정통성을 갖는 부통령이 대통령의 제왕적 행태를 견제할 수 있고, 둘째, 대통령 유고 시 국무총리에 의한 권한대행보다 민주적이고, 셋째, 차기 대통령 후보를 가시화할 수 있어서 정치의 예측 가능성이 높아지고, 넷째, 지역 간 갈등의 완화에 도움이 될 수 있다는 것이다.

그러나 부통령제 도입에 따른 문제점들도 많이 노출되고 있다. 첫째, 국무총리와 달리 대통령이 임기 중 마음대로 해임할 수 없는 부통령이 제2인자로 존재할 때, 대통령과 부통령이 대립 갈등을 보일 수 있으며, 둘째, 대통령 유고 시 부통령이 대통령직을 승계하는 것도 현재의 국무총리에 의해 승계하는 것보다 오히려 정책의 연속성에 문제가 있을 수 있다. 왜냐하면, 대통령 후보가 부통령 후보자를 지명할 때 가장 우선적으로 고려할 요소는 부통령 후보자가 얼마만큼 자신의 당선 가능성을 높여 줄 것인가일 것이며, 따라서 후보자의 자질보다는 다른 지지 기반을 갖고 있는 다른 정파의 인물을 지명할 가능성이 높기 때문이다. 우리의 투표 행태가 지역 투표적인 특성이 강하다는 점으로 미루어 후보자의 출신 지역이 가장 중요한 지명 요인이 될 가능성이 높다. 이는 새로운 지역연합을 출현시켜 지역감정을 해소하기보다는 악화시킬 수 있다. 셋째, 단임제하에서 차기 대통령 후보의 가시화는 대통령의 조기 레임덕 현상을 가져올 수 있고, 중임제로 개헌한 경우에도 부통령의

유명무실화 혹은 내부적 권력 투쟁이라는 결과를 가져오기 쉽다.[8]

부통령제 선거 방식은 대통령 선거와 별도로 부통령을 독자적으로 선출하는 방식과 대통령과 한 조를 이루어서 선출하는 러닝메이트 방식이 있다.[9] 독자적인 선출 방식을 통해 부통령을 뽑을 경우, 대통령과 부통령의 갈등이 비화될 가능성이 높다. 따라서 부통령제의 도입은 신중할 필요가 있다.

결론적으로 말하면, 국무총리제도와 부통령제는 각각 장·단점을 갖고 있는데, 국무총리제를 폐지하고 부통령제를 도입해야 하는 상당한 이유가 없다는 것이다.

3. 단임제와 중임제

과거 권위주의 정권의 장기집권에 따른 정치적 갈등과 관련하여 제6공화국 정부에서는 5년 단임제를 채택하였다. 그러나 5년 단임제에 따른 문제점들이 지적되면서 5년 단임제 대신 다시 4년 중임제를 실시해야 한다는 주장이 많다. 4년 중임제를 실시해야 하는 이유로서, 첫째, 국정 운영에 대한 국민의 심판 기회가 있어야 한다는 것이고, 둘째, 단임제에서는 당선과 함께 조기 레임덕 현상이 발생할 수 있으며, 셋째, 임기 중 모든 것을 완성하려는 대통령의

---

8 정준표, 「정당선거제도와 권력구조의 선택」, p.282.
9 김정현, 「이원 정부제에 관한 연구」, pp.175－177.
  '독자 투표 방식은 네 가지 선거 결과로 나타날 수 있다. 1) 대통령과 부통령이 동일 정당이면서 대통령의 득표수가 많은 경우, 2) 대통령과 부통령이 동일 정당이지만 대통령의 득표수가 적은 경우, 3) 대통령과 부통령이 다른 정당이고 대통령의 득표수가 많은 경우, 4) 대통령과 부통령이 다른 정당이면서 대통령의 적은 경우이다. 1)의 경우는 러닝메이트제 방식에 의한 선출과 유사하다. 그러나 나머지 경우는 대통령과 부통령의 갈등이 비화될 가능성이 높다.

조급증에 따른 폐해가 발생할 수 있고, 넷째, 단임제의 경우, 대통령직을 성공적으로 수행한 경우 축적된 정치적 자산을 단임제로 인해 더 이상 활용할 수 없으며, 다섯째, 임기 4년의 국회의원 선거와의 시기 불일치를 해소할 수 있다는 것을 들고 있다.

그러나 4년 중임제를 실시한다고 하더라도 첫째, 2번째 임기는 역시 심판을 받을 수 없고, 둘째, 2번째 임기가 시작되면서 마찬가지로 레임덕 현상은 나타날 수밖에 없으며, 셋째, 중임을 위해 소신 있는 정책보다는 오히려 인기 영합적인 정책을 쓸 가능성이 높아지고, 넷째, 중임제는 대통령의 권력 독점 현상을 심화시켜 권위주의화 경향을 더욱 자극할 가능성이 크며, 대통령이 수단과 방법을 가리지 않고 재선을 노릴 경우 극단적인 대립과 갈등이 나타날 수 있다.

책임성에 대한 국민의 심판은 정당정치의 제도화를 통해서 연속성을 갖는 정당에게 정치적 책임을 물을 수 있고, 또 제도화된 정당을 통해서 경험을 축적할 수 있기 때문에, 책임의 심판과 경험의 축적 등이 5년 단임제를 4년 중임제로 반드시 바꾸어야 하는 이유가 될 수 없다고 본다. 다만, 대통령의 임기는 5년이고 국회의원 임기는 4년이기 때문에 불규칙적으로 두 선거가 실시됨으로써 여러 가지 문제점을 일으킨다는 점에서, 대통령의 임기를 5년 단임제보다는 6년 단임제로 하여 두 선거가 규칙적으로 실시되도록 하는 것이 바람직한 것으로 사료된다. 이럴 경우, 한 번은 대통령과 국회의원을 동시에 선거하게 되고, 한 번은 따로 선거하게 되는데, 따로 하는 국회의원 선거는 대통령에 대한 중간 평가적 선거가 될 것이다.

지난 60여 년의 헌정사에서 한국 정치에서 나타난 부정적인 측면과 현재의 정치에서 지속되고 있는 정치의 후진성이 대통령제 제도와 무관하지 않다는 점에서 대안적 권력구조로 내각 책임제가 꾸준히 제기되어 왔다. 특히 자유민주연합에서는 내각제를 당론으로 하여 내각 책임제 개헌을 주장해 왔는데, 한국 정치 현실에서 내각 책임제를 도입해야 하는 여섯 가지 이유를 다음과 같이 들고 있다.[10] 첫째, 한국의 정치문화에서 절대 권력은 절대 부패한다는 것이다. 한국의 대통령은 입법·사법·행정 3권을 실질적으로 장악함으로써 무소불위의 절대 권력을 휘둘렀고, 그 결과 역대 모든 대통령들이 불행한 종말을 맞았다는 것이다. 둘째, 탈산업화 사회에서 1인에 의한 권력 집중은 비효율적이며 위험하다는 것이다. 내각제에서는 정치논리가 경제·사회논리를 압도하지 못하며 대통령 1인에 의한 독선적 운영이 불가능하다는 것이다.

셋째, 대통령 선거는 한국 사회에서 천문학적인 규모의 돈이 든다는 것이다. 그리고 이 막대한 선거자금이 부정부패와 정경유착을 불렀다는 것이다. 이에 반해 내각 책임제의 경우, 한 번의 선거로 총리와 대통령을 국회에서 선출하기 때문에 엄청난 선거비용이 들지 않는다는 것이다. 넷째, 내각 책임제를 통해 지역화합과 국민통합을 이룰 수 있다는 것이다. 지역감정은 자기 지역 출신을 대통령

---

10 자유민주연합에서 발표한 자료에는 7가지를 들고 있으나, 나머지 한 가지는 정치 슬로건적인 성격이어서 여기서는 6가지만을 거론하였다.

으로 만들려고 사생결단하는 지역 대항전이 된 대통령 선거로 만들어졌으며, 실패한 지역은 패배감으로 국민통합을 해쳐왔다는 것이다. 특정 지역이 국가 권력의 요직을 독점함으로써 지역감정은 심화되었고, 전부가 아니면 전무인 사생결단식 정치 행태는 우리 국민을 사분 오열시켰다는 것이다.

다섯째, 평화 통일과 안보에 내각 책임제가 적합하다는 것이다. 독일이 독일연방에 동독 의회가 참여하는 방식으로 권력분산과 상호 지분을 인정하여 평화 통일을 이룩한 것처럼 권력을 공유하고 서로의 지분을 인정해 주는 내각 책임제가 통일에 가장 적합한 제도라는 것이다. 실증적 사례로, 내각제적 권력구조를 갖고 있는 독일은 통일 후 안정적인 데 반해, 대통령제하에서 통일된 예멘은 통일 후 갈등과 대립을 보였다는 사실, 그리고 2차 대전을 승리로 이끈 영국이 내각 책임제였다는 것은 내각 책임제가 평화 통일과 안보에 적합하다는 것을 보여준다는 것이다. 여섯째, 내각 책임제를 통해 책임정치를 실현할 수 있다는 것이다. 잘못하면 교체하고 잘하면 재신임하는 유연한 제도가 책임을 물을 수 있는 내각 책임제라는 것이다. 대통령제는 대통령이 임기 중 아무리 잘못해도 책임을 물을 수도 정권을 바꿀 수도 없지만, 내각제는 총리가 잘못하면 물러나게 하고 잘하면, 재신임으로 장기적인 국가 발전을 가능하게 한다는 것이다. OECD 국가들 중 미국과 한국 등을 제외하고 많은 나라가 내각 책임제적 정부형태를 갖고 있는 것도 이와 무관하지 않다는 것이다.

이러한 자유민주연합의 주장에 대해, 대통령제와 비교한 내각 책임제의 일반적인 장점들을 이야기하기보다는 내각 책임제가 한국의 정치 현실에 적합한가를 먼저 검토해 보아야 한다면서, 다음과 같은 이유로 이를 부정적으로 보고 있다.[11]

첫째, 내각제를 위한 사회적·정치적 기반이 조성되지 않았다는 것이다. 내각 책임제가 효과적으로 작동하기 위해서는 다원화된 사회에서 발달된 이익 대표체제가 갖추어져야 하는데, 한국사회는 아직 서구 사회처럼 사회 경제적 이익 관계를 중심으로 한 균열 구조가 아니라 원색적인 지역 갈등 구조만이 현재를 지배하고 있다는 것이다. 따라서 내각 책임제가 이념 갈등, 이익 갈등을 수렴하는 기능보다도 정치인들의 권력 이익에 의한 파당적 정치를 증폭시켜 사회적 갈등을 확대 재생산하게 될 것이라는 것이다.

둘째, 내각 책임제가 배타적 지역주의 정치를 고착시킬 것이라는 것이다. 즉 권력의 공유를 통해 현재의 극심한 지역주의를 극복할 수 있다는 내각 책임제 개헌론자들의 주장은 현재의 지역주의를 '주어진 것'으로 받아들이고, 지역주의적 정당구도를 존속시킨다는 전제 위에서의 권력공유를 말하고 있는 것으로 이것은 지역주의의 극복이 아니라 지역주의의 존속은 물론 지역주의에 기반을 둔 현행 정당구도의 존속을 주장하는 것이라는 것이다.

셋째, 내각 책임제는 끊임없는 정치 불안정을 초래할 것이라는 것이다. 한국과 같이 특정 정치 지도자에 종속된 정당들에 기반을 둔 내각 책임제는 사회적 갈등의 조정과 통합보다는 정치 지도자들의 권력이익을 우선하는 빈번한 정치적 야합과 갈등으로 사회적 갈등을 증폭시키고, 권력이익에 따른 정치적 극한 대결과 정당

---

11 정영국, 「내각제 개헌을 해서는 안 되는 7가지 이유」, 『사회 비평』 제20호, 1999, pp.25 －40. 동 기고문에서 자유 민주 연합이 주장한 7가지 내각 책임제 채택 이유에 대해 안 되는 이유를 7가지로 설명하고 있으나, 여기서는 4가지만을 인용하였다.

간·정치인들 간의 빈번한 이합집산은 정부의 지속성과 안정성을 위협할 것이라는 것이다.

넷째, 내각제는 경제 위기 극복정책의 합리성을 저해할 것이라는 것이다. 내각 책임제하에서의 정부 부처 장관의 교체는 사실상 정책노선의 변경을 의미하게 된다는 점에서 내각 책임제의 불안정성은 심각한 정책적 혼선을 초래할 것이라는 것이다. 즉 결단력 있는 리더십 없이는 사실상 개혁정책의 결정이나 추진을 기대하기 어려운 것인데, 현재의 한국 정치구도에서 내각 책임제는 바로 이러한 문제를 해결할 수 없다는 것이다.

순수 내각 책임제 도입과 관련한 학술적 논의도 위에서 제기된 현실적 지적들에서 크게 벗어나지 않는다. 현재 내각 책임제 도입에 부정적인 학계의 논쟁 중 위에서 언급되지 않은 것들을 요약해 보면 다음과 같다.

첫째, 비구조화된 다당제와 낮은 정당정치 수준을 감안하면, 내각제가 오히려 국민의 의사에 반하는 정치적 독과점 체제 혹은 극도의 비효율성을 초래할 가능성이 크며, 정당의 이념적 정체성이 모호하고 지역 할거적 구도가 잔존하는 상황에서 3김씨와 같은 강력한 보스마저 존재하지 않을 경우 내각 책임제는 프랑스의 제3공화국 형태인 '의회 정부(assembly government)' 유형으로 전락하기 쉽다는 것이다. 따라서 내각 책임제를 도입하기 전에 먼저 정치 풍토 쇄신, 의원의 자질 향상, 정당 발전이 이루어져야 하며, 이를 위해서는 합리적인 선거제도와 효율적인 정당의 육성이 필요하다고 주장한다.[12]

---

12 · 정준표, 「정당선거제도와 권력구조의 선택」, pp.278-279.

둘째, 내각제 옹호론자들은 내각 책임제에서 합의형 정치체제가 나타날 가능성이 커서 사회 내 소수의 이해관계가 보다 잘 대표될 수 있다고 주장하나, 내각 책임제에서는 대통령제와는 달리 다수의 정당이 경쟁하는 정당체제의 파편화가 초래될 가능성이 큰데, 이처럼 파편화된 정당체제에서는 정치적 결과에 대한 책임 소재가 불분명해지면서 책임정치가 실종될 수 있다고 주장한다. 더군다나, 유권자들의 의사와는 관계없이 정치인 또는 정당들 간의 담합이 빈번해지며 결국 기존 정당이나 정치인들의 기득권을 강화하는 정당 카르텔화를 가속화할 가능성이 있다고 비판한다.[13]

셋째, 내각 책임제하에서 총리에 대한 견제 수단의 결여로 총리의 독주가 우려된다는 것이다. 단일 정당이 국회 의석의 과반수를 차지할 경우 민주적 정당성이 일원적 구조를 갖는 내각 책임제에서 총리의 강력한 권한 행사를 견제할 수단이 전혀 없게 된다는 것이다.[14]

넷째, 내각 책임제하에서 정치적인 실세가 대통령직에 취임할 경우, 헌법 규범에도 불구하고 대통령이 실질적 권한을 행사하는 이원집 정부제적(분권형 대통령제적)인 헌정 운영이 불가피할 수 있다는 것이다.[15] 제도적으로 권한과 책임이 불분명 상태에서의 분권형 대통령제적인 헌정 운영은 불필요한 대립과 갈등을 유발할 수도 있다.

---

13 정진민, 「한국 대통령제의 문제점과 극복방안」, p.232.
14 김정현, 「이원 정부제에 관한 연구」, pp.178 - 182.
15 박영상, 「한국 권력구조의 개선에 관한 연구」, 연세 대학교, 2006.

제3절 제6공화국 정부 권력구조 보완론

제6공화국 헌법을 개정하지 않고, 제6공화국 권력구조에서 나타난 문제점을 해결해 보려는 시도는 두 가지 형태로 나타난다. 하나는 제6공화국 헌법의 해석·운용을 통해 권력구조를 분권형 대통령제적으로 운영할 수 있다는 것이고, 다른 하나는 선거제도와 정당법 등 중간수준의 정치제도를 개선하여 헌법에 나타난 대통령제 정부형태가 실질적으로 작동할 수 있도록 한다는 것이다. 이들 주장에 대한 견해는 다음과 같다.

1. 책임 총리제론

제6공화국 헌법에 규정된 국무총리제를 통해 헌법의 개정 없이 동 헌법을 책임 총리제 형태로 운영할 수 있다는 것이다. 그러나 책임 총리제로 운영되기 위해서는 대통령이 국무총리에게 실질적인 권한을 주고, 국무총리의 임명과 해임에 있어 국회의 의견을 존중한다는 것이 전제된다. 따라서 의회와 대통령의 갈등을 해소하기 위한 제도적 장치가 없는 상황에서 대통령과 총리의 권한 확정이 전적으로 정치적 타협에만 의존해야 한다는 점에서 제6공화국 헌법을 분권형 대통령제로 운영하기에는 문제가 있다. 즉 대통령의 자의적 판단과 국정 운영 방식에 좌우되는 조건에서 야당이 책임 총리제의 제안을 수용할 수 없다.

제6공화국 헌법 66조 4항의 '행정권은 대통령을 수반으로 하는 정부에 속한다.'는 규정과 88조 2항의 '국무총리는 대통령을 보좌하며, 행정에 관하여 대통령의 명을 받아 행정각부를 통할한다.'는 규정은 제6공화국 헌법이 분권형 대통령제적으로 운영될 수 없는 결정적 요인이며, 현재까지 어느 정부도 분권형 대통령제적으로 운영된 적이 없다고 보는 시각도 있다. 동 견해에 따르면 권력구조가 분권형 대통령제로 작동하기 위해서는 개헌이 필요하다.

책임 총리제에 대한 논의는 1997년 신한국당 당시 대통령 경선 주자들이 제시한 여러 갈래의 권력 분산론에서 찾는 견해가 있다.[16] 당시 제기되었던 경선 주자들의 주장과 현재까지 정치권에서 거론된 책임총리제 관련 사항을 정리하면 다음과 같다.

박찬종 고문은 총리가 실질적인 각료 제청권 행사를 통해 내각을 구성, '책임 내각제' 형태로 운영해 나가야 하고, 구체적으로 중요한 국정행위에 대한 총리의 부서권을 강화하여 실질적인 결재권과 거부권을 부여하고 대신 국정에 대한 법적·정치적 책임을 동시에 부여해야 한다는 주장했다. 이홍구 고문은 총리를 당 소속의 원들이 선출해 각료 제청권과 내각 통할권을 부여하여 대통령은 외교 안보 분야에 전념하고, 내정은 총리에게 맡기되 책임을 지도록 해야 한다고 주장했다. 최병렬 의원은 국무총리가 실질적인 여권의 2인자가 되도록 해야 한다며, 대통령 선거과정에서 대통령 후보가 총리후보와 러닝메이트로 나서야 한다고 주장하였다. 이회창 대표도 책임 총리제는 현행 헌법 아래 할 수 있는 권력분담의 최대치라고 보았다. 이 대표는 권력구조 개편과 관련 책임총리제에서

---

16 김광선, 「분권형 대통령제에 관한 연구」, 『중앙법학』 제6권 1호, 2004, pp.20-23.

한발 더 나아가 자민련이 요구하고 당내 민정계 중진들도 거론중인 순수 내각제까지는 가지 못하더라도 이원집 정부제(분권형 대통령제) 형태의 프랑스식 대통령제 도입은 가능하고, 우리의 정치 현실에 맞는다고 보았다. 그러나 한나라당 경선 과정에서 논의되었던 다양한 안들은 구체적이고 체계적인 내용으로 발전하지 못했다. 선거 후에는 그 논의조차 사라져 버렸다.[17]

김대중 정권하에서도 한나라당의 반대로 DJP가 합의했던 의원내각제를 포기하는 대신 총리 위상을 높임으로써 분권형 대통령제가 논의되기 시작하였다. 의원 내각제를 포기하는 대신 의원 내각제적 요소가 많은 제6공화국 헌법에 따라 대통령과 총리가 국정을 분담한다는 것이었다.

노무현 대통령은 2003년 4월 국정연설에서 "내년 총선에서 특정 정당이 특정 지역에서 3분의 2 이상의 의석을 독차지할 수 없도록 선거법을 바꾸면, 총선에서 과반수 의석을 차지한 정당에 내각 구성 권한을 넘기겠다."고 말함으로써 책임 총리제 운영을 구체적으로 언급하였으며, 대연정을 제안하기도 하였다.[18] 2004년 민주당은 분권형 대통령제 개헌을 당헌으로 확정했다.

제6공화국 헌법하에서 책임 총리제가 이상과 같이 논의되면서도 실효를 거두지 못하고 정치적 구호로만 끝나는 양상을 보인 것은 제도적 보완이 뒤따르지 못했기 때문이라는 분석이 있다. '책임 총

---

17 김용복, 「권력구조 개혁과 국무총리제도: 문제와 개선 방안」, 『국제 정치 연구』 제6집 1호, 2003, p.18.

18 2005년 노무현 대통령의 연정 제안에 대하여 여당 내에서도 찬·반 양론이 있었고, 한나라당은 노무현 – 박근혜 회동에서 연정 거부의사를 명확히 한 바 있다. 연정에는 열린 우리당과 한나라당과 같이 제1당과 제2당이 결합하는 대연정과, 열린 우리당과 민주당 혹은 민주 노동당이 결합하는 소연정이 있다.

리제'로 운영될 수 있도록 하기 위해서는 총리의 임기를 보장하고 권한 배분을 법제화하여 총리의 지위와 역할을 보장해야 한다는 것이다.[19] 구체적인 내용은 다음과 같다.

첫째, 임명된 총리는 임기를 보장하여 대통령의 임의에 의해 해임당하는 일이 없도록 해야 한다는 것이다. 인사 청문회를 활용하면 국회에서 여야당의 동의를 이끌 수 있는 인물이 총리로 임명될 수 있는데, 이때 총리의 자질은 지도자로서의 도덕성과 행정의 전문성이 요구되며, 정치적 인물은 회피되는 것이 바람직하다고 주장한다.

둘째, 총리는 순수한 행정총리로서 대통령을 보좌하며, 일정한 권한 분담을 제도화하는 것이 요구된다는 것이다. 권한 분담에는 대통령의 결단과 의지가 필요하며, 가능하다면 정부 조직법이나 가칭 '국무총리 지위와 권한 행사에 관한 법률'과 같은 특별법의 제정을 통한 법제화가 필요하다고 주장한다.

셋째, 총리의 역할 분담과 확대에 관련된 문제인데, 외치와 내치의 역할 분담보다는 국정 운영과정에서 총리에게 인사와 예산에 대한 참여의 기회를 넓히는 것이 실질적인 총리의 역할을 확대할 수 있으며, 중요 정책 외에는 대통령에게 과중된 업무를 적절히 총리에게 분담시키는 것이 국정의 효율을 제고할 수 있다고 주장한다. 넷째, 총리에게 국무위원의 실질적인 임명 제청권과 해임 건의권이 인정되어야 한다는 것이다.

다섯째, 관행이었던 당정 간의 협의를 폐지해야 한다는 것이다.

---

19 김용복, 「권력구조 개혁과 국무총리제도: 문제와 개선 방안」, 『국제 정치 연구』 제6집 1호, 2003, pp.18-21.

당정 간의 협의 제도는 의회와 행정부의 견제와 균형보다는 행정부와 여당을 동일시하게 되어 야당과의 대립을 격화시킬 가능성이 높다는 것이다. 즉 정치총리에서 행정총리로서의 역할전환이 책임총리제가 될 수 있는 조건이라는 것이다.

이상에서 살펴본 것처럼 헌법의 개정이 없이 책임 총리제를 실시하는 데에는 총리의 임기보장, 총리의 실질적 권한 분담에 대한 대통령의 결단, 총리의 국무위원 제청·해임에 대한 대통령의 존중 등 많은 전제 조건과 제약이 따른다. 따라서 실질적인 분권형 대통령제로의 운영이 필요하다고 하다면, 본서에서 대안적 정부 권력구조로 제시하고자 하는 분권형 대통령제로 헌법을 개정하는 것이 타당하다고 본다.

2. 중간수준 정치제도의 보완론

한국 정치의 문제점을 정부형태보다는 정당제도, 선거제도와 같은 중간수준의 정치제도적인 문제에서 접근하려는 것이다. 현재의 정부형태인 대통령제와 중간수준의 각종 정치제도들과의 조응성을 검토할 뿐만 아니라, 중간수준 정치제도 간의 조응성 그리고 하위 제도들 간의 조응성도 함께 검토하자는 것이다. 일종의 다층적인 조응성을 검토하여 제도 상호 간에 최적의 효율성 낼 수 있도록 정치제도를 조정하자는 주장이다.

제6공화국하에서 보편적으로 발생하는 분점정부의 문제를 해결하기 위한 방편으로 대통령 선거와 국회의원 선거 일정을 조정해야 한다는 것이다. 앞서 지적한 것처럼 허니문 선거의 경우, 유권자들은 대통령을 당선시킨 정당의 후보에게 투표할 가능성이 높고, 정치인들의 경우도 대통령 선거에서 승리할 가능성이 높은 정당들을 중심으로 재편되어 승리의 가능성이 높은 두 당을 중심으로 양당제를 유도하는 효과가 있다는 것이다.[20] 그러나 6공화국 헌법하에서 대통령의 임기는 5년, 국회의원의 임기는 4년인 관계로 권력구조 개편을 위한 헌법 개정은 아니더라도, 대통령의 임기와 관련한 헌법이 개정이 없이는 두 선거 간 선거 일정을 조정하는 것이 어렵게 되어 있다.

선거구제와 관련해서는 단순 다수 대표제와 병행한 현재의 소선거구제를 그대로 유지하는 것이 바람직하다고 주장한다. 듀베르제(Duverger)의 법칙에 의하면 소선거구제에서 단순 다수 대표제를 채택할 경우, 거대 정당에 유리하게 되어 정당체제가 양당제로 유도되는 측면이 있기 때문이다. 노무현 정부에서 채택된 1인 2표 정당 명부식 비례 대표제의 효과를 충분히 살리기 위해서는 비례 대표 의석수를 높여야 하지만, 소수 정당들의 난립을 억제하기 위해서는 비례 대표제에 기초한 의석 배분에 참여할 수 있는 여건을 일정 수준 이상으로 유지할 필요가 있다고 주장한다.[21]

비례 대표제에서 의석 배분에 필요한 최소 득표율을 규정한 국가들의 예는 다음과 같다.

---

20 정진민, 「한국 대통령제의 문제점과 극복 방안」, p.243.
21 정진민, 「한국 대통령제의 문제점과 극복 방안」, p.247.

<표 7> 비례 대표제에서 의석 배분에 필요한 최소 득표율 예

국가별	최고치	적용형태
독일연방공화국	5%	전국(또는 의석수 3 이상)
스웨덴	4%	전국(또는 선거구에서 12%)
스페인	3%	선거구
이스라엘	1%	전국
스리랑카	12.5%	선거구
리히텐슈타인	8%	
덴마크	2%	전국과 제2차 분배과정
아르헨티나	3%	선거구
볼리비아	5 - 12%	선거구 크기에 따른 등급화

출처 : D. Nohlen, Wahlrecht und Parteiensystem, p.77.
이규영, 「독일의 권력구조」, 국제 평화 전략 연구원, 『한국의 권력구조 논쟁』(서울 : 풀빛, 1997), p.393에서 재인용.

분점정부의 출현을 막는 데 대통령 선거에서 결선 투표제를 도입하는 것이 도움이 된다는 주장도 제기된다. 결선 투표제를 도입하면 2차 투표에서 다양한 세력들 간에 합종연횡이 이루어지고, 그 과정을 통해서 대통령의 연합이 과반수를 획득하고, 총선에서도 이 연합이 과반수 의석을 얻을 가능성이 크다는 이유에서이다.

제6공화국 헌법하에서 여러 번에 걸친 정당 개혁이 시도되었다. 특히 2001년 말부터 시작된 당 총재직의 폐지, 대통령 후보와 당대표의 분리, 대통령 후보 선출을 위한 상향식 국민 경선제의 채택 등은 3김시대 이후의 한국 정당들의 변화를 예측하게 하는 괄목할 만한 변화로 보인다. 정치 자금법도 많이 바뀌었는데, 정당정치로의 변화를 더 촉진시키기 위해서는 현재의 정치 자금 제도가 더 바뀔 필요가 있다는 주장이 제기되고 있다. 우선 원내 교섭 단체에게 균등하게 배분하는 기본비율, 의석비율, 득표비율 형태로 되어 있는 현재의 국고 보조금 배분 방식을 기본적으로 득표 비율에 기초한 배분으로 바꿀 필요가 있다는 것이다. 뿐만 아니라, 국고 보조금 배정에 있어 소액 당비 납부율제를 채택해 진성 당원에 기초한 정당으로 유도할 필요가 있다는 것이다. 그리고 대선과 총선 및 3대 지방선거에 대한 선거자금 국고 보조금도 의원들의 자율성 확보를 위해 후보자들이 속한 정당을 경유하지 않고 후보자 개인에게 직접 지급하도록 하며, 이 보조금 또한 마찬가지로 소액 정치 자금을 모금한 액수에 비례하여 지급할 필요가 있다는 것이다.[22]

이상에서 언급한 중간수준의 정치제도 보완을 통해 문제를 해결하자는 주장들은 권력구조를 바꿔야 하는 다른 제안들과 비교할 때 사회적 비용을 줄일 수 있는 합리적인 방안이라고 여겨진다. 그러나 중간수준의 정치제도 보완을 통해서 문제점을 해결하는 데에는 한계가 있고, 또 이러한 다층적 정치제도 간의 조응성의 문제는 어떠한 권력구조를 채택한다고 하더라도 반드시 고려되어야 할 사항이다. 다시 말하면, 정부형태를 결정한 다음에 고려될 수 있는 사항들이라는 점이다. 권력구조라고 하는 정부형태가 우선적으로 결정되지 않고서는 논의될 수 없는 성격이라는 점에서, 제6공화국의 대통령제 정부형태를 전제로 한 논의들이라고 볼 수 있다.

---

22 정진민, 「한국 대통령제의 문제점과 극복 방안」, p.246.

■■■ 제5장 대안적 政府 權力構造의 모색 : 분권형 대통령제

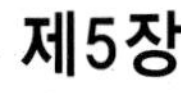

대안적 정부 권력구조 논의들 중에서 책임 총리제가 비교적 구현성이 있어 보이나, 제도적으로 총리의 위상과 권한이 뒷받침되지 않으면 야당이 수용할 수 없기 때문에 책임 총리제를 확실히 하기 위해서는 분권형 대통령제로 헌법을 개정하는 것이 바람직하다.

분권형 대통령제가 다른 대안적 권력구조에 비해서 갖는 장점과 분권형 대통령제를 채택해야 하는 이유를 요약하면 다음과 같다. 첫째, 역사적으로 한국은 대통령 중심 혼합제를 운영해 온바, 분권형 대통령제로의 변환이 순수 대통령제 또는 순수 내각 책임제로의 변환보다 충격과 사회적 비용이 적게 든다. 둘째, 대통령제나 권한이 집중된 내각 책임제하에서 발생하는 승자의 권력 독점문제를 해결함으로써 여야 간의 극심한 갈등에서 야기되는 교착상태를 제도적으로 해소할 수 있다. 셋째, 다당제하에서는 정파 간 권력의 공유가 필요한데, 이를 가능하게 하는 제도적 장치가 분권형 대통령제이다. 넷째, 다당제하에서는 대통령제하의 분점정부보다 분권형 대통령제하의 동거정부가 더 효율적이다. 다섯째, 프랑스에서 분권형 대통령제를 채택한 이후 예상치 못한 효과로서 정당제도가 발전했다.

따라서 본 장에서는 한국 정치에 적실한 분권형 대통령제의 구체적 운영을 중심으로 기술하고자 한다. 이원집 정부제의 권력구조를 의미하는 다양한 명칭 중에서 분권형 대통령제를 채택한 배경은 다음과 같다. 기존 이원집 정부제와 관련한 명칭들을 3가지 기준을 적용하여 분류해 보면, 첫째, 권력의 분산이란 측면에서, '이원집 정부제(혹은 이원 집정제 혹은 이원 정부제), 분권형 대통령제, 분할 집정제, 대통령 중심 책임 총리제' 등으로 불리며, 둘째, 의회주의를 강조하는 측면에서, '대통령 중심 내각 책임 의회제'라 불리고, 셋째, 실질적 운영 측면에서, '대통령 중심 내각 책임 예비제(동거정부 시)' 혹은 '대통령 중심 내각 책임 병행제(단점정부 시)'로 불릴 수 있다.

첫 번째 분류 방식에서 이원집 정부제와 분권형 대통령제가 다른 명칭보다 보편화되어 있는데, 이 중에서는 분권형 대통령제가 권력구조 분류 원칙에 더 타당해 보인다. 대표적 권력구조 유형인 대통령제와 내각 책임제의 배경이 공화제와 군주제였다는 것을 고려하면, 분권형 대통령제라는 명칭에는 공화제의 의미가 내포되게 되는 것이다. 즉 분권형 대통령제라는 명칭에는 권력 분산을 의미하는 분권형과 정체를 의미하는 대통령제가 함께 내재하기 때문에 단순히 권력의 분산적 의미만을 갖는 이원집 정부제라는 용어보다 함의적이라는 것이다.

다음으로 권력의 분산을 중시할 것인가 아니면 실질적인 의회의 의석 분포에 따라 나타나는 현상을 중시할 것인가에 따라 분권형 대통령제와 대통령 중심 내각 책임 예비제(병행제) 중 하나를 선택할 수 있다. 그런데 분권형 대통령제가 대통령 중심 내각 책임 예비제(병행제)에 비해 포괄적으로 사용될 수 있는 장점이 있다. 즉 분권형 대통령제를 대통령 중심 분권형 대통령제와 총리 중심 분권형 대통령제로 분류하면, 현존하는 각국의 혼합제 형태를 이 기준에 따라 분류가 가능하다.

프랑스의 경우, 단점정부 시에는 대통령 중심 분권형 대통령제로 운영되며, 동거정부 시에는 총리 중심 분권형 대통령제로 운영되므로 분권형 대통령제로 분류할 수 있고, 동시에 동거정부 시의 특성을 살려 대통령 중심 내각 책임 예비제로도 분류할 수 있다. 그러나 프랑스와는 달리 헌법에 대통령의 권한과 총리의 권한을 명확히 규정한 다른 이원집 정부제 형태의 국가들의 경우는 대통령제와 내각 책임제가 의회의 의석 분포에 따라 교체되어 나타나는 제도가 아니기 때문에, 대통령 중심 내각 책임 예비제로 부를 수 없다. 즉 총리에게 권한이 집중된 오스트리아의 경우는 총리 중심 분권형 대통령제로, 대통령에게 실질적인 권한을 부여하고 있는 핀란드는 대통령 중심 대통령제로 분류가 가능하나, 대통령 중심 내각 책임 예비제라고는 부를 수 없다. 이와 같이 대통령 중심 내각 책임 예비제는 특수 상황에서만 제한적으로 사용될 수 있다는 점에서, 본서에서는 이원집 정부제의 개념으로 '분권형 대통령제'를 채택했다.

1. 분권형 대통령제의 유형

분권형 대통령제의 유형은 두 가지 차원에서 결정된다. 하나는 헌법에서 대통령과 총리의 권한을 명백히 규정하여 어느 한쪽에 우월적 권한을 인정한 경우이고, 다른 하나는 대통령과 총리의 위상이 의회의 의석에 따라 가변적으로 권력의 중심이 바뀌는 경우이다. 헌법상의 규범을 중심으로 보면, 프랑스, 루마니아, 폴란드 등은 대통령 중심 분권형 대통령 국가이고, 오스트리아, 그리스, 아일랜드 등은 총리 중심 분권형 대통령 국가라고 볼 수 있다.[1] 대통령 중심 분권형 대통령 국가에서 동거정부가 발생하면, 대통령과 총리의 권력관계는 균형을 이룬다.

그러나 분권형 대통령제의 특성인 가변성과 유연성으로 인하여 특정 시기에는 대통령이 총리에 비해 주도적으로 정국을 주도하다가도, 어떤 시기에는 반대로 총리가 정국을 주도해 나가는 경우가 있었다. 이처럼 분권형 대통령제는 정치적 상황, 대통령과 총리의 리더십, 대통령과 총리를 중심으로 한 정파 간의 세력 관계, 의회 내의 역학 관계에 따라 실제적인 운영 형태가 대통령 중심 분권형 대통령제로 때로는 총리 중심 분권형 대통령제로 교체되면서 나타난다. 즉 분권형 대통령제의 유형은 대통령의 지위와 권한의 정도, 대통령과 총리의 관계, 대통령과 의회의 관계에 따라 대통령 중심

---

1 황태연, 박명호, 『분권형 대통령제 연구』(서울: 동국대 출판부), 2003, p.55.

분권형 대통령제와 총리 중심 분권형 대통령제로 나눌 수 있다.[2] 본서에서는 가변형 분권형 대통령제를 중심으로 분석한다.

2. 분권형 대통령제의 조직 운영 원리

대통령제와 내각 책임제의 혼합제로서 분권형 대통령제는 국민의 직접선거로 선출된 대통령과 의회라는 두 개의 국민적 정통성을 갖는 기구가 권력을 공유하게 된다. 즉 행정부는 국가 원수로서 일정하게 실질적 권한을 갖는 대통령과 의회 앞에 정치적 책임을 지는 총리를 중심으로 이원적 구조를 갖게 된다. 분권형 대통령제는 기본적으로 다음의 3가지를 본질적 요소로 한다.

첫째, 대통령은 국민이 직접 선출하는 것을 원칙으로 한다.
둘째, 대통령은 국가 원수로서 상당한 실질적인 권한을 갖는다.
셋째, 총리와 내각은 행정권을 갖고 대통령을 견제하며, 의회의 신임에 의존한다.[3]

---

2 1980년도 '헌법 연구반 보고서'(서울, 법제처, 1980, pp.223－244)에서는 여론의 민감한 반응 때문에 이원집 정부제라는 용어를 피하는 대신 '절충형'이라 칭했는네, 동 모고서에서는 절충형 정부형태를 3가지로 분류했다.
(1) 제1 절충형(의원 내각제에 대통령제적 요소가 가미된 정부) : 그리스 헌법과 1961년부터의 터키헌법.
(2) 제2 절충형(대통령제에 의원 내각제적 요소가 강하게 가미된 정부) : 오스트리아 헌법과 핀란드 헌법.
(3) 제3 절충형(대통령제에 의원 내각제적 요소가 다소 가미된 정부) : 프랑스 헌법.

3 김철수, 『한국헌법사』(서울: 대학출판사, 1988), p.607.
이원집 정부제의 개념을 처음 소개한 헌법학자 김철수는 이원집 정부제의 본질적 요소로 첫째, 대통령의 의회에 대한 독립성, 둘째, 의회에 책임지는 내각, 셋째, 국가 긴급 시 대통령이 총리와 국무위원의 부서 없이 행정권을 행사할 수 있는 점을 들었다.

분권형 대통령제의 본질적 요소라고는 볼 수 없지만, 분권형 대통령제를 구성하는 주요 조직 운영 원리로 대통령의 의회 해산권과 대통령의 국가 긴급권을 포함시킬 수 있다.

분권형 대통령제의 조직 운영 원리를 도표로 표시하면 다음과 같다.

[그림 6] 분권형 대통령제 조직 운영 원리

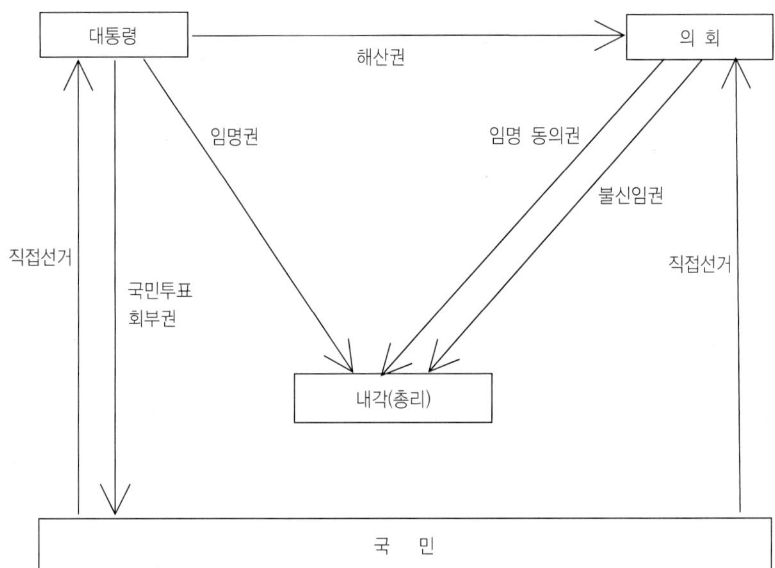

* 대통령이 총리를 임명하는 것으로 헌법에 규정되어 있으나, 의회가 임명 동의권을 행사하기 때문에, 대통령은 실질적으로 의회 다수당에서 선임하는 자를 총리로 임명하게 된다.

* 의회가 대통령을 견제하는 수단으로 대통령에 대한 탄핵권이 부여되나, 이는 대통령제에서도 통상적으로 채택되기 때문에, 분권형 대통령제의 고유한 견제 장치라 볼 수 없다.

분권형 대통령제를 채택하고 있는 나라들이 기본적으로 위에서 언급한 3가지 본질적 요소를 가지면서 헌법상 유사한 규정을 갖고 있음에도 불구하고, 듀베르제(Duverger)가 지적한 것처럼 실제로는 나라마다 상황에 따라 다르게 운영된다. 그러한 운영상의 차이는 헌법의 실제적 내용뿐만 아니라 전통과 환경적 요인, 의회 내 과반수 구성, 그리고 의회와 대통령의 관계 등 다른 변수와 관계가 있다.[4] 한국에서도 중요한 정권 변동기, 특히 정권 교체 또는 승계 문제가 대두되었던 시기에는 분권형 대통령제가 검토되었는데, 시기별로 다소 차이를 보이는 것도 같은 맥락에서 이해될 수 있다.[5]

---

4 이계희, 「이원집 정부제의 한국적 운용」, 『사회과학 논총』 제9권(1998), p.258.

5 이계희, 「이원집 정부제의 한국적 운용」, pp.265 – 270.
분권형 대통령제와 관련해 그동안 정치권에서 있었던 구상들을 정리하면 다음과 같다.
(1) 이재학 구상
정권 승계의 문제를 내각제적 이원집 정부제로의 개헌을 통하여 풀어 보려는 최초의 시도로, 1959년 이승만 대통령이 이후에 대비하려는 자유당 온건파와 야당이었던 민주당 구파 간의 개헌 협상과정에서 자유당 국회 부의장 이재학과 민주당 측 원내총무 유진산 간에 국무총리제를 부활시키고 민주당의 내각제를 수용하는 절충식 내각 책임제로 불렸던 이원집 정부제에 대한 논의가 있었다. 자유당 온건파와 민주당 구파의 정략적 구상에서 대통령 이승만, 국무총리 조병옥 체제로 추진되던 이재학 안은 자유당 강경파의 저항으로 백지화됐다.(민관식 1964, 조세형, 1983, 고흥문 1990)
(2) 김성곤 구상
제3공화국하에서 박정희 대통령 이후 정권승계 준비로서 이원집 정부제 개헌시도가 민주 공화당 주류였던 '4인체제'의 핵심이었던 김성곤에 의해 주도됐다. 즉 박정희 대통령을 계속 국가원수로 옹립하면서 국무총리를 행정수반으로 하는 절충식 내각 책임제로서 이원집 정부제를 구상했었다. 그러나 정권 승계 전략으로 나왔던 김성곤 구상은 4인체제의 몰락과 1972년 유신체제의 등장으로 백지화됐다.
(3) 6인 학자 안
10 · 26 사태 후 유신헌법 개정 논의 과정에서 정부가 준비했던 개헌안, 서울 변호사회의 개헌안, 그리고 6인 학자 개헌안이 모두 이원집 정부제적 정부형태를 제시하였다. 특히 6인 학자 안은 정략적 발상에서 제안된 것이 아니라 학자들의 순수한 제안이었다는 점에서 의미가 있고, 또 구체적인 안이 마련되었다는 것도 의미가 있다. 당시 6인 학자는 정치학자 3인(양호민, 장을병, 한정일)과 헌법학자 3인(김철수, 양건, 임종률)로 구성되었다(김철수, 1988a: 395)
6인 학자 안의 주요 내용은 다음과 같다.
1) 국회의 정부(내각) 불신임 결의권, 국정 감사권, 국정 조사권 및 정부의 연대 책임을 규정했다.
2) 대통령을 직선하되 임기 6년의 단임제로 하고, 그 권한을 약화시켰다. 즉 국방회의를 두어 대통령의 국군 통수권과 국가 긴급권 행사를 견제하도록 했다.
3) 국회의 국무총리 임명 도의제와 신임 투표제를 도입하고 국무총리가 국무회의 의장이 되도록 했다.
4) 대통령, 정부, 국회의 권한을 통제할 있도록 헌법 재판소를 두었다.
(4) 민주 정의당 안
제5공화국 말기 전두환의 '포르투갈형 이원집 정부제'에 대한 신념을 바탕으로 추진된 민주 정의당안은 정권 내부의 현 집권자와 후계 예정자 간의 권력 게임이라는 측면이 있었다. 민주 정끝으로, 분권형 대통령제의 실제적인 운영은 의회의 의석에만 의존하지 않는다. 헌법 규정상의 대통령과 총리의 권한뿐만 아니라, 정당제도, 선거제도, 연립 정권의 형성 여부, 정치문화 그리고 역사적 경험 등이 결합되어 분권형 대통령제의 실제적인 운영을 결정한다.

그러면 본격적으로 분권형 대통령제에서 권력구조의 성격과 운영을 결정하는 중요한 요소들을 분석해 본다.

1) 대통령

분권형 대통령제하에서 대통령의 선출은 국민이 직접 선출하는 것을 원칙으로 하나, 총리 중심 분권형 대통령제를 실시하는 국가

의당의 개헌안은 대통령과 총리를 다 같이 국회에서 선출하여 대통령은 국가 원수와 국가 대표로서의 지위를 갖게 하고, 실질적인 집행권은 내각회의의 의장인 총리가 행사하도록 하는 것을 골자로 하였다. 또한 국회는 총리의 선출과 불신임권을 갖도록 했지만 불신임권은 총리를 선출한 날로부터 2년 이내에는 행사할 수 없도록 제한했다. 총리는 내각회의의 결의를 거쳐 대통령에게 국회 해산을 제안할 수 있는 권한을 갖도록 했으나(이때 대통령은 15일 이내에 국회를 해산해야 한다), 국회 구성 후 2년 이내에는 국회 해산 제안권을 행사할 수 없도록 제한했다(김철수, 1988a: 628 – 651, 구병삭, 1991: 315 – 336). 그러나 민주 정의당 개헌안은 1987년 민주 항쟁으로 직선 대통령제를 수용함으로써 백지화됐다.

(5) 노태우 구상
1990년 노태우 대통령에 의해 주도된 이른바 '3당 합당'과 그에 따른 정계 개편에는 내각제 개헌 구상이 중요한 매개 요인이었다. 노태우 구상안은 내각제의 정국 불안 요소를 방지하고, 동시에 대통령제의 독재적 요소를 제거한다는 명분으로 대통령은 국방·외교, 총리는 내정을 책임지는 수평적 집행권 분담 방식의 이원집 정부제 개헌을 검토했다(한동윤, 1990: 188 – 199) 그러나 김영삼의 거부와 야당의 반대로 실현되지 못했다.

(6) 김종필 구상
노태우 정권 말기 민주자유당의 대통령 후보를 경선하는 과정에서 김영삼이 대통령에 당선되며 김종필이 당무를 맡는다는 정치적 약속을 함으로써(조갑제, 1995b, 261) 일종의 이원집 정부제적 정권 운영을 기도했으나, 김종필이 15대 대통령 선거를 앞두고 당에서 퇴출됨으로써 1차 백지화됐다. 그러나 김종필이 다시 김대중과 1997년 15대 대통령 선거에서 승리하면 '공동정부'를 구성해서 이원집 정부제로 운영할 것과 15대 국회 임기 내 적어도 1999년 12월까지 내각제 개헌을 완료할 것을 문서로 합의해, 선거 결과 김대중이 대통령에 당선됨으로써 짧은 기간이나마 이원집 정부제적 정부 운영이 실험적으로 실시되다가, 개헌에 대한 약속 미이행을 이유로 공동정부에서 김종필이 떨어져 나옴으로써 역시 백지화됐다.

들에서 간선으로 선출하는 경우도 있다. 대통령을 직선하는 국가로
는 프랑스, 핀란드, 포르투갈, 루마니아, 폴란드, 오스트리아, 아일
랜드, 불가리아 등이 있으며, 대통령을 간선하는 국가는 이탈리아,
헝가리, 체코, 그리스 등이다.[6] 다당제를 실시하는 프랑스의 경우,
대통령에 당선되기 위해서는 유효투표의 과반수를 득해야 하는데,
만일 1차 투표에서 해당자가 없을 경우에는 다수자 2인을 대상으
로 결선투표를 하고 있다. 프랑스의 결선투표가 다당제를 고착시킨
다는 비판도 존재하지만, 국가 원수로서 국민적 통합을 이끌어야
하는 대통령의 역할과 관련하여 과반수를 득해야 한다는 결선투표
조항은 중요한 의미를 갖는 것으로 해석된다. 대통령의 임기와 중
임 허용 여부는 각국의 정치적 상황에 따라 다르다. 한국에서 분권
형 대통령제로 개헌을 한다면, 대통령 직선제에 결선투표를 채택하
고, 6년 단임제가 바람직하다고 본다.

분권형 대통령제하에서의 대통령은 일반적으로 외교, 국방, 안보
와 위기관리 업무를 맡게 된다.[7] 한국적인 상황에서는 민족교류와
통일의 문제가 대통령의 주요 업무에 포함되어야 할 것이다. 대통
령은 국가 수반으로서, 총리지명·임명권, 외교권과 군통수권, 비상
대권, 국민투표 부의권, 헌법 개정 발의권, 법률안 발의권 및 거부
권, 대법원장·대법관·헌법재판소장 임명권, 사면권, 대통령령 발
동권 등을 갖는다. 동거정부 시에도 외교, 국방, 통일, 안보(국정원)

---

6 황태연·박명호, 『분권형 대통령제 연구』, p.67.

7 유럽 나라들의 경우, 유럽 통합의 진전으로 사실상 국내 정책과 대외 정채 간의 차이가 애매해
  졌다. 그러나 이원정부를 설정한 법적 규정으로 국내 사안에 대해 문제가 생기는 경우에 대통
  령은 그로 인한 책임 소재로부터 벗어날 수 있다는 점에서 대통령이 이를 이용하여 정치적 책
  임을 회피할 여지가 있다. 강원택, 「권력구조와 국가 원수의 역할」, 2005.

와 관련된 인사권은 대통령의 재량 사항에 속해야 할 것이다. 국무회의 주재권은 원칙적으로 대통령에게 속한 것으로 두고, 의제가 외교, 국방, 안보와 관계없는 경우에는 총리가 주재할 수 있도록 해야 할 것이다.

분권형 대통령제하에서 의회의 해산권과 관련해서는 대통령의 독자권한으로 인정하는 경우와, 공동권한으로 인정하는 경우로 나누어 볼 수 있는데, 독자권한으로 인정하는 경우는 일반적으로 헌법상의 제한이 있는 경우가 대부분이며, 공동권한인 경우는 헌법상 제한 사유가 별도로 규정되지 않는다.[8] 공동권한이란 대통령이 총리나 내각의 제청 또는 제안에 따라 대통령이 권한을 행사하는 것을 말한다. 한국에서는 제4공화국 유신헌법에서 대통령에게 국회 해산권을 부여하였는데, 내용으로 보아서 대통령의 독자권한으로 인정한 형식이었다. 만약 분권형 대통령제를 도입한다면, 프랑스처럼 헌법상 제한 규정을 두고 대통령의 독자권한으로 인정하는 것이 바람직하다고 본다.

분권형 대통령제하에서 의회의 대통령에 대한 통제는 일반적으로 두 가지 방법에 의해 이루어진다. 첫 번째는 의회의 결의로 국민투표를 실시하여 대통령을 해임시키는 것으로 바이마르 공화국, 오스트리아, 아이슬란드가 이 방식을 채택하고 있다. 국민투표에서 대통령의 사임이 부결될 경우, 일반적으로 의회는 해산한다. 즉 의회와 대통령이 충돌하는 경우, 국민투표의 결과에 따라 의회가 해

---

8 김정현, 「이원 정부제에 관한 연구」, 서울 대학교, 2006.
　헌법상의 제한의 예를 들면, 프랑스의 경우, 의회가 구성되고 1년 이내에는 의회의 해산이 불가능하고, 포르투갈의 경우, 대통령의 임기 중 마지막 6월 이내, 계엄 또는 비상사태의 발효 기간 중에는 해산되지 않는다.

산하거나 대통령이 사임함으로써 양자 간의 갈등을 정치적으로 해결하는 제도이다. 두 번째 방법은 의회가 대통령을 탄핵소추하는 것이다. 프랑스, 오스트리아는 이 제도를 채택하고 있지만, 아이슬란드는 의회의 탄핵 소추권이 없다. 포르투갈과 핀란드는 탄핵에 대한 규정이 없다.[9]

분권형 대통령제하에서 대통령과 총리의 관계는 3가지 유형으로 나타나고 있다.[10] 첫째, 의회 의석에 의해서 양자 간 우열이 결정되는 경우로, 바이마르 공화국과 프랑스의 제5공화국이 여기에 해당한다. 대통령이 의회 다수의 의석을 확보하면 강력한 대통령제가 출현하나, 이와 반대로 의회의 과반수를 확보하지 못하면 실질적인 권한이 총리에게 이동한다.[11] 이런 유형은 정국 상황에 따라 권력의 중심이 옮겨지는 가변성을 특징으로 한다. 둘째, 점진적으로 총리의 권한이 강해지는 유형이다. 핀란드와 포르투갈에서 과거에는 대통령이 총리에 대해 우세를 나타냈으나, 최근에는 총리의 권한이 강해지는 추세가 나타나고 있다. 핀란드의 경우, 1950년대부터 1970년대까지 Kekkonnen 대통령 집권 시절 강한 대통령제적 특성을 보였으나, 그의 퇴임 후 총리의 권한이 점차 강해졌고, 1990년대에 양자 간의 균형을 보이다가, 2000년 헌법 개정으로 총리의 권한이 강해질 것으로 보인다. 포르투갈의 경우 1976년 민주화 이후 총리에게로 권력의 중심이 이동하고 있다.[12] 냉전해체라고 하는 국

---

9 김정현, 「이원 정부제에 관한 연구」, p.142.

10 김정현, 「이원 정부제에 관한 연구」, p.143.

11 강원택, 「권력구조와 국가 원수의 역할」, 한국 정치학회 춘계 학술대회, 2005.
    프랑스에서 동거정부가 출현하는 경우, 대통령의 권한은 크게 축소되어 국가 원수의 지위에 머무르게 된다. 그러나 명목상의 국가 원수에 불과한 다른 내각 책임제 국가에 비해서 프랑스 대통령은 국가 원수일 뿐만 아니라 외교, 국방 등 고유한 권한을 가지고 있다.

제 요인의 변화를 그 원인으로 보는 시각이 있다. 셋째, 약한 대통령의 유형이다. 오스트리아, 아일랜드, 아이슬란드의 대통령의 경우, 직선 대통령임에도 불구하고, 내각 책임제하의 상징적 대통령의 지위에 머무르고 있다. 한국에서 분권형 대통령제를 실시할 경우, 첫 번째 유형이 되어야 할 것이다.

〈표 8〉 유럽 주요 국가 분권형 대통령의 권한 비교

국가	선출방식	총리임명권	각료회의주재권	외교원	軍통수권	행정명령권	비상대권	의회소집해산	입법관련권한	국민투표회부권	高位판사관리軍인사권	사면권
프랑스	직선	△	◎	◎	◎	○	◎	◎	◎	○	◎	◎
루마니아	직선	△	○	○	◎	◎	◎	◎	◎	◎	◎	◎
폴란드	직선	△	◎	◎	○	○	○	◎	◎	○	◎	◎
핀란드	직선	△	○	◎	◎	○	○		○	◎	◎	◎
슬로바키아	직선	△		◎	◎		◎	◎	◎		◎	◎
불가리아	직선				◎	◎	○	◎	○	◎		◎
포르투갈	직선	△	○	○	◎		○	◎	◎	○	◎	
오스트리아	직선	△		○	◎			◎		◎	◎	◎
아일랜드	직선							○	○			
이탈리아	간선	△				◎		◎	◎	◎	◎	◎
헝가리	간선	△		◎	◎		◎	◎	◎		◎	◎

12 김정현, 「이원 정부제에 관한 연구」, pp.188 – 192.

국가	선출 방식	총리 임명권	각료 회의 주재권	외교원	軍 통수권	행정 명령권	비상 대권	의회 소집 해산	입법 관련 권한	국민 투표 회부권	高位 판사관리 軍인사권	사면권
체코	간선	△		◎	◎			◎	○		◎	◎
그리스	간선	△		○	◎	○	○	◎	○		◎	○

주 : 1) ◎는 완전한 권한, ○은 제한적, △는 상황에 따라 가변적, 빈칸은 권한 無
    2) 형식적·의전적 권한 제외
출처 : 황태연·박명호 공저, 『분권형 대통령제 연구』(서울: 동국 대학교 출판부, 2003) p.67.

2) 내각과 총리

분권형 대통령제하에서 대통령은 초당적 국가 수반으로서의 역할이 강조되는 데 반해, 총리는 기본적으로 의회의 신임에 종속된 당파적 내각 수반이면서 동시에 법리적으로는 임명권자인 대통령에 대해서도 책임을 지는, 즉 의회와 대통령 양측의 신임에 의존해 있다.

대통령과 관련하여 총리의 위상은 다음의 3가지 유형으로 변화한다.[13] 첫째, 대통령의 소속 정당이 의회 다수당이고, 대통령이 이 당의 제1인자인 경우에는 전적으로 대통령의 의지에 따라 총리가 지명된다. 비록 총리에게 제청권이 있다 하더라도 내각의 구성도 대통령이 주도하게 된다. 이 경우 분권형 대통령제는 대통령제처럼 운영되며, 총리의 위상은 약화된다. 대통령이 당내 제1인자가 아닌 경우에는 정파 간 타협에 의해 총리가 지명되며, 내각의 구성은 물론 국정 운영에서 대통령과 총리의 역할 분담이 이루어진다. 둘째, 과반수 의석을 차지한 다수당이 없거나 의회의 의석이 4-5개 이상의 다수당으로 분산되어 있는 상황에서는 대통령이 다수당의 소

---

13 황태연·박명호, 『분권형 대통령제 연구』, pp.51-55.

속이 아니라 하더라도 대통령의 총리 지명권은 상당한 정도의 영
향력을 발휘한다. 여러 정당이 단합하여 총리 불신임 투표에서 행
동통일을 이루기가 어렵기 때문이다. 셋째, 야당이 과반수의 다수
당이 된 경우에는 대통령은 불가피하게 야당 대표를 총리로 지명
해야 하며, 이때의 총리는 동거정부의 총리로서 국정을 주도할 수
있다. 총리는 외교, 국방, 안보 관련 장관을 제외하고 실질적인 내
각의 조각권을 가지며, 대통령과 총리 측 인사들이 뒤섞인 '거국
내각' 또는 '대연정'과 유사한 형태로 국정이 운영된다. 분권형 대
통령제하에서 대통령과 총리의 위상은 대통령제하의 양자 간 관계
와 비교될 수 없다. 총리의 입지가 가장 유력한 경우에도 총리가
대통령의 지위를 넘볼 수 없는 것과 마찬가지로, 총리가 가장 취약
한 경우에도 대통령이 총리의 고유권한을 형해화할 수 없다는 것
이다.

분권형 대통령제하에서 의회가 총리를 견제하는 수단은 내각 불
신임권이다. 아일랜드와 아이슬란드의 경우처럼 내각 불신임권을
인정하지 않는 경우도 있으나, 대다수의 분권형 대통령제를 채택한
국가들은 내각 불신임권을 채택하고 있다. 아이슬란드의 경우 의회
가 총리를 견제할 수 있는 수단은 탄핵 소추에 한한다. 분권형 대
통령제하에서 총리는 의회의 지지를 얻지 못하면 의회의 해산을
대통령에게 제청할 수 있다.

한국에서 분권형 대통령제를 채택했을 경우, 실질적인 내각의 운
영에 대해서는 단점정부와 분점정부를 나누어서 검토할 수 있다.14
단점정부에서의 국정 운영은 두 가지가 가능하다. 첫 번째 방식은

---

14 김정현, 「이원 정부제에 관한 연구」, p.192.

대통령은 국방, 통일, 외교, 안보의 업무를 수행하고 헌법기관을 구성하는 일과 개혁 과제 가운데 '대통령 프로젝트' 또는 '대통령 프로그램'을 수행하는 일에만 집중하고 나머지 일상적인 행정 업무는 국무총리가 중심이 되어 행정 각부를 관장하는 것이다. 두 번째 방식은 총리를 더욱 활용하는 방식으로 국정의 2인자로 전문가를 발탁하여 총리에게 전폭적인 권한을 위임해 독자적인 결정을 할 수 있는 여건을 조성하여 관계부처 장관의 임명권도 실질적으로 보장해 주는 것이다. 단점정부하에서 첫 번째 혹은 두 번째 방식 중 어느 것을 선택할 것인가는 대통령의 통치 스타일에 달려 있다.

동거정부의 경우에는 단점정부에서와 같은 국정 운영은 기대하기 어렵다. 동거정부에서 대통령과 총리의 업무 분담이 명확하지 않은 점이 이미 프랑스 5공화국 정부에서 단점으로 지적되고 있다. 동거정부의 구성에 대비해 현행 부총리제를 폐지하고 내각에 '팀제 시스템'을 도입해 팀별로 선임 장관을 두고, 동거정부 구성 시 대통령과 총리 간에 합의를 통해 분야별로 나누어진 행정부처 팀을 가각 관장하게 함으로써 업무 영역에 대한 논란을 불식시킬 필요가 있다.

3) 건설적 불신임제

제2차 세계대전 이후 1949년 독일 연방 공화국이 수립되고 지금까지 어떤 정당도 단독으로 정권을 잡은 일이 없다. 모두 연립 정권 형태로 정권을 유지하였는데도 현재까지 역대 총리는 8명에 불과하고 재임 기간은 평균 9년을 넘는다.[15] 역대 총리들은 국정의 최고 책임자로서 강력히 정책을 추진해 비슷한 시기에 출범했으면서도 잦은 불신임에 따른 정권 교체로 국민들의 염증을 불러온 이탈리아와 비교된다.

독일의 헌법인 기본법이 총리의 우위를 규정하고 총리가 단독 결정으로 정책을 집행할 수 있는 근거를 제공한 원인도 있지만, 의원 과반수의 지지를 받은 후임 총리가 합의되지 않은 상태에서 현 총리를 불신임할 수 없도록 규정한 건설적 불신임제도로 총리가 안정적으로 내각을 이끌 수 있었기 때문에 가능했다.

한국에서 분권형 대통령제를 채택할 경우, 내각 책임제에 대한 경험 부족과 낮은 정당의 제도화 수준, 지역주의와 비례 대표제 채택에 따른 다당제, 엄격한 당 규율 그리고 타협문화의 부재로 총리와 내각에 대한 불신임이 빈번할 수 있다. 따라서 분권형 대통령제 채택과 동시에 건설적 불신임제도도 함께 도입할 필요가 있다.

일부 분권형 대통령제 국가들의 경우 대통령을 의회에서 선출하고 또 해임 의결도 허용하는 경우가 있는데, 이럴 경우 총리뿐 아니라 대통령의 해임의결에도 건설적 불신임제도를 도입할 필요가 있다.

---

15 독일 역대 총리 연정 형태 콘라트 아데나워 수상(기민련) 1949 – 1963 자민당 등 3개 정당 연정(1949 – 1953), 사민당, 자민당(1953 – 1957), 독일당(1957 – 1961), 자민당(1961 – 1963) 루트비히 에르하르트(기민련) 1963 – 1966 자민당 쿠르트 게오르크 키징거(기민련) 1966 – 1969 사민당(*대연정) 빌리 크란트(사민당) 1969 – 1974 자민당 헬무트 슈미트(사민당) 1974 – 1982 자민당 헬무트 콜(기민련) 1982 – 1998 자민당 게르하르트 슈뢰더(사민당) 1998 – 2006 녹색당 메르켈(기민당) 2006 – 현재 사민당, 기사당.

3. 정당체제와 분권형 대통령제

1) 다수제 민주주의와 합의제 민주주의

레이파트는 현대 민주주의 모델을 다수제 민주주의(majoritarian model of democracy)와 합의제 민주주의(consensus model of democracy)로 구분하였다. 다수제 민주주의는 동질적인 사회에 적합하고 거기서 최고의 기능을 발휘한 반면, 합의제 민주주의는 다원적 사회에 적합하다. 웨스트 민스트 체제로 불리는 영국의 경우 양당제와 다수제 민주주의에 바탕하고 있고, 서유럽 국가들은 다당제와 합의제 민주주의에 기초하고 있다. 한국 사회는 동질적인 사회로서 권위주의 정권 시절에는 다차원적인 정당체제보다 양당제에 가깝게 운영되었고, 다수제 모델이 일반적으로 적용되어 왔다고 볼 수 있다. 권위주의 시대에 선거제도는 소선거구제 단수 다수대표제로서 승자가 모든 것을 가져가는 승자 독식의 정치문화로 다수제 민주주의와 연관되어 있다. 그래서 한국에서는 민주주의란 바로 다수에 의해 결정되는 다수제 민주주의 모델과 동일시되어 왔다.

그러나 제6공화국 민주화 이후 지역주의 정당의 등장과 비례 대표제 도입으로 다당제 정당체제에 진입하였고, 후기 산업사회의 정당 특성상 더 이상 한국 정치에서 양당제를 기대하기 어렵게 되었다. 이제 한국에서도 다수제 민주주의는 한계 상황에 부딪히고 합의제 민주주의로 전환해야 한다는 주장이 제기되고 있다.[16] 정치권에서 화두가 되었던 소위 상생 정치의 대안으로 합의제 모델이 제

---

16 선학태, 『민주주의와 상생 정치』(서울: 다산 출판사, 2005).

시되고 있으며, 합의제 모델에서는 권력의 분점과 공유 그리고 협상과 타협이 전제되고 있다. 합의제 민주주의 주장자들은 지금까지 한국의 정치개혁이 정치적 효율성이나 투명성을 높이는 데 있어서는 어느 정도 성공을 거두고 있으나, 한국 민주주의가 정치적 갈등을 필연적으로 수반하는 다수제 모델을 고수하고 있는 한 사회적 균열과 정치적 갈등은 갈수록 고착된다고 생각하고 있다.

본래 권력구조와 선거제도 그리고 정당제도는 상호 연관성을 가지고 있다. 그리고 이들 제도들 간의 조응성이 정치체제의 효율성을 결정한다는 것은 여러 번 지적되었다. 즉 정치체제의 효율성과 대표성은 그 사회에 적실한 권력구조 – 정당체제 – 선거제도 간 최적의 조응이 있을 때 최대한 발휘된다는 점에서 대안적 권력구조의 선택도 이들 제도 간의 상호 관련성에 입각해서 검토되어야 한다. 일반적으로 양당제 대통령제와 양당제 의회제하에서는 다수제 민주주의가 효율적으로 운영되고, 다당제 의회제하에서는 합의제 민주주의가 안정적으로 운영된다. 그런 점에서 분권형 대통령제는 그 출발이 다당제를 운영하는 서유럽 국가들에서 시작되었고 정치권력구조의 한 형태로서 정착되고 있다는 사실에서 알 수 있듯이 기본적으로 합의제 민주주의와 어울리는 권력구조라 볼 수 있다.

2) 양당제와 다당제

사르토리(G. Sartori)는 정당의 수가 정치체제의 중요한 특질을 직접적으로 표현하고 가시도가 높으며, 자연적 단절점을 제공해 준다는 점에서 유용하다고 보고 정당의 수를 기준으로 7개의 범주로 분류하였다. 우선 경쟁적 체계의 정당으로 일당 우위제, 양당제, 온건 다당제, 분극 다당제 그리고 원자화된 정당제로 구분하였고, 비경쟁적 체계의 정당으로 일당제와 패권 정당제로 구분하였다. 자유 민주주의 국가들에서는 경쟁적 체계의 정당체제에서 양당제와 온건 다당제의 양상으로 나타나고, 일본의 경우 예외적으로 일당 우위제가 나타나고 있다.

양당제는 두 정당이 절대 다수 의석을 위해 경쟁하며, 실제로 어느 한 정당이 과반수 획득에 성공하여 단독 정권을 형성하고 양당 간의 정권교체가 일어나거나 일어날 것이라는 기대를 가질 수 있는 체제이다. 경쟁이 구심적이고 이데올로기 거리가 크지 않다. 영국, 미국, 뉴질랜드가 이에 속하며, 다수제 민주주의 형태를 갖고 있다. 비록 영국과 미국은 모두 양당제를 채택하고 있지만, 양국의 정당 운영 방식은 크게 다르다. 미국의 정당조직은 지방 차원에서는 비교적 강하고 동질적이지만, 주 차원에서는 통제력이 월등히 약해지고, 전국 차원에서는 당의 규율이 더욱 약해진다. 이러한 정당체제에서 미국의 대통령제는 의회에서 정당 간의 싸움이 아니라 행정부와 의회의 견제라는 본래의 권력 분산 시스템이 작동하고 있다. 영국의 양당제도는 경성정당으로서, 의회에 진출한 당원들의 투표를 효율적으로 규율할 수 있는 정당제도이다. 영국의 내각 책임제는 이러한 규율이 강한 양대 정당제도 위에서 안정되게 운영되고 있다.

온건 다당제는 분열하지만 이데올로기적으로 분극화되지 않는 3－5개의 정당을 갖는 체계이다. 이러한 다당제는 유럽 대부분의 나라에서 시행되고 있다. 다당제는 선거제도에 영향을 받는데, 비례 대표제와 결선 투표제는 다당제를 유도하는 측면이 있다. 다당제의 경우에는 한 정당이 의회에서 과반수를 차지하는 일이 극히 드물다. 따라서 정부는 복수의 정당 연합을 기초로 한다. 유럽 국가들 중에서 군주제가 아닌 공화제 국가들은 대부분은 다당제 정당체제를 갖고 있고 분권형 대통령제로 운영되고 있다.

한국의 정당을 돌이켜보면, 이념적 거리가 크지 않다. 더욱이 1988년 이후의 한국 정당들은 그나마 과거에 존재하던 성격상의 차이가 더 불분명해졌다. 한국정치에서 효율적인 정당의 수를 살펴보면,[17] 유신체제하에서는 2개였고, 제5공화국에서는 11대 국회에서 민주 정의당, 민주 한국당, 한국 국민당이 원내 교섭단체를 형성해 3개였으며, 민주화 이후에는 13대 국회 전반부에는 민주 정의당, 통일 민주당, 평화 민주당, 신민주 공화당의 4개였다가, 1990년 3당 통합으로 2개로 줄어들었다. 14대 국회에서는 민주 자유당, 민주당, 통일 국민당으로 3개였고, 15대 국회에서는 신한국당, 새정치 국민회의, 자유민주연합으로 3개였으며, 16대 국회에서는 한나라당, 새천년민주당, 자유민주연합의 3개였다. 그리고 17대 국회에서는 원내 교섭단체는 한나라당과 열린 우리당 2개이지만, 실질적으로 민주당과 민주노동당 그리고 국민중심당이 실제 정치에 영향을 미치고 있다. 그리고 18대 국회에서는 한나라당, 통합민주당, 선진과 창조의 모임[18]이 원내 교섭단체로 등록되었고, 그 밖에 친박연대,

---

17 신명순, 「한국 정당과 민주주의 공고화」, 『21세기 한국의 정치』(서울: 법문사, 2001) pp.219-223.
효율적인 정당의 수는 국회에 진출하는 정당들 중에서도 실제 정치에 영향을 미치는 중요한 역할을 하는 정당들의 수이다. 한국의 국회에서 효율적 정당은 원내 교섭단체의 요건을 갖춘 정당으로 파악될 수 있다.

18 자유선진당과 창조한국당이 공동으로 구성한 원내 교섭단체.

민주노동당이 가세하고 있다. 이처럼, 제6공화국하에서 한국 정당 정치는 인위적인 3당 합당 시기를 제외하고 3－4개의 정당이 원내에서 의미 있게 활동하는 다당제 정당체제를 유지하고 있다. 제6공화국에서 다당제가 일반화되는 배경에는 한국의 정당들이 원래가 이념적 성격이 희박하였는데, 권위주의 체제가 끝나면서 그나마 있었던 집권당과 야당 간 민주와 반민주의 구도가 사라지면서 지역 중심의 구도로 변모한 것이 주된 원인이 되고 있다. 이러한 지역주의 정당의 성향과, 17대부터 도입한 1인 2표 정당 명부식 비례 대표제의 영향으로 한국 정치에서 온건 다당제는 당분간 보편적 현상이 될 것으로 보인다. 이미 앞에서 살펴본 것처럼, 다당제 정당체제에서 대통령제는 많은 문제를 야기할 수 있다. 다당제 정당체제에서는 타협과 연정을 통한 권력의 공유가 필요하다. 그리고 다당제하에서는 분점정부보다 동거정부가 제도적으로 행정부와 의회의 교착상태를 해결해 나갈 수 있다는 점에서, 다당제하에서 분권형 대통령제는 어울리는 권력구조이다.

3) 선거정당과 정책정당

대의제 민주주의에서 정당은 국민의 정치적 의사 형성에 참여하고 선거에 후보를 추천함으로써 의회와 함께 민주정치의 정당성을 제고시킨다. 정당은 19세기 후반 이후 대의 민주주의를 만들어 왔지만, 오늘날 거대 민주주의에서 정당의 미래는 밝지 않다. 일부에서는 강력한 정치적 기구는 조만간 사라질지도 모른다는 분석이 나오고 있다.[19] 동서를 막론하고 정당의 당원 수와 영향력이 크게 줄어드는 것은 일반적 현상이다. 사회가 다원화하면서 이데올로기와 계급의 중요성은 줄어들고 NGO의 활성화와 인터넷 등 새로운 정보수단의 발달로 굳이 정당을 이용하지 않아도 정치적 의사표시를 할 길이 다양해지면서 정당은 더욱 위축되고 있다.

서구가 겪고 있는 정당과 대의 민주주의의 위기가 한국의 정치 현장에도 적용된다고 하더라도 이러한 일반적 정당 쇠퇴 현상이 창당과 해체를 반복하는 한국 정당의 문제를 설명해 주지는 못한다. 1963년 제3공화국에서 정당법이 제정된 이후 한국에서는 110개의 정당이 생겨 이 중 102개가 사라졌다. 평균 수명은 3년 2개월이며 역대 정당 중 가장 수명이 길었던 당은 민주 공화당으로 17년 6개월 동안 활동했다. 제6공화국까지 여당의 역사는 대통령의 집권 기간과 대체로 일치한다. 이승만 대통령 시절의 자유당(1951년 – 1960년), 박정희 대통령 시절의 민주 공화당(1963년 – 1980년), 전두환 대통령 시절의 민주 정의당(1981년 – 1990년)이 이 시기의 여당이다. 현존하는 정당들은 한나라당이 11년, 민주 노동당이 9년, 통합 민주당, 자유선진당, 친박연대 그리고 창조한국당이 1년여가 되고 있다.

한국의 정당들이 이처럼 단명한 것은 이념이나 정책에 기반을 두지 않은 채 선거용으로 급조되고, 지역주의에 기댄 몇몇 정치적 보스를 따라 만들어져 온 것과 무관하지 않다. 정권이 바뀔 때마다

---

19 정장열, 「정당이 퇴화하고 있다」, 『주간조선』 제1913호(2006 – 07 – 17), pp.12 – 15. 미국의 격월간 외교 전문지 'foreign policy'는 2005년 35주년 창간 특집 '오늘은 있지만 내일은 사라질 것(Here today gone tomorrow)'에서 2040년쯤 사라질 것 중 하나로 정당을 꼽았다. 각계 전문가 16명의 전망을 실은 이 특집에서 정당은 일부일처제, 영국 왕실, 생명의 신성함 등과 함께 21세기를 넘기지 못하고 소멸될 대상으로 꼽혔다.

해체와 급조의 역사를 반복하고, 특히 대통령 선거 때만 되면 신당 창당론이 등장하는 것은 한국 정당이 선거정당이라는 사실을 단적으로 보여주고 있다. 이러한 한국의 정당문화는 권력구조와 무관하지 않다. 일반적으로 내각 책임제에 비해서 대통령제는 상대적으로 약한 정당을 초래하는 것으로 알려졌다. 유권자들이 정당보다는 개인에 대한 평가에서 후보를 선택하는 것이 대통령제하에서 나타나고, 이러다 보니 대통령 후보도 정당에 의존하기보다는 직접 대국민을 호소하게 되고, 정당들은 유력후보를 중심으로 헤쳐 모여를 반복해 온 것이 한국의 현실이었다.

3김시대가 종식되면서 많은 정당들이 정책정당을 표방했지만, 지역주의적 투표 성향 속에서 정책정당의 모습은 매몰되어 왔다. 많은 사람들이 한국에서 정당이 정책정당이 되지 못한 이유를 무엇보다도 한반도의 분단에서 찾고 있다. 정당의 보수화는 이념적 색채에 따라 정당을 구분하는 것을 불가능하게 하였고, 이념적 차별성이 거의 드러나지 않는 정당들이 강령이나 정책을 개발하는 것은 어려웠다고 보는 것이다.[20] 다음으로 오랜 독재 정치의 역사가 정책정당의 발전을 저해하였다고 보고 있다. 정당의 가장 기본적인 본질은 정책을 제시하고 정치권력을 창출하는 것인데, 한국의 정당은 권력을 잡고 사후 정당화하는 기구로 만들어져 왔다는 것이다. 즉 정당이 권력의 모체가 된 것이 아니라 오히려 권력에 기생하는 현상을 보인 것이다. 이것은 대통령제라고 하는 권력구조와 무관하지 않다.

---

20 이홍종, 「한국의 정당과 권력구조: 정치문화 및 책임정당 논의를 중심으로」, 한국 정치학회 연례 학술대회, 1997.

대통령제하에서 한국의 선거는 정책대결이 아니라 인물대결이 되었고, 한국의 정당은 정책적 차이를 찾아보기 힘든 개인의 사당이 되었으며, 결과적으로 정책정당이 아닌 선거정당으로 전락하였다. 권력이 행정부에 과도하게 집중되어 있는 한국의 대통령제하에서 정당이나 입법부가 중심이 되어 좋은 정책을 개발할 것을 기대하는 것은 현실을 무시한 이상적인 발상으로 본다.

의회의 신임에 내각의 존립 근거를 갖는 분권형 대통령제는 내각 책임제와 마찬가지로 정당발전에 기여할 수 있는 권력구조로 평가받고 있다. 프랑스 제5공화국에서 분권형 대통령제를 채택한 이후 예기치 못한 성과로서 정당제도가 발달되었다는 것은 앞에서 이미 지적하였다. 한국에서 정당정치의 발전을 통해서 책임정치를 실현하고, 정당의 제도화 수준을 높이는 데 분권형 대통령제는 바람직한 정부형태이다.

4. 선거제도와 분권형 대통령제

1) 다수대표제와 비례대표제

레이파트(Arend Lijphart)는 선거제도가 권력구조와 밀접한 관계를 가지며, 정당제도와 정치문화에까지 영향을 미친다고 보았다.[21] 일반적으로 다수 대표제 선거제도를 갖는 나라들은 양당제도와 단

---

21 Arend Lijphart, 'Constitutional choices for new democracy', Edited by Larry Diamond and Marc F. Plattner *The Global Resurgence of Democracy*(Baltimore and London, The Johns Hopkins University Press, 1996), p.162.

일 정당에 의한 정부 그리고 행정부가 입법부와의 관계에서 우월
한 지위를 갖는 특성이 있다. 반대로 비례 대표제는 다당제도, 연
립정부 그리고 보다 동등한 행정부 – 입법부 권력 관계와 결합되어
있다.

선거제도와 권력구조 간의 결합 형태로 국가들을 분류하면 다음
과 같다.[22]

첫째, 대통령제(Presidentialism) – 다수 대표제(Plurality) : 미국
둘째, 의회제(Paliamentarism) – 다수 대표제(Plurality) : 오스트레
일리아, 캐나다, 영국, 뉴질랜드
셋째, 의회제(Paliamentarism) – 비례 대표제(PR) : 오스트리아, 벨
지움, 덴마크, 핀란드, 독일, 이탈리아, 네덜란드, 노르웨이,
스웨덴.

레이파트 분류기준에 의하면 의회제 – 비례 대표제로 분류된 분
권형 대통령제 국가들(오스트리아, 핀란드, 이탈리아 등)과 서유럽
의 다른 내각 책임제 국가들은 모두 비례 대표제를 채택하고 있다.
레이파트는 동일 논문에서 권력을 공유하면서 조정과 타협을 원칙
으로 하는 의회제 – 비례 대표제를 채택한 국가들이 다른 제도를
채택한 국가들에 비해서 여러 가지 관점에서 비교 우위에 있었다
고 분석했다.[23]

---

22 Arend Lijphart, 「대통령제와 다수결 민주주의」 신명순 · 조정관 공역 『내각제와 대통령제』,
pp.163 – 166.

비례 대표제에 대한 부정적인 시각은 비례 대표제가 소수의 이익을 대변해 주는 것은 바람직하지만, 작은 정당이 다수당을 만들기 위한 'swing seat'를 통제하기 때문에 작은 정당에 어울리지 않는 권력을 주는 경향이 있으며, 특히 문제되는 것은 소수의 극단주의자들에게 정부 참여 기회를 주는 것이라고 비판한다.[24]

한국에서는 소선거구 다수 대표제에 비례 대표제의 일종인 1인 1표에 의한 전국구 의석 배분제를 채택해 왔으나, 2001년 7월 19일 헌법 재판소에서 '1인 1표에 의한 전국구 의석 배분'에 대해 '선거인의 진정한 투표의사와 관련 없을 뿐만 아니라, 정당으로 하여금 사실상 중간 선거인의 역할을 하게 하는 결과를 초래하여 헌법에 보장된 직접선거 원칙에 정면으로 위배된다.'며 위헌 결정을 내렸다. 이에 따라 17대 국회의원 선거에서는 '1인 2표 정당 명부 비례 대표제'를 도입하였고, 그 결과 이념 정당인 민주 노동당이 지역구 선거에서는 2명만이 당선되었으나, 새로 채택된 비례 대표제의 영향으로 비례 대표 8석을 차지함으로써 총 10석의 의미 있는 의석수를 갖게 되었다.

진보적 정치학자들과 일부 시민단체들에서는 국회의원의 전문성을 살리기 위해서 지역구 의석을 감축하고 비례 대표 의석을 늘일 것을 주장하고 있다. 구체적으로는 비례 대표제의 취지를 살릴 수 있는 '독일식 정당명부 비례 대표제'를 도입해야 한다고 말한다.

---

23 Guy Lardeyret는 이러한 Leijphart의 분석에 대하여 이견을 제시했다. 즉 헌법제도에 의해 비교 우위가 나타난 것이 아니라, 다른 제도들의 결과라는 것이다. 상세한 내역은 *The Global Resurgence of Democracy*, pp.175－180 참조.

24 Guy Lardeyret, 'The problem with PR', *The Global Resurgence of Democracy*, pp.175－180.

한국에서 비례 대표 의석의 증감에 대해서는 정당마다, 또 학자마다 그 이해와 주장이 다르기 때문에 향후 비례 대표의 확산 여부는 예단할 수 없으나, 현재와 같은 수준을 유지한다 할지라도 특수 이익을 대변하는 소수 정당의 원내 진입은 앞으로도 계속될 것으로 예상된다.

비례 대표제가 다당제를 유발할 수 있다는 점에서 양당제를 추구하는 대통령제에 잘 어울리지 않는 선거제도이다. 그러나 분권형 대통령제는 이미 다당제하에서 연정을 통한 권력의 공유를 제도적으로 강제하고 있기 때문에 후기 산업사회의 다양한 이해로부터 요구되는 다당제 경향에 부합하는 권력구조이고, 비례 대표 선거제도와 병행할 수 있는 제도이다.

2) 결선 투표제

대통령의 집권이 완벽한 정통성을 획득하려면, 정당한 대표성 확보를 위해 최소한 유권자 내지 투표자 과반수의 지지를 기반으로 하는 것이어야 한다. 프랑스를 비롯한 각국의 대통령제가 대통령 당선에 요구되는 득표율을 과반수로 하고, 1차 투표에서 과반수 득표자가 없는 경우에는 최고 득표자와 차점자에 대하여 2차 투표를 실시하는 결선 투표제를 채택하는 것도 이 때문이다.[25] 한국의 제6공화국 헌법은 대통령 후보자가 1인일 때를 제외하고는 대통령 당

---

25 프랑스의 경우, 1차 선거에서 한 후보가 과반수를 얻지 못하면 15일 후 결선 투표를 실시하도록 되어 있다. 1차 투표의 최다 득표자 2인이 결선을 벌여 상대 다수자를 선출하므로 당선된 후보는 50% 이상의 지지도를 얻을 수 있게 된다. 프랑스의 다당체제하에서는 극우부터 극좌까지 후보가 난립하기 때문에 1차 투표에서 과반수를 얻기가 매우 어렵다. 1974년과 1981년에는 1차 투표에서 2위를 한 후보가 2차 투표에서 역전승하는 결과도 나왔다.

선에 필요한 득표율을 규정하고 있지 아니하다.[26] 이로 말미암아 유권자 또는 투표자의 과반수에 미달하는 득표율로 대통령 당선자가 나올 경우, 그 집권의 정통성에 관한 시비가 일고, 정국의 안정성이 위협받을 가능성이 있다.[27]

민주화 이후 한국에서 실시된 대통령 선거 결과를 살펴보면[28], 어느 대통령도 과반수 득표에는 실패했다. 특히 13대 대통령 선거의 경우, 군부 권위주의 정권의 종식을 바라는 국민들의 열망에도 불구하고 노태우 후보가 콩도르세의 승자가 될 수도 있었던 김영삼 후보를 제치고 36.6%의 득표율로 대통령에 당선된 사실은 우리의 헌정사에서 결선투표의 필요성을 단적으로 보여주는 사례라 하겠다.

결선 투표제를 도입할 경우, 민주주의가 공고화되지 않은 국가들의 경우 다당제를 유발해 대통령제하에서 정국의 혼란을 가져온다고 비판적인 시각도 있다. 결선투표를 하게 되면 자연스럽게 정파 간에 연합이 이루어지고, 연합을 통해 승리한 후보는 연정을 해야 하는데 대통령제하에서 연정이라고 하는 것은 권력구조의 특성상 제도적으로 문제가 많기 때문이다. 그러나 분권형 대통령제의 경우, 연정은 제도적으로 자연스럽게 수용될 수 있다는 점에서, 향후 결선투표제가 시행된다 하더라도 잘 조응할 수 있는 권력구조이다.

---

26 제6공화국 헌법 67조에 의하면, '최고 득표자가 2인 이상일 때에는 국회의 재적 의원 과반수가 출석한 공개회의에서 다수표를 얻은 자를 당선자로 한다.'고 명시되어 있고, '대통령 후보자가 1인일 때에는 그 득표수가 선거권자 총수의 3분의 1 이상이 아니면 대통령으로 당선될 수 없다.'고만 규정되어 있다.

27 권영성, 『헌법학 원론』(서울: 법문사, 2006), pp.949 - 950.

28 본서 115 page 참조.(노태우 대통령 : 36.6%, 김영삼 대통령 : 42.0%, 김대중 대통령 : 40.3%, 노무현 대통령 : 48.8%, 이명박 대통령 : 48.7%).

5. 지방분권화와 분권형 대통령제

정부형태가 중앙정부와 지방정부 간 권력의 수직적 분산에 어떠한 영향을 미치는가는 앞에서 이미 검토하였다.(2장 2절) 요약하면, 대통령제는 지방분권에 친화적이지 못하고, 내각 책임제는 지역 정치인의 활동을 증진시켜 중앙정부와 지방정부가 보완적인 관계를 유지하는 것으로 나타났다. 그렇다면 분권형 대통령제와 지방분권화와의 관계는 어떠한가? 분권형 대통령제 정부형태를 오랫동안 성공적으로 운영하고 있는 프랑스는 유럽 대다수의 국가가 봉건제에 기반을 둔 지방분권적 시스템으로 운영되어 온 데 반하여 오랫동안 중앙집권적 시스템으로 운영되어 온 것이 한국적 상황과 유사한 측면이 있다.

프랑스의 사례 연구에 의하면, 중앙 권력의 구조적 형태와 지방 권력의 구조적 형태 간에는 커다란 가시적 의미나 직접적 상관관계가 없는 것으로 보고되고 있다. 분권형 대통령제를 실시하면서 좌우파 세 번에 걸친 동거정부 기간 중에도 지방자치는 중앙의 영향을 받지 않고 커다란 변화가 없었던 것으로 관찰되었다.[29]

지방정부의 운영과 관련하여 두 가지 형태를 이미 설명한 바 있다. 즉 기관 통합형과 기관 분립형이 그것인데, 분권형 대통령제를 실시하고 있는 프랑스가 영국과 마찬가지로 기관 통합형으로 운영되는 데에는 현재의 중앙 권력구조에 연유한다고 보기보다는 제3공화국과 제4공화국에서 내각 책임제를 운영했던 역사적 배경에서

---

[29] 석철진, 「이원집정제와 지방 분권」, 박호성·이규영 편저 『한국의 권력구조 논쟁 Ⅳ』(서울: 인간사랑, 2005), p.158.

유추해 보는 것이 타당할 것으로 여겨진다.

제6공화국에서 다시 실시된 한국의 지방자치에서 지방정부 운영 시스템은 기관 분립형이다. 만약 중앙 정부의 권력구조가 대통령제에서 분권형 대통령제로 바뀔 경우, 그대로 기관 분립형을 유지할지 아니면 기관 통합형으로 전환될지, 아니면 제3의 형태로 운영될지는 속단하기가 어렵다. 일반적으로 내각 책임제와 분권형 대통령제가 대통령제에 비해서 지방분권에 더 친화적이지만, 중앙정부의 정부형태가 지방정부의 운영 시스템에 절대적인 영향은 미치지 않는다는 분석이 있다.[30] 그런 맥락에서 보면, 대통령제에서 분권형 대통령제로 바뀐다 하더라도 현재의 지방정부 운영 시스템에는 큰 변화가 없을 것으로 보인다. 중앙정부의 정부형태 변화가 지방정부의 운영 시스템의 변화에 직접적인 영향을 미치기보다는, 중앙정부 권력구조가 갖는 지방분권에 대한 정향에 의해 중앙정부와 지방정부 간의 업무 분담이나 재원 분배 등 실제적인 운영에 변화가 있을 것으로 사료된다.

---

30 이규영, 「권력구조 논의와 지방자치」, 박호성·이규영 편저, 『한국의 권력구조 논쟁 Ⅳ』(서울: 인간사랑, 2005), pp.489－511.

1. 이원적 지위의 한계 극복

분권형 대통령제의 경우, 국가 원수로서의 대통령과 행정 수반으로서의 총리의 역할이 나누어지기 때문에 두 직책을 한 사람이 동시에 수행함으로써 오는 직책 간 갈등으로부터 자유로울 수 있는 장점이 있다.

그러나 대통령제에서는 대통령이 국가의 원수(head of state)와 행정부의 수반(head of government)이라는 두 가지의 역할을 동시에 수행해야 한다.[31] 한 사람이 두 가지 역할을 수행하다 보면, 국가 원수로서의 역할과 행정부 수반으로서의 역할이 서로 충돌할 수 있다는 사실이다. 국가 원수로서 대통령은 국가 통합의 상징으로 전 국민을 대표해야 하는 역할이 기대되는 반면, 행정 수반으로서 대통령은 정파적인 이해관계를 완전히 벗어나기 어렵기 때문이다. 미국의 경우, 두 직책 간의 역할 갈등이 심하게 나타나지 않는 것은 미국의 정당 특성상 정당이라는 고리를 통해 대통령까지 그러한 갈등에 휘말리지 않으며, 미국의 정치문화가 대통령이 국가 원수이지만 동시에 정파적 속성을 지녔다는 점을 인정한다는 것이고, 미국이 연방제라는 점에서 국민들의 일상생활에 관련한 결정은 주로 주 단위에서 내려지기 때문이다. 그러나 한국의 경우, 강한 정

---

31 강원택, 『대통령제, 내각제와 이원 정부제』 pp.80－86; 황태연·박명호, 『분권형 대통령제 연구』, pp.33－66.

당 규율과 구속성, 대통령을 모두의 지도자로 인식한다는 점, 그리고 지방자치 역사가 오래지 않아 중앙정부에 의해서 주요한 내치가 결정된다는 점에서 두 직책 간의 역할 갈등이 나타나고 있다.

2. 교착상태의 제도적 해결

분권형 대통령제하에서는 대통령제의 분점정부 상황에서 행정부와 의회 간 발생할 수 있는 교착상태를 제도적으로 강제되는 거국내각 형태의 동거정부를 통해 상황을 타결해 나가는 것이다. 분권형 대통령제하의 동거정부를 불안정한 연정 형태로 이해하기보다는 여야 간의 교착상태를 해결할 수 있는 제도적 장치로 인식할 필요가 있다.

교착상태의 사전적 의미는 '데이터 통신망에서 송신기 및 수신기 간에 전송할 정보는 있지만, 송수신에 필요한 자원이 서로 맞물려 있어 송수신이 이루어질 수 없는 현상'이라고 정의된다. 이러한 현상이 이중적 정통성을 가지고 권력을 공유하면서 견제와 균형을 추구해야 할 행정부와 의회 간에 발생하여, 현 상태에서 한 발자국도 앞으로 나아가지 못하고 대립될 때 행정부와 의회가 교착상태에 빠졌다고 한다. 대통령제하에서 행정부와 의회의 교착상태는 분점정부가 보편화되면서 한국정치에서 수시로 발생하고 있다. 그리고 교착상태로 인한 정치체제의 비효율성은 심각한 사회적 문제를 야기하고 있다.

제6공화국에서 있었던 국회의원 선거에서 탄핵이라는 특수한 상황에서 치러진 2004년 17대 국회의원 선거와 정권교체라는 열기 속에서 허니문 선거로 치러진 2008년 18대 국회의원 선거를 제외하고 대통령이 속한 여당이 의회의 다수파를 형성하는 데 실패해 분점정부(divided government)가 지속적으로 나타났다. 한국의 정당들이 대단히 비타협적이고 적대적이라는 점에서 정권을 잡은 정당은 정국의 효율적 운영을 위해 여당의 과반수 확보가 필요하다면서 '거대 여당 불가피론'을 국회의원 선거과정에서 주장했다. 선거 결과 분점정부가 나타나면 분점정부로 나타난 선거 결과를 단점정부로 바꾸기 위해 여러 가지 수단과 방법을 동원하였으며, 그러한 일련의 과정에서 여야 간의 갈등은 심화되었다. 분점정부 자체가 문제라기보다도 분점정부를 단점정부로 바꾸려는 여당의 무리수가 정국을 경직되게 만들었다.

노무현 정부에 들어서서 달라진 점은 분점정부의 극복을 위해서 과거 여야 간의 갈등을 야기했던 분점정부의 인위적인 단점정부화보다는 수시로 연정을 제안했다는 것이다. 그러나 제2 거대 정당인 한나라당의 반대로 대연정은 이루어지지 않았고, 군소 정당과의 이슈별 정책 연합만 부분적으로 성과를 거두었을 뿐이다. 책임 총리제까지 이야기됐던 연정 제안이 소기의 성과를 거두지 못한 것은 한국 정당정치의 비타협적 문화에 연유한 것도 있지만, 대통령제하에서 연정 형태로 정국을 이끌어 가는 것이 어렵다는 사실을 반증하는 것이다. 연정이 제도적으로 인정된 것이 아니라 대통령의 의지와 재량만으로 상황 극복을 위한 정략적 선택으로 추진될 때 어떤 야당도 그 연정에 참여하기를 주저하지 않을 수 없다. 야당 지도자가 제도적 참여가 아닌 정치적 결단에 의해 연정에 참여했을 때, 차후에 발생할 수도 있는 정치적 책임으로부터 자유로울 수 없기 때문이다.

분권형 대통령제는 정치세력 간 연합과 연정을 제도적으로 수용하는 권력구조이다. 많은 사람들이 동거정부의 문제를 우려하지만, 현실적으로 다당제하에서는 대통령제하의 분점정부보다, 분권형 대통령제하의 동거정부가 더 효율적이라는 사실은 분권형 대통령제를 실시하고 있는 국가들의 경험적 사실에서 유추할 수 있다.

프랑스에서는 3번의 동거정부가 나타났고, 핀란드도 군소정당 관계로 대부분의 헌정 기간을 동거정부로 보내고 있으며, 오스트리아는 1945년부터 1966년까지 12년간 사민당 대통령과 인민당 총리의 대연정을 그리고 1986년부터 1992년까지 6년간 사민당 총리 브니츠크와 무소속 발트하임의 동거정부를 경험했는데, 초기의 우려와는 달리 모두 순항했다. 이제 이들 국가에서는 동거정부를 예외적 이탈로 보는 것이 아니라 정상적 정부로 여긴다. 프랑스에서는 가급적 동거정부의 출현을 막기 위해 2000년에 개헌을 단행하여 대통령의 임기를 7년에서 5년으로 조정하여 의원의 임기와 같게 하면서 대선과 총선의 일정을 일치시키기도 했지만, 프랑스인의 2/3가 동거정부를 긍정적으로 평가하고, 반 이상이 동거정부가 더 지속되기를 바라는 경향을 보인다는 분석도 있다.[32]

---

32 황태연 · 박명호, 『분권형 대통령제 연구』, pp.54 - 55.

3. 권력의 공유와 책임정치의 구현

견제와 균형(checks and balances)은 오늘날 자유 민주주의 국가들의 국가 권력구조에서 중요한 원칙이다. 그러나 어느 일방만이 결과에 대해 책임을 추궁받고, 반대편의 다른 한쪽은 그 책임으로부터 자유롭다면, 견제와 균형이란 처음부터 성립될 수 없는 것이다. 그런 의미에서 보면, 견제와 균형을 원칙으로 하는 권력분립은 권력의 공유(sharing of power)를 전제로 한다.

대통령과 의원을 국민이 직접 뽑는 것도 두 기관 모두에게 정통성을 부여하는 것으로 권력을 공유케 한 것인데, 대통령제하에서는 일반적으로 대통령을 중심으로 한 행정부만을 권력 기관으로 생각하고 행정부를 견제하는 의회는 권력의 중심에서 벗어나 있는 것으로 인식하는 경우가 많다. 한국 정치에서 대통령제의 문제를 거론할 때 대통령의 제왕적 권력을 항상 문제 삼는 배경에는 권력이 공유된 것이 아니라 대통령에 의해서 독점되고 있다는 일반인의 인식을 설명해 주고 있는 것이다. 입법과 집행이라는 기능적 분권에 의해서 어느 일방은 견제를 통해서만 권력을 공유한다면, 정책 집행의 결과에 대해서 강한 책임 의식을 갖지 못할 것이다. 권력 융합적인 내각 책임제에는 의회 해산을 통해서 의회의 책임을 묻는 장치가 있다는 것은 권력의 공유자로서 책임도 함께 있다는 것을 보여주는 것이다. 그러나 대통령제하에서는 4년마다 치러지는 선거를 통해서만 책임을 물을 수 있을 뿐 의원의 고정된 임기 중에 의회의 책임을 물을 수 있는 제도적 장치가 없다.

분권형 대통령제에서는 의회 다수당의 대표가 총리로서 내각에

참여하여 정책 결정과 집행에 실제적으로 관여함으로써 집행권의
공유에 따른 책임도 함께 지게 된다. 이러한 제도적 장치가 갈등의
정치문화를 상생의 정치문화로 이끌게 하는 것이다. 대통령제에서
는 규범적으로 권력의 공유를 말하고 있기 때문에 각국의 정치문
화와 대통령의 의지에 따라 권력의 공유가 유명무실해질 수 있지
만, 분권형 대통령제의 경우, 내각 불신임권과 의회 해산권을 인정
함으로써 구체적으로 권력의 공유와 책임을 명시하고 있기 때문에
유명무실해질 수가 없다.

한국과 같이 과거 군부 권위주의 정부에서 대결과 투쟁의 장으
로서 인식된 의회정치의 경험을 갖고 있는 경우, 이러한 구체적인
권력과 책임의 공유 형태가 없다면 의회는 견제 기능만을 강조하
고 입법에 따른 정책 결과에 대해 권력 공유자로서의 책임의식을
갖지 못하고, 야당은 중요한 정치적 이슈가 발생하면 행정부에 대
해 비타협적 자세로 일관할 수 있다. 더구나 한국의 정치문화가 실
용주의적이라기보다는 명분과 선명성으로 평가받는 경향이 있어
타협적인 정치행태를 어렵게 한다는 점에서 포괄적인 규범보다는
구체적인 제도로서 권력과 책임을 공유시키는 것이 정치발전을 위
해 바람직하다. 그러한 의미에서 분권형 대통령제는 한국의 정치발
전을 위해 요구되는 정부형태이다.

4. 정당정치의 제도화

후기 산업사회에서 정당의 유동성이 커지면서 정당의 존립이 크

게 위협받고 있으며, 대중이 정당을 통하지 않고서도 정치적 의사를 표명할 수 있는 길이 다양화됨에 따라 정당의 역할이 위축되고 있다는 것은 세계적인 추세이다.[33] 그러나 한국에서 정당이 발전하지 못하고 제도화 수준이 낮은 데에는 사회적 환경의 변화 외에도 한국의 정당이 특정 지도자를 중심으로 사당화된 지역정당이 지속되어 왔기 때문이다. 그동안 한국정치에서는 정치 지도자가 정당에 의존하는 것이 아니라 정당이 정치 지도자에 의존하는 현상을 보여 왔으며, 대통령 선거에서 국민은 정당을 선택하는 것이 아니라 후보자를 선택하는 양상을 보여 왔다. 후보자를 내지 못하는 정당은 불임 정당으로 불리고, 그것이 정당의 존폐로까지 위협받고 있는 현상은 한국 정당의 성격을 단적으로 설명해 주는 것이다.

정당이 정책이나 이념을 중심으로 형성되지 않고 유력인사를 중심으로 형성되다 보니 정당은 동원체제로 운영되어 왔고, 정당의 조직이 비대해지면 질수록 거기에 소비되는 정치자금은 천문학적인 숫자로 늘어났으며, 그것이 한국 정치의 부패를 가속시켰다. 한국정치의 사당화는 바로 이러한 막대한 정치자금과 조직관리 능력과 연관되어 있다. 이미 정치적으로 기득권을 갖고 있는 소수의 유력인사만이 이 자금과 조직을 감당할 수 있었는데, 그들은 이 자금과 조직을 이용하여 각종 선거의 후보자 공천권에 절대적 영향을 가짐으로써 다시 자신의 정치적 지위를 확고히 하는 정치 순환 고리를 이용해 장기적으로 사당화된 정당을 지배해 왔다.

한국의 정당은 일부 극소수 군소 정당을 제외하고는 포괄정당

---

33 정진민, 『후기 산업사회 정당정치와 한국의 정당 발전』(서울, 한울 아카데미, 1998), pp.172-181.

(catch all party)의 성격을 갖고 있다. 한국의 포괄정당화는 산업화 이후 세계적으로 정당이 포괄정당을 지향하는 양상과는 다르다. 한국의 포괄정당화는 지역주의 정당과 대통령 후보를 중심으로 한 정당구조에서 연유한 것이다. 같은 정당 내에서 이념적 스펙트럼이 광범위하게 분산되어 있다는 것은 정책정당이 되지 못하고 선거정당으로 그리고 지역정당으로서의 한국 정당의 현주소를 보여주는 것이다.

이러한 한국의 정당구조는 한국의 대통령제 권력구조와 무관하지 않다. 대통령제하에서 한국의 정당은 선거를 위한 동원체제와 대통령의 정치적 활동을 지지하는 것이 정당 활동의 중심 과제가 되어 운영되었다. 그러나 이제 한국에서도 유력 인사나 대통령 후보자 대신 정당이 정치의 중심이 되어야 한다.[34]

분권형 대통령제하에서 정당의 위상은 대통령제하에서의 정당의 위상과 다르다. 본시 내각 책임제의 특성이 개인이 아닌 집단이 정치권력을 잡는 것이고 개인적 차원이 아닌 집단적 차원에서 정치적 책임을 지는 것을 특징으로 한다는 것은 잘 알려져 있다. 분권형 대통령제 역시 총리를 중심으로 한 내각은 집단적으로 의회에 대해 책임을 지는 권력구조이고, 그 중심에 정당이 있다. 앞서 연정은 정파 간에 정책 경쟁을 유발한다고 지적한 바 있다. 연정이라는 것은 정당이 중심이 되어 움직이는 것이고, 그러다 보면 정책 경쟁은 결국 정당을 중심으로 이루어질 수밖에 없다. 분권형 대통령제하에서의 정당은 단순히 선거정당으로 존재하는 것이 아니라 정책정당으로 기능해야 하는 제도적 장치를 갖게 되는 것이다.

---

34 최장집, 「대통령이 아닌 정당이 정치 중심이 돼야」, 데일리 서프라이즈, 2006년 6월 30일.

5. 정치 지도자의 자질 향상

　민주화 이후 한국의 경우를 되돌아보면, 1987년 오랜 군부 독재의 그늘을 걷고 한국사회에 절차적 민주주의가 정착되어 직선제 대통령제가 실시되었으나, 10년 후 민주화 운동세력이 권력을 잡은 김영삼 정권에서 외환위기로 IMF의 통제를 받았으며, 2006년 노무현 정권에서는 소위 386세대의 아마추어리즘으로 민주주의의 위기와 신자유주의의 파고가 뒤섞인 어지러운 풍광이다.[35] 그러나 김영삼, 김대중, 노무현 그리고 이명박 정권으로 이어진 아마추어리즘은 리더십의 문제라기보다도 대통령제가 갖고 있는 권력구조의 문제라고 보는 것이 타당하다.

　내각 책임제와 분권형 대통령제에서는 정당이 집단적으로 통치의 주체가 되는 반면, 대통령제에서는 통치가 대통령 1인을 중심으로 이루어진다. 따라서 대통령제에서는 대통령이 바뀌면 앞 정권의 경험이 단절되는 경우가 나타난다. 즉, 대통령제는 내각제와 달리 이전 정부와의 연속성이 강하지 않기 때문에 이전 정부에서 봉직한 경험이 있는 참모들을 다수 포함하기 어렵다. 따라서 대통령제는 정부조직이나 정책 형성이나 집행에 대해 별로 잘 알지 못하는 '아마추어'들의 통치에 의존해야 한다. 더구나 그들이 재임 중 얻은 경험은 후임 정부에는 별 소용이 없다는 것이다.[36] 경험적 연구 결과도 장관을 역임한 사람이 다시 장관을 역임하는 재충전 비율은 대통령

35　최장집, 「대통령이 아닌 정당이 정치 중심이 돼야」, 데일리 서프라이즈, 2006년 6월 30일.
36　Juan J. Linz, 「대통령제와 내각제: 과연 다른 것인가」, 신명순·조정관 공역, 『내각제와 대통령제』, pp.98 - 99.

제 민주정치에서 보다 내각제 민주정치에서 3배가 더 많았으며, 장
관의 평균 재임 기간은 대통령제 민주정치에서보다 내각제 민주정
치에서 거의 2배가 더 길었다.[37] 반면에 내각 책임제와 분권형 대
통령제에서는 총리가 교체된다고 하더라도 집단적 차원에서의 경
험은 큰 틀에서 볼 때 대체로 유지된다.

정당을 통한 집단적 통치가 갖는 장점 중 하나는 정책 결정이
집단적 심의와 토의를 거치는 것이 일반적이어서 잠재적 정치 지
도자들이 정책의 결정과 집행에 참여할 수 있는 기회가 많다는 것
이며, 그 과정을 통해서 차기 지도자가 부상하고 검증될 수 있다는
것이다. 그러나 개인 중심의 권력 행사가 이루어지는 대통령제하에
서는 정당정치의 유동성이 크고 정치적 불신이나 기존 정당에 대
한 불만이 높을 경우, 정치적 경험이 일천하거나 전혀 검증되지 않
은 국외자의 출현 가능성이 상당히 높다.[38] 더욱이 대통령제하에서
는 다른 정치 지도자를 대통령 자신에 대한 도전자로 인식하고 후
계 정치 지도자를 양성하지 않는 경우가 많다.

인재 양성과 관련하여 분권형 대통령제를 살펴보면, 분권형 대통
령제하에서는 내각 책임제에서의 장점에 덧붙여 차기 정치 지도자
가 현재의 정치 지도자와 함께 실제적으로 행정부를 이끌 수 있는
기회를 제공하고 있다는 점이다. 프랑스 제5공화국에서 총리를 하
다가 다음에 대통령으로 선출되는 경우가 많았다는 사실을 주목할
필요가 있다.[39]

---

37 Alfred Stepan and Cindy Skach, 「대통령제와 내각제: 비교적 시각」, 신명순・조정관 공
  역, 『내각제와 대통령제』, p.269.
38 강원택, 『대통령제, 내각제와 이원 정부제』(서울: 인간사랑, 2006), pp.73 – 80.
39 드골 대통령 당시 총리를 역임했던 퐁피두는 드골에 이어 1969 – 1974년간 대통령으로 통

이상에서 살펴본 것처럼 지도자의 양성과 검증 그리고 경험의 승계와 아마추어리즘의 극복이라는 측면에 있어서 분권형 대통령제는 대통령제에 비해서 비교 우위에 있다고 할 수 있다.

6. 협의제 정치 문화의 조성

다당제하 분권형 대통령제에서의 연정은 타협과 조정이 없이는 불가능하다. 연정은 권한과 책임을 공유한다는 것이고, 권한과 책임을 공유한 상태에서는 수적인 정치가 아니라 소수자를 배려한 협의적인 정치문화가 조성될 수 있는 것이다. 연정이 제도적으로 허용됨으로써, 타협이 야합으로 비난받던 대통령제하의 경직된 정치문화가 유연한 실용주의적 협의적 정치문화로 전환되는 것이다. 한국 정치에 있어서 협의적 정치문화의 조성을 위해서도 분권형 대통령제로의 전환은 바람직하다.

끝으로 대통령제하에서는 같은 정당 출신의 후보자라 하더라도 전임자의 평가와 책임을 물려받지 않는다는 점에서, 특히 단임제 대통령제의 경우, 국가 정책의 연속성에 대한 신뢰도가 떨어질 수 있다. 그러나 분권형 대통령제의 경우는 정당이 집단적으로 일정부분 통치에 관여함으로써 그 평가와 책임이 정당에 의해서 계승됨으로 국가 정책의 연속성 면에서 대통령제에 비해 더 신뢰할 수 있다.

치했으며, 퐁피두, 지스카르 데스텡 그리고 미테랑하에서 총리를 했던 시라크는 1995 - 2007년간 대통령으로 재임하였다.

제6장 結 論

제6장
結 論

19 87년 민주 헌정이 부활되고 20여 년이 지나는 동안 여야 간 정권교체를 포함하여 4명의 민선 대통령을 거치고 5번째 민선 대통령이 취임하였으나, 정치는 아직도 한국 사회에서 낙후된 분야로 남아 있다. 한국 정치의 후진성을 단순히 대통령의 리더십 문제로만 볼 수 없는 것은 유사한 문제점들이 대통령과 정권이 바뀌어도 반복적으로 나타나고 있다는 점이다. 따라서 본서에서는 한국 정치의 문제를 권력구조와 관련한 제도적인 관점에서 접근하였다.

우선 정부 권력구조 유형을 2가지 원칙에 따라 4가지 유형으로 나누었다. 첫 번째 원칙은 공화제인가 입헌 군주제(혹은 군주제)인가에 따라 대통령제와 내각 책임제로 분류하였고, 두 번째 원칙은 혼합제의 경우 실질적인 권한이 누구에게 있는가에 따라 대통령 중심 혼합제와 내각 중심 혼합제로 분류하였다.

각 권력구조 유형은 각기 다른 구성 원리와 장·단점을 갖고 있는데, 특히 주목할 부분은 각 권력구조 유형마다 안정적으로 운영되기 위해서는 몇 가지 중요한 요소들이 전제되어야 한다는 것이었다.

미국의 대통령제의 경우는, 정치가 실용주의적이며 융통성이 있어야 하고, 정당들이 약하면서 당내 규율이 강하지 않아야 하며, 정치가 지방 중심으로 이루어져야 한다는 것이다.

영국의 내각 책임제의 경우는, 규율을 지닌 안정된 복수 정당제가 있어야 하고, 유권자층이 정당에 충성도를 가져야 하며, 정당들 사이에서의 공조 능력과 타협의 정치문화가 있어야 하고, 반체제 정당이 주류 정당에서 배제되고, 정치적 중립을 지키는 직업 공무원제와 지방자치가 확립되어야 한다는 것이다.

대통령 중심 혼합제인 프랑스의 분권형 대통령제의 경우는, 안정된 정당체제가 존재하고 대통령이 주요 정당의 지도자이거나 그 정당의 가장 영향력 있는 인물이어야 하며, 독자적인 행정부와 효율적인 내각제 체제가 운영되어야 한다는 것이다. 그리고 내각 중심 혼합제인 독일의 재상제의 경우는, 건설적 불신임제 제도와 5% 최소 진입 제한 규정과 같은 제도적 장치를 통해 내각이 안정되고, 군소정당의 난립을 막을 수 있어야 하며, 중앙정부의 권력집중을 막으면서 지역의 특수성을 살릴 수 있는 실질적인 지방분권화가 실시되어야 한다는 것이다.

한국의 제6공화국 정부 권력구조의 특징을 살펴보면, 정부형태 면에서 대통령 중심 혼합제로 대통령제적 요소, 내각 책임제적 요소 그리고 분권형 대통령제적 요소가 혼재되어 있다. 정당체제는 신당 창당을 통해서 정치적 상황을 극복해 나가는 형태가 반복적으로 나타나, 정책정당으로 발전하지 못하고 선거정당 형태로 남아 있어, 제도화 수준이 낮은 상태이다. 그리고 지역주의적 정당 성향과 1인 2표 정당 명부식 비례 대표제의 도입으로 다당제가 일반화되어 가고 있다. 더욱이 선거법 개정을 통해 비례 대표제에서 다수당 프리미엄을 제거함에 따라 민주 노동당 같은 소수 이념 정당의 원내 진입이 원활해졌다. 투표 성향의 특성으로는 과거에 대선에만 나타났던 지역주의 투표가 총선에서 지속적으로 나타나고 있으며 대통령 임기와 국회의원 임기의 차이로 대선과 총선 일정이 불일치하여 국회의원 선거가 중간 평가적 성격으로 실시되다 보니 여당에게 불리한 결과를 가져와 다당제로 인한 분점정부 현상이 더 심화되었다.

제6공화국에서 지방자치가 확산되고 민주화가 공고화되면서 정치문화에 변화가 있었다. 첫째, 권위주의와 반체제 정치문화가 퇴조하였고, 둘째, 시민단체의 활성화와 지식 정보화 사회로의 진입 그리고 인터넷의 발달로 참여 정치문화의 조성과 대의정치의 변화를 가져왔으며, 셋째, 가신제도와 같은 비제도적 요인의 영향력 감소, 공천제도와 선거제도의 개혁으로 제도적 민주주의가 공고화되었고, 넷째, 군부 권위주의의 종식으로 대립적 정치문화가 타협적 정치문화로 전환 중이며, 여야 간 정권교체를 경험함으로써 국가기관뿐만 아니라 다양한 사회 조직 단체들의 정권 종속성 이탈 현상이 나타나고 있다.

이와 같은 변화에도 불구하고, 제6공화국 정부 권력구조에는 많은 문제점이 내재되어 있다. 첫째, 대통령제, 내각 책임제 그리고 분권형 대통령제적 요소가 결합된 불안정한 혼합제로 대통령제가 갖고 있는 기능들이 제대로 작동하지 않고 있다. 주된 원인은 목적 지향적으로 규범성을 갖고 혼합제를 채택한 것이 아니라, 정치 세력 간 타협에 의해 정략적으로 혼합제를 채택하다 보니, 다층 제도 간 조응성이 떨어졌기 때문이다. 둘째, 대통령과 의회의 이원적 정통성은 한국의 정치문화에서 반복적으로 대통령과 의회 간 교착상태를 야기하고 있다. 그러면서도 행정부와 입법부 간 비대칭성 문제가 발생하고 있는데, 우선 국정운영에 있어서 행정부의 독주 현상이고, 그 다음으로 의회가 정책의 결과에 대해 책임을 갖지 않음으로써 야당이 정치적 목적으로 행정부와 의회 간 사태 악화를 유도하는 측면이 있다는 것이다. 셋째, 대통령제하에서 승자와 패자의 위상은 현격하여 승자는 득표율과 관계없이 권력을 독점하고 제왕적 대통령화한다는 것이다. 넷째, 다당제와 선거제도로 인하여 분점정부가 보편화되었으며, 그로 인해 통치력이 약화되고 정국 운영의 효율성이 크게 저하되었다는 것이다. 다섯째, 정당이 정책보다는 권력을 잡기 위한 동원체제로 이용되고, 유력 정치인의 사당적 구조로 운영되어 정당정치의 위기를 초래하고 책임정치가 실종되고 있다는 것이다.

이러한 제반 문제들과 관련하여 권력구조의 변화를 통하여 해답을 찾으려는 부단한 논의가 있었다. 그리고 대안적 권력구조로 몇 가지 안이 제시되었다. 첫째, 혼합제로부터 많은 문제가 야기되는 것으로 보고, 순수 대통령제로 바꾸어야 한다는 주장이다. 순수 대통령제를 주장하는 측은 총리제 폐지와 내각 책임제적 요소제거, 부통령제 도입 그리고 대통령 중임제 실시를 주장한다.

둘째, 지난 60년 동안 한국 정치에서 나타난 부정적인 측면과 현재 지속되고 있는 정치의 후진성이 대통령제와 관계된 것이라면서, 순수 내각 책임제를 채택해야 한다고 주장한다. 내각 책임제를 실시해야 하는 근거로 다음과 같은 이유를 들고 있다. 우선 한국의 정치문화에서 절대 권력은 절대 부패한다는 것이며, 탈산업화 사회에서 1인에게 권력을 집중하는 것은 비효율적이라는 것이다. 또한 대통령 선거는 막대한 선거자금이 들고 그것이 정치의 부패와 정경유착을 가져온다는 것이며, 내각 책임제를 실시함으로써 지역화합과 국민통합을 이룰 수 있다는 것이다. 독일과 예멘의 사례를 보면, 내각 책임제가 대통령제보다 평화 통일과 안보에 더 적합하며, 내각 책임제를 실시할 경우 책임정치를 실현할 수 있다는 것이다. 그러나 이러한 시각에 대해서, 내각 책임제를 실시하기 위한 사회적·정치적 기반이 조성되지 않아서 배타적 지역주의를 고착시키고, 끊임없이 정치적 불안정을 야기할 뿐만 아니라 강력한 리더십의 부재로 경제 위기 극복정책의 합리성을 저해할 것이라는 부정적인 시각도 있다.

셋째, 제6공화국 헌법을 개정하지 않고 제6공화국 헌법 규정 내에서 문제점을 해결하려는 시도로 두 가지 형태를 들 수 있다. 하나는 책임 총리제이며, 다른 하나는 중간수준 정치제도 보완론이다. 책임 총리제의 핵심은 제6공화국 헌법에 규정된 국무 총리제를 통해 헌법의 개정 없이 책임 총리제로 운영할 수 있다는 것이다. 그러나 제도에 의하지 않고 대통령의 자의적 판단과 정치적 타협에 의존해야 하는 불안정한 상황에서 야당의 책임 총리제 수용을 기대하기가 어렵다. 책임 총리제를 실시하는 데에는 많은 전제 조건과 제약이 따르므로 실질적인 분권형 대통령제로의 운영이 필요하다면 헌법 개정을 통해서 분권형 대통령제로의 개헌이 필요하다고 본다.

중간수준 정치제도 보완론의 경우는 문제의 해결방식으로 정당제도, 선거제도와 같은 정치제도를 대통령제와 조응하도록 바꾸자는 것이다. 우선 대통령 선거와 국회의원 선거 일정을 조절하여 분점정부 가능성을 낮출 수 있고, 대통령 선거에서 결선투표를 실시하면 결선 2차 투표에서 다양한 세력의 연합이 구축되고, 그 세력이 국회의 과반수 의석을 확보할 가능성이 크다는 것이다. 그 밖에 정당개혁과 정치 자금법의 개선을 통해서 대통령제의 효율적 운영을 유도할 수 있다고 주장한다.

이상에서 살펴본 대안적 권력구조 논의들도 나름대로의 논리적 근거를 갖고 있으나, 제6공화국 출범 이래 변화된 정당체제, 선거제도, 지방자치 그리고 정치문화 등을 고려할 때 조응성 면에서 분권형 대통령제가 가장 바람직한 것으로 보인다. 다시 말하면, 대통령제가 다수결 정치문화, 양당제, 선거정당, 다수 득표제와 잘 조응하는 데 비해, 분권형 대통령제는 협의제 정치문화, 정책정당, 비례대표제, 결선 투표제 그리고 지방분권화와 잘 조응할 수 있다는 점에서 대통령제보다는 분권형 대통령제가 한국의 정치 상황에 더 적실한 제도라 할 수 있다.

분권형 대통령제는 기본적으로 3가지 요소를 본질적 요소로 갖는다. 첫째, 대통령은 국민이 직접 선출하는 것을 원칙으로 하며, 둘째, 대통령은 국가 원수로서 상당한 실질적 권한을 갖고, 셋째, 총리와 내각은 행정권을 갖고 대통령을 견제하며, 의회의 신임에 의존한다. 여기에 추가하여 대통령의 의회 해산권과 대통령의 긴급권을 분권형 대통령제를 구성하는 주요 조직 운영 원리로 들 수 있다.

분권형 대통령제의 유형은 대통령 중심 분권형 대통령제와 총리 중심 분권형 대통령제로 나눌 수 있는데, 그 유형은 두 가지 차원에서 결정된다. 하나는 헌법에서 대통령과 총리의 권한을 명확히 규정하여, 어느 한쪽에 우월적 권한을 인정하는 경우이고, 다른 하나는 대통령과 총리의 위상이 의회의 의석에 따라 가변적으로 권력의 중심이 바뀌는 경우다. 후자의 경우 분권형 대통령제는 제반 상황 변화에 따라 실제적인 운영 형태가 대통령 중심 분권형 대통령제로 때로는 총리 중심 분권형 대통령제로 교체되면서 나타난다.

분권형 대통령제가 내각 책임제적 운영 요소를 갖고 있다는 점에서, 총리와 내각의 안정을 기하기 위해 독일의 재상제에서 비롯된 건설적 불신임제를 채택할 필요가 있다. 특히 한국의 경우 내각 책임제에 대한 경험 부족과 낮은 정당 제도화 수준, 다당제의 경향, 엄격한 당 규율 그리고 타협문화의 부재로 총리와 내각에 대한 불신임이 빈번할 수 있다는 점에서 분권형 대통령제 채택 시 건설적 불신임 제도의 필요성은 더욱 높아진다.

분권형 대통령제의 정치적 효과로는 첫째, 분점정부하에서 나타나는 대통령과 의회 간 교착상태의 제도적 해결이 가능하고, 눌째, 여야 간 혹은 행정부와 입법부 간 일정 부분 권력을 공유함으로써 책임정치의 구현이 기대되며, 셋째, 내각 책임제적 운영으로 정당이 행정부와 의회의 매개 역할을 함으로써 정당정치가 발전하고, 넷째, 분권형 대통령제가 갖고 있는 집단적 통치 성향으로 잠재적 정치 지도자의 양성과 검증이 가능하며, 대통령제하에서 발생하는 정권 간 경험의 단절 현상이 분권형 대통령제하에서는 완화됨으로써 대통령제하의 아마추어리즘의 폐해를 줄일 수 있고, 다섯째, 국가 원수와 행정부 수반을 분리시킴으로써 한 사람이 두 역할을 동시에 수행함에 따라 발생하는 역할 갈등을 해소할 수 있으며, 전임 정부의 평가와 책임을 정당을 통해 계승함으로써 국가 정책의 연속성에 대한 신뢰도를 향상시키는 것을 들 수 있다.

따라서 현시점에서 헌법 개정을 통해 제6공화국의 정부 권력구조를 개편한다면 대안적 권력구조로서 분권형 대통령제를 고려해 볼 수 있다.

부록

 OCED 국가의 정부형태

부록 1　OECD 국가의 정부형태

국가명	정체	정치제도	국가 수반 선출방법	국가 원수	정부 수반
영국	입헌군주제	내각제		국왕	총리
독일	연방공화제	재상제		대통령	총리
프랑스	중앙집권공화제	분권형 대통령제	직선(2차 투표)	대통령	총리
오스트리아	연방공화제	분권형 대통령제	직선	대통령	총리
이탈리아	중앙집권공화제	분권형 대통령제		대통령	총리
스웨덴	입헌군주제	내각제		국왕	총리
스위스	기타연방정부	집정부제		대통령	대통령
스페인	입헌군주제	내각제		국왕	총리
핀란드	중앙집권공화제	분권형 대통령제	직선(2차 투표)	대통령	총리
폴란드	중앙집권공화제	분권형 대통령제	직선(2차 투표)	대통령	총리
포르투갈	중앙집권공화제	분권형 대통령제	직선	대통령	총리
덴마크	입헌군주제	내각제		국왕	총리
터키	중앙집권공화제	분권형 대통령제	대통령: 간선 (의회)	대통령	총리
체코	중앙집권공화제	분권형 대통령제		대통령	총리
헝가리	중앙집권공화제	분권형 대통령제	대통령: 간선 (의회)	대통령	총리
슬로바키아	중앙집권공화제	분권형 대통령제	직선	대통령	총리
아일랜드	중앙집권공화제	분권형 대통령제	직선	대통령	총리
룩셈부르크	입헌군주제	내각제		대공	총리
벨기에	입헌군주제	내각제		국왕	총리
네덜란드	입헌군주제	내각제		국왕	총리
그리스	중앙집권공화제	분권형 대통령제		대통령	총리
노르웨이	입헌군주제	내각제		국왕	총리
아이슬란드	중앙집권공화제	분권형 대통령제		내통령	총리
영국	입헌군주제	내각제		국왕	총리

국가명	정체	정치제도	국가 수반 선출방법	국가 원수	정부 수반
호주		내각제		영국 국왕	총리
뉴질랜드	입헌군주제	내각제		영국 국왕	총리
대한민국	중앙집권공화제	대통령제	직선(1차 투표)	대통령	대통령
일본	입헌군주제	내각제		국왕	총리
미국	연방공화제	대통령제	간선(선거인단)	대통령	대통령
캐나다	연방의회제	내각제		영국 국왕	총리
멕시코	연방공화제	대통령제	직선(1차 투표)	대통령	대통령

부록 2   세계 주요 국가의 정부형태와 경제 규모

1) 유럽의 주요 국가

국가명	인구 (단위 : 명)	면적 (단위 : ㎢)	1인당 GDP (단위 : $)	君主	정체	정치제도	국가 수반 선출방법
영국	58,989,000	244,110	23,590	O	입헌군주제	내각제	
독일	82,142,831	356,978	25,620	X	연방공화제	재상제	
프랑스	58,615,681	543,965	24,170	X	중앙집권공화제	분권형 대통령제	직선(2차 투표)
오스트리아	8,087,224	83,859	25,430	X	연방공화제	분권형 대통령제	직선
이탈리아	57,510,550	301,323	20,170	X	중앙집권공화제	분권형 대통령제	

국가명	인구 (단위 : 명)	면적 (단위 : ㎢)	1인당 GDP (단위 : $)	君主	정체	정치제도	국가 수반 선출방법
러시아	147,230,610	17,075,400	2,250	X	연방공화제	분권형 대통령제	직선(2차 투표)
스웨덴	8,863,140	449,964	26,750	O	입헌군주제	내각제	
스위스	7,116,246	41,285	38,380	X	기타연방정부	집정부제	
스페인	39,323,000	505,990	14,800	O	입헌군주제	내각제	
핀란드	5,145,429	338,145	24,730	X	중앙집권공화제	분권형 대통령제	직선(2차 투표)
폴란드	38,801,834	312,685	4,070	X	중앙집권공화제	분권형 대통령제	직선(2차 투표)
포르투갈	9,988,000	92,135	15,800	X	중앙집권공화제	분권형 대통령제	직선
덴마크	5,284,402	43,094	32,050	O	입헌군주제	내각제	
터키	63,528,225	779,452	2,900	X	중앙집권공화제	내각제	대통령 : 간선(의회)
체코	10,307,375	78,866	5,020	X	중앙집권공화제	분권형 대통령제	
크로아 티아	4,774,000	56,610	4,530	X		대통령제	
헝가리	10,157,000	93,030	4,630	X	중앙집권공화제	분권형 대통령제	대통령 : 간선(의회)
슬로바 키아	5,404,268	49,036	3,770	X	중앙집권공화제	분권형 대통령제	직선
루마니아	22,571,827	237,500	2,250	X	중앙집권공화제	분권형 대통령제	직선(2차 투표)
아일랜드	3,643,672	70,285	21,470	X	중앙집권공화제	분권형 대통령제	직선
룩셈부 르크	420,018	2,586	42,930	O	입헌군주제	내각제	
벨기에	10,189,000	30,528	24,650	O	입헌군주제	내각제	
불가리아	8,328,921	110,994	1,410	X	중앙집권공화제	분권형 대통령제	직선(2차 투표)
네덜란드	15,618,037	41,526	25,140	O	입헌군주제	내각제	
그리스	10,540,679	131,957	12,110	X	중앙집권공화제	분권형 대통령제	
노르웨이	4,404,742	323,878	33,470	O	입헌군주제	내각제	
우크라 이나	51,150,408	603,700	840	X	중앙집권공화제	분권형 대통령제	직선(2차 투표)

2) 아시아의 주요 국가

국가명	인구 (단위 : 명)	면적 (단위 : ㎢)	1인당 GDP (단위 : $)	君主	정체	정치제도	국가 수반 선출방법
한국	46,858,000	99,268	8,490	X	중앙집권공화제	대통령제	직선(1차 투표)
일본	126,110,000	377,819	32,035	O	입헌군주제	내각제	
중국	1,227,740,000	9,572,900	750	X	중앙집권공화제 (공산당단일정당)		
인도	967,612,804	3,165,596	440	X	연방공화제	내각제	대통령: 간선(선거인단)
인도네시아	199,543,570	1,919,317	600	X	중앙집권공화제	대통령제	간선(선거인단)
싱가포르	3,103,604	646	29,660	X	중앙집권공화제	내각제	대통령: 직선
말레이시아	21,767,358	329,733	3,390	O	입헌군주제	내각제	
브루나이	307,616	5,765	22,278	O	군주제		
필리핀	71,538,593	300,076	1,050	X	중앙집권공화제	대통령제	직선(1차 투표)
캄보디아	10,385,250	181,916	260	O	입헌군주제	내각제	
파키스탄	136,183,030	796,095	470	X	기타연방정부 (이슬람 연방공화제)	대통령제	간선(의회)
스리랑카	18,663,000	65,610	810	X	중앙집권 공화제	분권형 대통령제	직선(1차 투표)
태국	60,602,000	513,115	2,010	O	입헌군주제	내각제	
몽골	2,372,858	1,586,500	390	X	중앙집권공화제	대통령제	직선(1차 투표)
대만	21,616,273	36,179	14,216	X	중앙집권공화제	대통령제	직선(1차 투표)
카자흐스탄	16,553,652	2,724,900	1,250	X	중앙집권공화제	대통령제	직선(1차 투표)
방글라데시	125,340,261	147,570	350	X	중앙집권공화제	내각제	대통령: 간선(의회)
네팔	21,423,649	147,181	220	O	입헌군주제	내각제	

3) 미주의 주요 국가

국가명	인구 (단위 : 명)	면적 (단위 : ㎢)	1인당 GDP (단위 : $)	君主	정체	정치제도	국가 수반 선출방법
미국	267,839,000	9,529,063	35,040	X	연방공화제	대통령제	간선(선거인단)
캐나다	30,287,000	9,970,610	20,140	O	연방의회제	내각제	
브라질	159,691,000	8,547,404	4,350	X	연방공화제	대통령제	직선(2차투표)
멕시코	94,275,449	1,958,201	4,440	X	연방공화제	대통령제	직선(1차투표)
우루과이	3,185,257	176,215	6,220	X	중앙집권공화제	대통령제	직선(1차투표)
수리남	424,253	163,820	1,660	X	중앙집권공화제	대통령제	간선(의회)
에콰도르	11,936,858	272,045	1,360	X	중앙집권공화제	대통령제	직선(2차투표)
칠레	14,582,814	756,626	4,630	X	중앙집권공화제	대통령제	직선(2차투표)
자메이카	2,592,000	10,991	2,430	O	입헌군주제		
페루	24,371,043	1,285,216	2,130	X	중앙집권공화제	대통령제	직선(2차투표)
볼리비아	7,767,059	1,098,581	990	X	중앙집권공화제	대통령제	직선(2차투표)
엘살바도르	5,661,827	21,041	1,920	X	중앙집권공화제	대통령제	직선(2차투표)
도미니카 공화국	7,802,000	48,672	1,920	X	중앙집권공화제	대통령제	직선(2차투표)
베네수엘라	22,777,152	912,050	3,680	X	연방공화제	대통령제	직선(1차투표)
코스타리카	3,468,020	51,100	3,570	X	중앙집권공화제	대통령제	직선(2차투표)
콜롬비아	36,200,000	1,141,568	2,170	X	중앙집권공화제	대통령제	직선(2차투표)
과테말라	11,241,541	108,889	1,680	X	중앙집권공화제	대통령제	직선(2차투표)
온두라스	5,823,219	112,492	760	X	중앙집권공화제	대통령제	직선(1차투표)
니카라과	4,923,000	131,812	410	X	중앙집권공화제	대통령제	직선(2차투표)
파나마	2,718,686	75,517	3,080	X	중앙집권공화제	대통령제	직선(1차투표)
파라과이	5,089,468	406,752	1,560	X	중앙집권공화제	대통령제	직선(2차투표)

4) 중동의 주요 국가

국가명	인구 (단위 : 명)	면적 (단위 : ㎢)	1인당 GDP (단위 : $)	君 主	정체	정치제도	국가 수반 선출방법
레바논	3,112,000	10,400	3,700	X	중앙집권공화제	대통령제	간선(의회)
이라크	22,219,289	435,052	850	X	중앙집권공화제 (실제단일정당)	대통령제	간선(혁명 평의회)
오만	2,264,590	309,500	5,950	O	군주제		
요르단	4,522,098	89,326	1,630	O	입헌군주제		
시리아	15,008,558	185,180	970	X	중앙집권공화제	대통령제	직선
바레인	620,378	694	7,640	O	군주제		
사우디아라 비아	19,072,000	2,248,000	6,900	O	군주제		
예멘공화국	16,496,000	555,000	360	X	공화제	대통령제	직선(1차 투표)
이란	62,304,727	1,645,258	1,810	X	이슬람 독재체제	대통령제	직선(1차 투표)
이스라엘	5,652,446	20,400	16,310	X	중앙집권공화제	내각제	대통령 : 의회에서 선출
카타르	561,000	11,427	11,600	O	군주제		
쿠웨이트	1,809,270	17,818	20,910	O	입헌군주제		
아랍에미리트	2,580,000	83,600	17,965	X	기타연방정부	대통령제	간선(최고 회의)

출처 : 황태연, 박명호, 『분권형 대통령제 연구』, (서울, 동국 대학교 출판부, 2003), pp.129 - 131.
* OECD국가의 정부형태는, 2009년 1월 현재 OECD 국가들을 대상으로 본서 권력구조 분류기준에 의거하여 재작성함.
* 본 연구 분류기준과 비교하여 다소 차이가 나는 국가들이 있음. 예를 들면, 황태연·박명호는 터키를 내각제로 분류하였으나, 본서 분류기준에 의하면 터키는 분권형 대통령제로 분류됨.

[전부개정 1987. 10. 29 헌법 제10호]

前 文

悠久한 歷史와 傳統에 빛나는 우리 大韓國民은 3·1運動으로 建立된 大韓民國臨時政府의 法統과 不義에 抗拒한 4·19民主理念을 계승하고, 祖國의 民主改革과 平和的 統一의 使命에 입각하여 正義·人道와 同胞愛로써 民族의 團結을 공고히 하고, 모든 社會的 弊習과 不義를 타파하며, 自律과 調和를 바탕으로 自由民主的 基本秩序를 더욱 확고히 하여 政治·經濟·社會·文化의 모든 領域에 있어서 各人의 機會를 균등히 하고, 能力을 最高度로 발휘하게 하며, 自由와 權利에 따르는 責任과 義務를 완수하게 하여, 안으로는 國民生活의 균등한 향상을 기하고 밖으로는 항구적인 世界平和와 人類共榮에 이바지함으로써 우리들과 우리들의 子孫의 安全과 自由와 幸福을 영원히 확보할 것을 다짐하면서 1948年 7月 12日에 制定되고 8次에 걸쳐 改正된 憲法을 이제 國會의 議決을 거쳐 國民投票에 의하여 改正한다.

第1章 總綱

第1條 ①大韓民國은 民主共和國이다.

②大韓民國의 主權은 國民에게 있고, 모든 權力은 國民으로부터 나온다.

第2條 ①大韓民國의 國民이 되는 요건은 法律로 정한다.

②國家는 法律이 정하는 바에 의하여 在外國民을 보호할 義務를 진다.

第3條 大韓民國의 領土는 韓半島와 그 附屬島嶼로 한다.

第4條 大韓民國은 統一을 指向하며, 自由民主的 基本秩序에 입각한 平和的 統一政策을 수립하고 이를 추진한다.

第5條 ①大韓民國은 國際平和의 유지에 노력하고 侵略的 戰爭을 否認한다.

②國軍은 國家의 安全保障과 國土防衛의 神聖한 義務를 수행함을 使命으로 하며, 그 政治的 中立性은 준수된다.

第6條 ①憲法에 의하여 체결·公布된 條約과 一般的으로 승인된 國際法規는 國內法과 같은 效力을 가진다.

②外國人은 國際法과 條約이 정하는 바에 의하여 그 地位가 보장된다.

第7條 ①公務員은 國民全體에 대한 奉仕者이며, 國民에 대하여 責任을 진다.

②公務員의 身分과 政治的 中立性은 法律이 정하는 바에 의하여 보장된다.

第8條 ①政黨의 設立은 自由이며, 複數政黨制는 보장된다.

②政黨은 그 目的·組織과 活動이 民主的이어야 하며, 國民의 政治的 意思形成에 참여하는 데 필요한 組織을 가져야 한다.

③政黨은 法律이 정하는 바에 의하여 國家의 보호를 받으며, 國家는 法律이 정하는 바에 의하여 政黨運營에 필요한 資金을 補助할 수 있다.

④政黨의 目的이나 活動이 民主的 基本秩序에 違背될 때에는 政府는 憲法裁判所에 그 解散을 提訴할 수 있고, 政黨은 憲法裁判所의 審判에 의하여 解散된다.

第9條 國家는 傳統文化의 계승·발전과 民族文化의 暢達에 노력하여야 한다.

第2章 國民의 權利와 義務

第10條 모든 國民은 人間으로서의 尊嚴과 價値를 가지며, 幸福을 追求할 權利를 가진다. 國家는 개인이 가지는 不可侵의 基本的 人權을 확인하고 이를 보장할 義務를 진다.

第11條 ①모든 國民은 法 앞에 平等하다. 누구든지 性別·宗教 또는 社會的 身分에 의하여 政治的·經濟的·社會的·文化的 生活의 모든 領域에 있어서 차별을 받지 아니한다.

②社會的 特殊階級의 制度는 인정되지 아니하며, 어떠한 形態로도 이를 創設할 수 없다.

③勳章 등의 榮典은 이를 받은 者에게만 效力이 있고, 어떠한 特權도 이에 따르지 아니한다.

第12條 ①모든 國民은 身體의 自由를 가진다. 누구든지 法律에 의하지 아니하고는 逮捕·拘束·押收·搜索 또는 審問을 받지 아니하며, 法律과 適法한 節次에 의하지 아니하고는 處罰·保安處分 또는 强制勞役을 받지 아니한다.

②모든 國民은 拷問을 받지 아니하며, 刑事上 자기에게 不利한 陳述을 强要당하지 아니한다.

③逮捕·拘束·押收 또는 搜索을 할 때에는 適法한 節次에 따라 檢事의 申請에 의하여 法官이 발부한 令狀을 제시하여야 한다. 다만, 現行犯人인 경우와 長期 3年 이상의 刑에 해당하는 罪를 범하고 逃避 또는 證據湮滅의 염려가 있을 때에는 事後에 令狀을 請求할 수 있다.

④누구든지 逮捕 또는 拘束을 당한 때에는 즉시 辯護人의 助力을 받을 權利를 가진다. 다만, 刑事被告人이 스스로 辯護人을 구할 수 없을 때에는 法律이 정하는 바에 의하여 國家가 辯護人을 붙인다.

⑤누구든지 逮捕 또는 拘束의 이유와 辯護人의 助力을 받을 權利가 있을 告知받지 아니하고는 逮捕 또는 拘束을 당하지 아니한다. 逮捕 또는 拘束을 당한 者의 家族 등 法律이 정하는 者에게는 그 이유와 日時·場所가 지체 없이 통지되어야 한다.

⑥누구든지 逮捕 또는 拘束을 당한 때에는 適否의 審査를 法院에 請求할 權利를 가진다.

⑦被告人의 自白이 拷問·暴行·脅迫·拘束의 부당한 長期化 또는 欺罔 기타의 방법에 의하여 自意로 陳述된 것이 아니라고 인정될 때 또는 正式裁判에 있어서 被告人의 自白이 그에게 不利한 유일한 증거일 때에는 이를 有罪의 증거로 삼거나 이를 이유로 處罰할 수 없다.

第13條 ①모든 國民은 行爲時의 法律에 의하여 犯罪를 구성하지 아니

하는 행위로 訴追되지 아니하며, 동일한 犯罪에 대하여 거듭 處罰
받지 아니한다.

②모든 國民은 遡及立法에 의하여 參政權의 제한을 받거나 財産權
을 剝奪당하지 아니한다.

③모든 國民은 자기의 행위가 아닌 親族의 행위로 인하여 불이익한
處遇를 받지 아니한다.

第14條 모든 國民은 居住·移轉의 自由를 가진다.

第15條 모든 國民은 職業選擇의 自由를 가진다.

第16條 모든 國民은 住居의 自由를 침해받지 아니한다. 住居에 대한
押收나 搜索을 할 때에는 檢事의 申請에 의하여 法官이 발부한 令
狀을 제시하여야 한다.

第17條 모든 國民은 私生活의 秘密과 自由를 침해받지 아니한다.

第18條 모든 國民은 通信의 秘密을 침해받지 아니한다.

第19條 모든 國民은 良心의 自由를 가진다.

第20條 ①모든 國民은 宗敎의 自由를 가진다.
②國敎는 인정되지 아니하며, 宗敎와 政治는 分離된다.

第21條 ①모든 國民은 言論·出版의 自由와 集會·結社의 自由를 가
진다.
②言論·出版에 대한 許可나 檢閱과 集會·結社에 대한 許可는
인정되지 아니한다.
③通信·放送의 施設基準과 新聞의 機能을 보장하기 위하여 필
요한 사항은 法律로 정한다.

④言論・出版은 他人의 名譽나 權利 또는 公衆道德이나 社會倫理를 침해하여서는 아니 된다. 言論・出版이 他人의 名譽나 權利를 침해한 때에는 被害者는 이에 대한 被害의 賠償을 請求할 수 있다.

第22條 ①모든 國民은 學問과 藝術의 自由를 가진다.
②著作者・發明家・科學技術者와 藝術家의 權利는 法律로써 보호한다.

第23條 ①모든 國民의 財産權은 보장된다. 그 내용과 限界는 法律로 정한다.
②財産權의 행사는 公共福利에 적합하도록 하여야 한다.
③公共必要에 의한 財産權의 收用・사용 또는 제한 및 그에 대한 補償은 法律로써 하되, 정당한 補償을 支給하여야 한다.

第24條 모든 國民은 法律이 정하는 바에 의하여 選擧權을 가진다.

第25條 모든 國民은 法律이 정하는 바에 의하여 公務擔任權을 가진다.

第26條 ①모든 國民은 法律이 정하는 바에 의하여 國家機關에 文書로 請願할 權利를 가진다.
② 國家는 請願에 대하여 審査할 義務를 진다.

第27條 ①모든 國民은 憲法과 法律이 정한 法官에 의하여 法律에 의한 裁判을 받을 權利를 가진다.
②軍人 또는 軍務員이 아닌 國民은 大韓民國의 領域안에서는 중대한 軍事上 機密・哨兵・哨所・有毒飮食物供給・捕虜・軍用物에 관한 罪중 法律이 정한 경우와 非常戒嚴이 宣布된 경우를 제외하고는 軍事法院의 裁判을 받지 아니한다.

③모든 國民은 신속한 裁判을 받을 權利를 가진다. 刑事被告人은 상당한 이유가 없는 한 지체 없이 公開裁判을 받을 權利를 가진다.
④刑事被告人은 有罪의 判決이 확정될 때까지는 無罪로 推定된다.
⑤刑事被害者는 法律이 정하는 바에 의하여 당해 事件의 裁判節次에서 陳述할 수 있다.

第28條 刑事被疑者 또는 刑事被告人으로서 拘禁되었던 者가 法律이 정하는 不起訴處分을 받거나 無罪判決을 받은 때에는 法律이 정하는 바에 의하여 國家에 정당한 補償을 請求할 수 있다.

第29條 ①公務員의 職務上 不法行爲로 損害를 받은 國民은 法律이 정하는 바에 의하여 國家 또는 公共團體에 정당한 賠償을 請求할 수 있다. 이 경우 公務員 자신의 責任은 免除되지 아니한다.
②軍人·軍務員·警察公務員 기타 法律이 정하는 者가 戰鬪·訓練등 職務 執行과 관련하여 받은 損害에 대하여는 法律이 정하는 報償외에 國家 또는 公共團體에 公務員의 職務上 不法行爲로 인한 賠償은 請求할 수 없다.

第30條 他人의 犯罪行爲로 인하여 生命·身體에 대한 被害를 받은 國民은 法律이 정하는 바에 의하여 國家로부터 救助를 받을 수 있다.

第31條 ①모든 國民은 能力에 따라 균등하게 敎育을 받을 權利를 가진다.
②모든 國民은 그 보호하는 子女에게 적어도 初等敎育과 法律이 정하는 敎育을 받게 할 義務를 진다.
③義務敎育은 無償으로 한다.
④敎育의 自主性·專門性·政治的 中立性 및 大學의 自律性은 法律이 정하는 바에 의하여 보장된다.
⑤國家는 平生敎育을 振興하여야 한다.

⑥學校教育 및 平生教育을 포함한 敎育制度와 그 운영, 敎育財政 및 敎員의 地位에 관한 基本的인 사항은 法律로 정한다.

第32條 ①모든 國民은 勤勞의 權利를 가진다. 國家는 社會的·經濟的 방법으로 勤勞者의 雇傭의 增進과 適正賃金의 보장에 노력하여야 하며, 法律이 정하는 바에 의하여 最低賃金制를 施行하여야 한다.
②모든 國民은 勤勞의 義務를 진다. 國家는 勤勞의 義務의 내용과 조건을 民主主義原則에 따라 法律로 정한다.
③勤勞條件의 基準은 人間의 尊嚴性을 보장하도록 法律로 정한다.
④女子의 勤勞는 특별한 보호를 받으며, 雇傭·賃金 및 勤勞條件에 있어서 부당한 차별을 받지 아니한다.
⑤年少者의 勤勞는 특별한 보호를 받는다.
⑥國家有功者·傷痍軍警 및 戰歿軍警의 遺家族은 法律이 정하는 바에 의하여 優先的으로 勤勞의 機會를 부여받는다.

第33條 ①勤勞者는 勤勞條件의 향상을 위하여 自主的인 團結權·團體交涉權 및 團體行動權을 가진다.
②公務員인 勤勞者는 法律이 정하는 者에 한하여 團結權·團體交涉權 및 團體行動權을 가진다.
③法律이 정하는 主要防衛産業體에 종사하는 勤勞者의 團體行動權은 法律이 정하는 바에 의하여 이를 제한하거나 인정하지 아니할 수 있다.

第34條 ① 모든 國民은 人間다운 生活을 할 權利를 가진다.
②國家는 社會保障·社會福祉의 增進에 노력할 義務를 진다.
③國家는 女子의 福祉와 權益의 향상을 위하여 노력하여야 한다.
④國家는 老人과 靑少年의 福祉向上을 위한 政策을 실시할 義務

를 진다.

⑤身體障碍者 및 疾病·老齡 기타의 사유로 生活能力이 없는 國民은 法律이 정하는 바에 의하여 國家의 보호를 받는다.

⑥國家는 災害를 豫防하고 그 위험으로부터 國民을 보호하기 위하여 노력하여야 한다.

第35條 ①모든 國民은 건강하고 快適한 環境에서 生活할 權利를 가지며, 國家와 國民은 環境保全을 위하여 노력하여야 한다.

②環境權의 내용과 행사에 관하여는 法律로 정한다.

③國家는 住宅開發政策 등을 통하여 모든 國民이 快適한 住居生活을 할 수 있도록 노력하여야 한다.

第36條 ①婚姻과 家族生活은 개인의 尊嚴과 兩性의 平等을 기초로 成立되고 유지되어야 하며, 國家는 이를 보장한다.

②國家는 母性의 보호를 위하여 노력하여야 한다.

③모든 國民은 保健에 관하여 國家의 보호를 받는다.

第37條 ①國民의 自由와 權利는 憲法에 열거되지 아니한 이유로 輕視되지 아니한다.

②國民의 모든 自由와 權利는 國家安全保障·秩序維持 또는 公共福利를 위하여 필요한 경우에 한하여 法律로써 제한할 수 있으며, 제한하는 경우에도 自由와 權利의 本質的인 내용을 침해할 수 없다.

第38條 모든 國民은 法律이 정하는 바에 의하여 納稅의 義務를 진다.

第39條 ①모든 國民은 法律이 정하는 바에 의하여 國防의 義務를 진다.

②누구든지 兵役義務의 이행으로 인하여 불이익한 處遇를 받지 아니한다.

第3章 國會

第40條 立法權은 國會에 속한다.

第41條 ①國會는 國民의 普通・平等・直接・秘密選擧에 의하여 選出
된 國會議員으로 구성한다.
②國會議員의 數는 法律로 정하되, 200人 이상으로 한다.
③國會議員의 選擧區와 比例代表制 기타 選擧에 관한 사항은 法
律로 정한다.

第42條 國會議員의 任期는 4年으로 한다.

第43條 國會議員은 法律이 정하는 職을 겸할 수 없다.

第44條 ①國會議員은 現行犯人인 경우를 제외하고는 會期 中 國會의
同意없이 逮捕 또는 拘禁되지 아니한다.
②國會議員이 會期 前에 逮捕 또는 拘禁된 때에는 現行犯人이
아닌 한 國會의 요구가 있으면 會期 中 釋放된다.

第45條 國會議員은 國會에서 職務上 행한 發言과 表決에 관하여 國會
외에서 責任을 지지 아니한다.

第46條 ①國會議員은 清廉의 義務가 있다.
②國會議員은 國家利益을 우선하여 良心에 따라 職務를 행한다.
③國會議員은 그 地位를 濫用하여 國家・公共團體 또는 企業體와
의 契約이나 그 處分에 의하여 財産上의 權利・이익 또는 職位를
취득하거나 他人을 위하여 그 취득을 알선할 수 없다.

第47條 ①國會의 定期會는 法律이 정하는 바에 의하여 매년 1回 集會

되며, 國會의 臨時會는 大統領 또는 國會在籍議員 4分의 1 이상
의 요구에 의하여 集會된다.

②定期會의 會期는 100日을, 臨時會의 會期는 30日을 초과할 수
없다.

③大統領이 臨時會의 集會를 요구할 때에는 期間과 集會要求의
이유를 명시하여야 한다.

第48條 國會는 議長 1人과 副議長 2人을 選出한다.

第49條 國會는 憲法 또는 法律에 특별한 規定이 없는 한 在籍議員 過
半數의 출석과 出席議員 過半數의 贊成으로 議決한다. 可否同數
인 때에는 否決된 것으로 본다.

第50條 ①國會의 會議는 公開한다. 다만, 出席議員 過半數의 贊成이
있거나 議長이 國家의 安全保障을 위하여 필요하다고 인정할 때
에는 公開하지 아니할 수 있다.

②公開하지 아니한 會議內容의 公表에 관하여는 法律이 정하는
바에 의한다.

第51條 國會에 제출된 法律案 기타의 議案은 會期 중에 議決되지 못한
이유로 폐기되지 아니한다. 다만, 國會議員의 任期가 만료된 때에
는 그러하지 아니하다.

第52條 國會議員과 政府는 法律案을 제출할 수 있다.

第53條 ①國會에서 議決된 法律案은 政府에 移送되어 15日 이내에 大
統領이 公布한다.

②法律案에 異議가 있을 때에는 大統領은 第1項의 期間 내에 異
議書를 붙여 國會로 還付하고, 그 再議를 요구할 수 있다. 國會의

閉會 중에도 또한 같다.

③大統領은 法律案의 일부에 대하여 또는 法律案을 修正하여 再議를 요구할 수 없다.

④再議의 요구가 있을 때에는 國會는 再議에 붙이고, 在籍議員過半數의 출석과 出席議員 3分의 2 이상의 贊成으로 前과 같은 議決을 하면 그 法律案은 法律로서 확정된다.

⑤大統領이 第1項의 期間 내에 公布나 再議의 요구를 하지 아니한 때에도 그 法律案은 法律로서 확정된다.

⑥大統領은 第4項과 第5項의 規定에 의하여 확정된 法律을 지체 없이 公布하여야 한다. 第5項에 의하여 法律이 확정된 후 또는 第4項에 의한 確定法律이 政府에 移送된 후 5日 이내에 大統領이 公布하지 아니할 때에는 國會議長이 이를 公布한다.

⑦法律은 특별한 規定이 없는 한 公布한 날로부터 20日을 경과함으로써 效力을 발생한다.

第54條 ①國會는 國家의 豫算案을 審議·확정한다.

②政府는 會計年度마다 豫算案을 編成하여 會計年度 開始 90日 전까지 國會에 제출하고, 國會는 會計年度 開始 30日 전까지 이를 議決하여야 한다.

③새로운 會計年度가 開始될 때까지 豫算案이 議決되지 못한 때에는 政府는 國會에서 豫算案이 議決될 때까지 다음의 目的을 위한 經費는 前年度 豫算에 準하여 執行할 수 있다.

1. 憲法이나 法律에 의하여 設置된 機關 또는 施設의 유지·운영

2. 法律上 支出義務의 이행

3. 이미 豫算으로 승인된 事業의 계속

第55條 ①한 會計年度를 넘어 계속하여 支出할 필요가 있을 때에는 政

府는 年限을 정하여 繼續費로서 國會의 議決을 얻어야 한다.

②豫備費는 總額으로 國會의 議決을 얻어야 한다. 豫備費의 支出은 次期國會의 승인을 얻어야 한다.

第56條 政府는 豫算에 變更을 加할 필요가 있을 때에는 追加更正豫算案을 編成하여 國會에 제출할 수 있다.

第57條 國會는 政府의 同意없이 政府가 제출한 支出豫算 各項의 金額을 增加하거나 새 費目을 設置할 수 없다.

第58條 國債를 모집하거나 豫算 외에 國家의 부담이 될 契約을 체결하려 할 때에는 政府는 미리 國會의 議決을 얻어야 한다.

第59條 租稅의 種目과 稅率은 法律로 정한다.

第60條 ①國會는 相互援助 또는 安全保障에 관한 條約, 중요한 國際組織에 관한 條約, 友好通商航海條約, 主權의 制約에 관한 條約, 講和條約, 國家나 國民에게 중대한 財政的 부담을 지우는 條約 또는 立法事項에 관한 條約의 체결·批准에 대한 同意權을 가진다.

②國會는 宣戰布告, 國軍의 外國에의 派遣 또는 外國軍隊의 大韓民國 領域 안에서의 駐留에 대한 同意權을 가진다.

第61條 ①國會는 國政을 監査하거나 특정한 國政事案에 대하여 調査할 수 있으며, 이에 필요한 書類의 提出 또는 證人의 출석과 證言이나 의견의 陳述을 요구할 수 있다.

②國政監査 및 調査에 관한 節次 기타 필요한 사항은 法律로 정한다.

第62條 ①國務總理·國務委員 또는 政府委員은 國會나 그 委員會에

출석하여 國政處理狀況을 보고하거나 의견을 陳述하고 質問에 응
답할 수 있다.

②國會나 그 委員會의 요구가 있을 때에는 國務總理·國務委員
또는 政府委員은 출석·답변하여야 하며, 國務總理 또는 國務委
員이 出席要求를 받은 때에는 國務委員 또는 政府委員으로 하여
금 출석·답변하게 할 수 있다.

第63條 ①國會는 國務總理 또는 國務委員의 解任을 大統領에게 建議
할 수 있다.

②第1項의 解任建議는 國會在籍議員 3分의 1 이상의 發議에 의
하여 國會在籍議員 過半數의 贊成이 있어야 한다.

第64條 ①國會는 法律에 저촉되지 아니하는 범위 안에서 議事와 內部
規律에 관한 規則을 制定할 수 있다.

②國會는 議員의 資格을 審査하며, 議員을 懲戒할 수 있다.

③議員을 除名하려면 國會在籍議員 3分의 2 이상의 贊成이 있어
야 한다.

④第2項과 第3項의 處分에 대하여는 法院에 提訴할 수 없다.

第65條 ①大統領·國務總理·國務委員·行政各部의 長·憲法裁判
所 裁判官·法官·中央選擧管理委員會 委員·監査院長·監査
委員 기타 法律이 정한 公務員이 그 職務執行에 있어서 憲法이나
法律을 違背한 때에는 國會는 彈劾의 訴追를 議決할 수 있다.

②第1項의 彈劾訴追는 國會在籍議員 3分의 1 이상의 發議가 있
어야 하며, 그 議決은 國會在籍議員 過半數의 贊成이 있어야 한
다. 다만, 大統領에 대한 彈劾訴追는 國會在籍議員 過半數의 發
議와 國會在籍議員 3分의 2 이상의 贊成이 있어야 한다.

③彈劾訴追의 議決을 받은 者는 彈劾審判이 있을 때까지 그 權限 行使가 정지된다.

④彈劾決定은 公職으로부터 罷免함에 그친다. 그러나 이에 의하여 民事上이나 刑事上의 責任이 免除되지는 아니한다.

第4章 政府

第1節 大統領

第66條 ①大統領은 國家의 元首이며, 外國에 대하여 國家를 代表한다.

②大統領은 國家의 獨立·領土의 保全·國家의 繼續性과 憲法을 守護할 責務를 진다.

③大統領은 祖國의 平和的 統一을 위한 성실한 義務를 진다.

④行政權은 大統領을 首班으로 하는 政府에 속한다.

第67條 ①大統領은 國民의 普通·平等·直接·秘密選擧에 의하여 選出한다.

②第1項의 選擧에 있어서 最高得票者가 2人 이상인 때에는 國會의 在籍議員 過半數가 출석한 公開會議에서 多數票를 얻은 者를 當選者로 한다.

③大統領候補者가 1人일 때에는 그 得票數가 選擧權者 總數의 3分의 1 이상이 아니면 大統領으로 當選될 수 없다.

④大統領으로 選擧될 수 있는 者는 國會議員의 被選擧權이 있고 選擧日 현재 40歲에 達하여야 한다.

⑤大統領의 選擧에 관한 사항은 法律로 정한다.

第68條 ①大統領의 任期가 만료되는 때에는 任期滿了 70日 내지 40日

전에 後任者를 選擧한다.

②大統領이 闕位된 때 또는 大統領 當選者가 死亡하거나 判決 기타의 사유로 그 資格을 喪失한 때에는 60日 이내에 後任者를 選擧한다.

第69條 大統領은 就任에 즈음하여 다음의 宣誓를 한다.

"나는 憲法을 준수하고 國家를 保衛하며 祖國의 平和的 統一과 國民의 自由와 福利의 增進 및 民族文化의 暢達에 노력하여 大統領으로서의 職責을 성실히 수행할 것을 國民 앞에 엄숙히 宣誓합니다."

第70條 大統領의 任期는 5年으로 하며, 重任할 수 없다.

第71條 大統領이 闕位되거나 事故로 인하여 職務를 수행할 수 없을 때에는 國務總理, 法律이 정한 國務委員의 順序로 그 權限을 代行한다.

第72條 大統領은 필요하다고 인정할 때에는 外交·國防·統一 기타 國家安危에 관한 重要政策을 國民投票에 붙일 수 있다.

第73條 大統領은 條約을 체결·批准하고, 外交使節을 信任·접수 또는 派遣하며, 宣戰布告와 講和를 한다.

第74條 ①大統領은 憲法과 法律이 정하는 바에 의하여 國軍을 統帥한다.
② 國軍의 組織과 編成은 法律로 정한다.

第75條 大統領은 法律에서 구체적으로 범위를 정하여 委任받은 사항과 法律을 執行하기 위하여 필요한 사항에 관하여 大統領令을 발할 수 있다.

第76條 ①大統領은 內憂・外患・天災・地變 또는 중대한 財政・經濟
上의 危機에 있어서 國家의 安全保障 또는 公共의 安寧秩序를 유
지하기 위하여 긴급한 措置가 필요하고 國會의 集會를 기다릴 여유
가 없을 때에 한하여 최소한으로 필요한 財政・經濟上의 處分을
하거나 이에 관하여 法律의 效力을 가지는 命令을 발할 수 있다.
②大統領은 國家의 安危에 관계되는 중대한 交戰狀態에 있어서
國家를 保衛하기 위하여 긴급한 措置가 필요하고 國會의 集會가
불가능한 때에 한하여 法律의 效力을 가지는 命令을 발할 수 있다.
③大統領은 第1項과 第2項의 處分 또는 命令을 한 때에는 지체
없이 國會에 보고하여 그 승인을 얻어야 한다.
④第3項의 승인을 얻지 못한 때에는 그 處分 또는 命令은 그때부
터 效力을 喪失한다. 이 경우 그 命令에 의하여 改正 또는 廢止되
었던 法律은 그 命令이 승인을 얻지 못한 때부터 당연히 效力을
회복한다.
⑤大統領은 第3項과 第4項의 사유를 지체 없이 公布하여야 한다.

第77條 ①大統領은 戰時・事變 또는 이에 準하는 國家非常事態에 있
어서 兵力으로써 軍事上의 필요에 응하거나 公共의 安寧秩序를
유지할 필요가 있을 때에는 法律이 정하는 바에 의하여 戒嚴을 宣
布할 수 있다.
②戒嚴은 非常戒嚴과 警備戒嚴으로 한다.
③非常戒嚴이 宣布된 때에는 法律이 정하는 바에 의하여 令狀制
度, 言論・出版・集會・結社의 自由, 政府나 法院의 權限에 관
하여 특별한 措置를 할 수 있다.
④戒嚴을 宣布한 때에는 大統領은 지체 없이 國會에 통고하여야
한다.
⑤國會가 在籍議員 過半數의 贊成으로 戒嚴의 解除를 요구한 때

에는 大統領은 이를 解除하여야 한다.

第78條 大統領은 憲法과 法律이 정하는 바에 의하여 公務員을 任免한다.

第79條 ①大統領은 法律이 정하는 바에 의하여 赦免·減刑 또는 復權
을 命할 수 있다.
②一般赦免을 命하려면 國會의 同意를 얻어야 한다.
③赦免·減刑 및 復權에 관한 사항은 法律로 정한다.

第80條 大統領은 法律이 정하는 바에 의하여 勳章 기타의 榮典을 수
여한다.

第81條 大統領은 國會에 출석하여 發言하거나 書翰으로 의견을 표시할
수 있다.

第82條 大統領의 國法上 행위는 文書로써 하며, 이 文書에는 國務總
理와 관계 國務委員이 副署한다. 軍事에 관한 것도 또한 같다.

第83條 大統領은 國務總理·國務委員·行政各部의 長 기타 法律이
정하는 公私의 職을 겸할 수 없다.

第84條 大統領은 內亂 또는 外患의 罪를 범한 경우를 제외하고는 在職
중 刑事上의 訴追를 받지 아니한다.

第85條 前職大統領의 身分과 禮遇에 관하여는 法律로 정한다.

第2節 行政府

第1款 國務總理와 國務委員

第86條 ①國務總理는 國會의 同意를 얻어 大統領이 任命한다.

②國務總理는 大統領을 補佐하며, 行政에 관하여 大統領의 命을 받아 行政各部를 統轄한다.

③軍人은 現役을 免한 후가 아니면 國務總理로 任命될 수 없다.

第87條 ①國務委員은 國務總理의 提請으로 大統領이 任命한다.

②國務委員은 國政에 관하여 大統領을 補佐하며, 國務會議의 構成員으로서 國政을 審議한다.

③國務總理는 國務委員의 解任을 大統領에게 建議할 수 있다.

④軍人은 現役을 免한 후가 아니면 國務委員으로 任命될 수 없다.

第2款 國務會議

第88條 ①國務會議는 政府의 權限에 속하는 중요한 政策을 審議한다.

②國務會議는 大統領·國務總理와 15人 이상 30人 이하의 國務委員으로 구성한다.

③大統領은 國務會議의 議長이 되고, 國務總理는 副議長이 된다.

第89條 다음 사항은 國務會議의 審議를 거쳐야 한다.

1. 國政의 基本計劃과 政府의 一般政策

2. 宣戰·講和 기타 중요한 對外政策

3. 憲法改正案·國民投票案·條約案·法律案 및 大統領令案

4. 豫算案·決算·國有財産處分의 基本計劃·國家의 부담이 될 契約 기타 財政에 관한 중요사항

5. 大統領의 緊急命令·緊急財政經濟處分 및 命令 또는 戒嚴과
   그 解除

6. 軍事에 관한 중요사항

7. 國會의 臨時會 集會의 요구

8. 榮典授與

9. 赦免·減刑과 復權

10. 行政各部間의 權限의 劃定

11. 政府안의 權限의 委任 또는 配定에 관한 基本計劃

12. 國政處理狀況의 評價·分析

13. 行政各部의 중요한 政策의 수립과 調整

14. 政黨解散의 提訴

15. 政府에 제출 또는 회부된 政府의 政策에 관계되는 請願의 審査

16. 檢察總長·合同參謀議長·各軍參謀總長·國立大學校總
    長·大使 기타 法律이 정한 公務員과 國營企業體管理者의
    任命

17. 기타 大統領·國務總理 또는 國務委員이 제출한 사항

第90條 ①國政의 중요한 사항에 관한 大統領의 諮問에 응하기 위하여
國家元老로 구성되는 國家元老諮問會議를 둘 수 있다.
②國家元老諮問會議의 議長은 直前大統領이 된다. 다만, 直前大
統領이 없을 때에는 大統領이 指名한다.
③國家元老諮問會議의 組織·職務範圍 기타 필요한 사항은 法律
로 정한다.

第91條 ①國家安全保障에 관련되는 對外政策·軍事政策과 國內政策
의 수립에 관하여 國務會議의 審議에 앞서 大統領의 諮問에 응하
기 위하여 國家安全保障會議를 둔다.

②國家安全保障會議는 大統領이 主宰한다.

③國家安全保障會議의 組織·職務範圍 기타 필요한 사항은 法律
로 정한다.

第92條 ①平和統一政策의 수립에 관한 大統領의 諮問에 응하기 위하
여 民主平和統一諮問會議를 둘 수 있다.

②民主平和統一諮問會議의 組織·職務範圍 기타 필요한 사항은
法律로 정한다.

第93條 ①國民經濟의 발전을 위한 重要政策의 수립에 관하여 大統領
의 諮問에 응하기 위하여 國民經濟諮問會議를 둘 수 있다.

②國民經濟諮問會議의 組織·職務範圍 기타 필요한 사항은 法律
로 정한다.

第3款 行政各部

第94條 行政各部의 長은 國務委員 중에서 國務總理의 提請으로 大統
領이 任命한다.

第95條 國務總理 또는 行政各部의 長은 所管事務에 관하여 法律이나
大統領令의 委任 또는 職權으로 總理令 또는 部令을 발할 수 있다.

第96條 行政各部의 設置·組織과 職務範圍는 法律로 정한다.

第4款 監査院

第97條 國家의 歲入·歲出의 決算, 國家 및 法律이 정한 團體의 會計
檢査와 行政機關 및 公務員의 職務에 관한 監察을 하기 위하여

大統領 所屬下에 監査院을 둔다.

第98條 ①監査院은 院長을 포함한 5人 이상 11人 이하의 監査委員으로 구성한다.

②院長은 國會의 同意를 얻어 大統領이 任命하고, 그 任期는 4年으로 하며, 1次에 한하여 重任할 수 있다.

③監査委員은 院長의 提請으로 大統領이 任命하고, 그 任期는 4年으로 하며, 1次에 한하여 重任할 수 있다.

第99條 監査院은 歲入·歲出의 決算을 매년 檢査하여 大統領과 次年度國會에 그 결과를 보고하여야 한다.

第100條 監査院의 組織·職務範圍·監査委員의 資格·監査對象公務員의 범위 기타 필요한 사항은 法律로 정한다.

第5章 法院

第101條 ①司法權은 法官으로 구성된 法院에 속한다.

②法院은 最高法院인 大法院과 各級法院으로 組織된다.

③法官의 資格은 法律로 정한다.

第102條 ①大法院에 部를 둘 수 있다.

②大法院에 大法官을 둔다. 다만, 法律이 정하는 바에 의하여 大法官이 아닌 法官을 둘 수 있다.

③大法院과 各級法院의 組織은 法律로 정한다.

第103條 法官은 憲法과 法律에 의하여 그 良心에 따라 獨立하여 審判한다.

第104條 ①大法院長은 國會의 同意를 얻어 大統領이 任命한다.

②大法官은 大法院長의 提請으로 國會의 同意를 얻어 大統領이 任命한다.

③大法院長과 大法官이 아닌 法官은 大法官會議의 同意를 얻어 大法院長이 任命한다.

第105條 ①大法院長의 任期는 6年으로 하며, 重任할 수 없다.

②大法官의 任期는 6年으로 하며, 法律이 정하는 바에 의하여 連任할 수 있다.

③大法院長과 大法官이 아닌 法官의 任期는 10年으로 하며, 法律이 정하는 바에 의하여 連任할 수 있다.

④法官의 停年은 法律로 정한다.

第106條 ①法官은 彈劾 또는 禁錮 이상의 刑의 宣告에 의하지 아니하고는 罷免되지 아니하며, 懲戒處分에 의하지 아니하고는 停職·減俸 기타 不利한 處分을 받지 아니한다.

②法官이 중대한 心身上의 障害로 職務를 수행할 수 없을 때에는 法律이 정하는 바에 의하여 退職하게 할 수 있다.

第107條 ①法律이 憲法에 위반되는 여부가 裁判의 前提가 된 경우에는 法院은 憲法裁判所에 提請하여 그 審判에 의하여 裁判한다.

②命令·規則 또는 處分이 憲法이나 法律에 위반되는 여부가 裁判의 前提가 된 경우에는 大法院은 이를 最終的으로 審査할 權限을 가진다.

③裁判의 前審節次로서 行政審判을 할 수 있다. 行政審判의 節次는 法律로 정하되, 司法節次가 準用되어야 한다.

第108條 大法院은 法律에 저촉되지 아니하는 범위 안에서 訴訟에 관한

節次, 法院의 內部規律과 事務處理에 관한 規則을 制定할 수 있다.

第109條 裁判의 審理와 判決은 公開한다. 다만, 審理는 國家의 安全
保障 또는 安寧秩序를 방해하거나 善良한 風俗을 해할 염려가 있
을 때에는 法院의 決定으로 公開하지 아니할 수 있다.

第110條 ①軍事裁判을 관할하기 위하여 特別法院으로서 軍事法院을
둘 수 있다.
②軍事法院의 上告審은 大法院에서 관할한다.
③軍事法院의 組織·權限 및 裁判官의 資格은 法律로 정한다.
④非常戒嚴下의 軍事裁判은 軍人·軍務員의 犯罪나 軍事에 관
한 間諜罪의 경우와 哨兵·哨所·有毒飮食物供給·捕虜에 관한
罪 중 法律이 정한 경우에 한하여 單審으로 할 수 있다. 다만, 死
刑을 宣告한 경우에는 그러하지 아니하다.

第6章 憲法裁判所

第111條 ①憲法裁判所는 다음 사항을 管掌한다.
1. 法院의 提請에 의한 法律의 違憲與否 審判
2. 彈劾의 審判
3. 政黨의 解散 審判
4. 國家機關 相互 間, 國家機關과 地方自治團體 間 및 地方自治
   團體 相互 間의 權限爭議에 관한 審判
5. 法律이 정하는 憲法訴願에 관한 審判
②憲法裁判所는 法官의 資格을 가진 9人의 裁判官으로 구성하며,
裁判官은 大統領이 任命한다.

③第2項의 裁判官 중 3人은 國會에서 選出하는 者를, 3人은 大法
院長이 指名하는 者를 任命한다.

④憲法裁判所의 長은 國會의 同意를 얻어 裁判官 중에서 大統領
이 任命한다.

第112條 ①憲法裁判所 裁判官의 任期는 6年으로 하며, 法律이 정하는
바에 의하여 連任할 수 있다.

②憲法裁判所 裁判官은 政黨에 加入하거나 政治에 관여할 수 없다.

③憲法裁判所 裁判官은 彈劾 또는 禁錮 이상의 刑의 宣告에 의
하지 아니하고는 罷免되지 아니한다.

第113條 ①憲法裁判所에서 法律의 違憲決定, 彈劾의 決定, 政黨解散
의 決定 또는 憲法訴願에 관한 認容決定을 할 때에는 裁判官 6人
이상의 贊成이 있어야 한다.

②憲法裁判所는 法律에 저촉되지 아니하는 범위 안에서 審判에
관한 節次, 內部規律과 事務處理에 관한 規則을 制定할 수 있다.

③憲法裁判所의 組織과 운영 기타 필요한 사항은 法律로 정한다.

第7章 選擧管理

第114條 ①選擧와 國民投票의 공정한 管理 및 政黨에 관한 事務를 처
리하기 위하여 選擧管理委員會를 둔다.

②中央選擧管理委員會는 大統領이 任命하는 3人, 國會에서 選出
하는 3人과 大法院長이 指名하는 3人의 委員으로 구성한다. 委員
長은 委員 중에서 互選한다.

③委員의 任期는 6年으로 한다.

④委員은 政黨에 加入하거나 政治에 관여할 수 없다.

⑤委員은 彈劾 또는 禁錮 이상의 刑의 宣告에 의하지 아니하고는 罷免되지 아니한다.

⑥中央選擧管理委員會는 法令의 범위 안에서 選擧管理·國民投票管理 또는 政黨事務에 관한 規則을 制定할 수 있으며, 法律에 저촉되지 아니하는 범위 안에서 內部規律에 관한 規則을 制定할 수 있다.

⑦各級 選擧管理委員會의 組織·職務範圍 기타 필요한 사항은 法律로 정한다.

第115條 ①各級 選擧管理委員會는 選擧人名簿의 작성 등 選擧事務와 國民投票事務에 관하여 관계 行政機關에 필요한 指示를 할 수 있다.

②第1項의 指示를 받은 당해 行政機關은 이에 응하여야 한다.

第116條 ①選擧運動은 各級 選擧管理委員會의 管理下에 法律이 정하는 범위 안에서 하되, 균등한 機會가 보장되어야 한다.

②選擧에 관한 經費는 法律이 정하는 경우를 제외하고는 政黨 또는 候補者에게 부담시킬 수 없다.

第8章 地方自治

第117條 ①地方自治團體는 住民의 福利에 관한 事務를 처리하고 財産을 관리하며, 法令의 범위 안에서 自治에 관한 規定을 制定할 수 있다.

②地方自治團體의 종류는 法律로 정한다.

第118條 ①地方自治團體에 議會를 둔다.

②地方議會의 組織·權限·議員選擧와 地方自治團體의 長의 選

任方法 기타 地方自治團體의 組織과 운영에 관한 사항은 法律로
정한다.

第9章 經濟

第119條 ①大韓民國의 經濟秩序는 개인과 企業의 經濟上의 自由와
創意를 존중함을 基本으로 한다.
②國家는 균형 있는 國民經濟의 成長 및 安定과 적정한 所得의
分配를 유지하고, 市場의 支配와 經濟力의 濫用을 방지하며, 經濟
主體 間의 調和를 통한 經濟의 民主化를 위하여 經濟에 관한 規
制와 調整을 할 수 있다.

第120條 ①鑛物 기타 중요한 地下資源·水産資源·水力과 經濟上 이
용할 수 있는 自然力은 法律이 정하는 바에 의하여 일정한 期間
그 採取·開發 또는 이용을 特許할 수 있다.
②國土와 資源은 國家의 보호를 받으며, 國家는 그 균형 있는 開
發과 이용을 위하여 필요한 計劃을 수립한다.

第121條 ①國家는 農地에 관하여 耕者有田의 원칙이 達成될 수 있도
록 노력하여야 하며, 農地의 小作制度는 금지된다.
②農業生産性의 提高와 農地의 合理的인 이용을 위하거나 불가
피한 事情으로 발생하는 農地의 賃貸借와 委託經營은 法律이 정
하는 바에 의하여 인정된다.

第122條 國家는 國民 모두의 生産 및 生活의 基盤이 되는 國土의 효
율적이고 균형 있는 이용·開發과 보전을 위하여 法律이 정하는
바에 의하여 그에 관한 필요한 제한과 義務를 課할 수 있다.

第123條 ①國家는 農業 및 漁業을 보호·육성하기 위하여 農·漁村綜
合開發과 그 지원 등 필요한 計劃을 수립·施行하여야 한다.

②國家는 地域 間의 균형 있는 발전을 위하여 地域經濟를 육성할
義務를 진다.

③國家는 中小企業을 보호·육성하여야 한다.

④國家는 農水産物의 需給均衡과 流通構造의 개선에 노력하여
價格安定을 도모함으로써 農·漁民의 이익을 보호한다.

⑤國家는 農·漁民과 中小企業의 自助組織을 육성하여야 하며,
그 自律的 活動과 발전을 보장한다.

第124條 國家는 건전한 消費行爲를 啓導하고 生産品의 品質向上을
촉구하기 위한 消費者保護運動을 法律이 정하는 바에 의하여 보
장한다.

第125條 國家는 對外貿易을 육성하며, 이를 規制·調整할 수 있다.

第126條 國防上 또는 國民經濟上 緊切한 필요로 인하여 法律이 정하
는 경우를 제외하고는, 私營企業을 國有 또는 公有로 移轉하거나
그 경영을 統制 또는 관리할 수 없다.

第127條 ①國家는 科學技術의 革新과 情報 및 人力의 開發을 통하여
國民經濟의 발전에 노력하여야 한다.

②國家는 國家標準制度를 확립한다.

③大統領은 第1項의 目的을 達成하기 위하여 필요한 諮問機構를
둘 수 있다.

第10章 憲法改正

第128條 ①憲法改正은 國會在籍議員 過半數 또는 大統領의 發議로 提案된다.

②大統領의 任期延長 또는 重任變更을 위한 憲法改正은 그 憲法改正 提案 당시의 大統領에 대하여는 效力이 없다.

第129條 提案된 憲法改正案은 大統領이 20日 이상의 期間 이를 公告하여야 한다.

第130條 ①國會는 憲法改正案이 公告된 날로부터 60日 이내에 議決하여야 하며, 國會의 議決은 在籍議員 3分의 2 이상의 贊成을 얻어야 한다.

②憲法改正案은 國會가 議決한 후 30日 이내에 國民投票에 붙여 國會議員選擧權者 過半數의 投票와 投票者 過半數의 贊成을 얻어야 한다.

③憲法改正案이 第2項의 贊成을 얻은 때에는 憲法改正은 확정되며, 大統領은 즉시 이를 公布하여야 한다.

附則 〈제10호, 1987. 10. 29〉

第1條 이 憲法은 1988年 2月 25日부터 施行한다. 다만, 이 憲法을 施行하기 위하여 필요한 法律의 制定·改正과 이 憲法에 의한 大統領 및 國會議員의 選擧 기타 이 憲法施行에 관한 準備는 이 憲法施行 전에 할 수 있다.

第2條 ①이 憲法에 의한 최초의 大統領選擧는 이 憲法施行日 40日 전까지 실시한다.

②이 憲法에 의한 최초의 大統領의 任期는 이 憲法施行日로부터 開始한다.

第3條 ①이 憲法에 의한 최초의 國會議員選擧는 이 憲法公布日로부터 6月 이내에 실시하며, 이 憲法에 의하여 選出된 최초의 國會議員의 任期는 國會議員 選擧 후 이 憲法에 의한 國會의 최초의 集會日로부터 開始한다.

②이 憲法公布 당시의 國會議員의 任期는 第1項에 의한 國會의 최초의 集會日 前日까지로 한다.

第4條 ①이 憲法施行 당시의 公務員과 政府가 任命한 企業體의 任員은 이 憲法에 의하여 任命된 것으로 본다. 다만, 이 憲法에 의하여 選任方法이나 任命權者가 변경된 公務員과 大法院長 및 監査院長은 이 憲法에 의하여 後任者가 選任될 때까지 그 職務를 행하며, 이 경우 前任者인 公務員의 任期는 後任者가 選任되는 前日까지로 한다.

②이 憲法施行 당시의 大法院長과 大法院判事가 아닌 法官은 第1項 但書의 規定에 불구하고 이 憲法에 의하여 任命된 것으로 본다.

③이 憲法 중 公務員의 任期 또는 重任制限에 관한 規定은 이 憲法에 의하여 그 公務員이 최초로 選出 또는 任命된 때로부터 適用한다.

第5條 이 憲法施行 당시의 法令과 條約은 이 憲法에 違背되지 아니하는 한 그 效力을 지속한다.

第6條 이 憲法施行 당시에 이 憲法에 의하여 새로 設置될 機關의 權限에 속하는 職務를 행하고 있는 機關은 이 憲法에 의하여 새로운 機關이 設置될 때까지 存續하며 그 職務를 행한다.

參考文獻

1) 단행본

강원택. 2005. 『한국의 정치 개혁과 민주주의』, 인간사랑.

_____. 2006. 『대통령제, 내각제와 이원 정부제』, 인간사랑.

권영성. 2006. 『헌법학 원론』, 법문사.

김철수. 1988. 『한국헌법사』, 대학출판사.

린쯔, 바렌주엘라. 1995. 『내각제와 대통령제』, 신명순, 조정관 역. 나남
　　　출판사.

박세일. 2006. 『대한민국 선진화 전략』, 21세기북스.

신정현. 2000. 『정치학』, 법문사.

_____. 2000. 『비교정치론』, 법문사.

_____. 1992. 『제3세계 정치론』, 일문사.

이재원. 1998. 『한국의 국무총리 연구』, 나남출판사.

존 베일리스, 스티브 스미스. 2003. 『세계 정치론』, 하영선 외 역. 을유
　　　문화사.

정진민. 1998. 『후기 산업사회 정당정치와 한국의 정당발전』, 한울 아카
　　　데미.

허영. 2003. 『헌법이론과 헌법』, 박영사.

황태연, 박명호. 2003.『분권형 대통령제 연구』, 동국대 출판부.

헌정제도연구위원회. 1986.『세계 각국 헌법제도 개관』, 헌정제도연구위
　　원회.

S. E. 파이너. 1985.『비교정부론』, 권영성 역. 법문사.

2) 논 문

강원택. 2004.「한국 대통령제의 문제점과 제도적 대안에 대한 검토: 통
　　치력 회복과 정치적 책임성 제고를 위한 방안」, 진영재. 2004.『한
　　국 권력구조의 이해』, 나남출판.

＿＿＿. 2005.「권력구조와 국가 원수의 역할」,『21세기 민주주의와 한
　　국』, 한국정치학회 춘계학술대회.

공보경. 1997.「이원정부제의 역사와 실제 － 독일과 프랑스」,『사회과학
　　연구』제13권.

곽진영. 2000.「권력구조와 정당체계의 운영」, 박호성, 이종찬 외. 2000.
　　『한국의 권력구조 논쟁Ⅱ』, 풀빛.

권오성. 1999.「한국과 유럽의 정치문화비교: 인식론적 변별성을 중심으
　　로」,『한국정치 50년의 성찰』, 한국정치학회 춘계학술회의.

김경록. 2005.「참여정부 당정분리 개선방안에 관한 연구」, 연세대학교
　　행정학 석사학위 논문.

김광선. 2004.「분권형 대통령제에 관한 연구」,『중앙법학』제6권 1호.

김대중. 2002.「한국 정부권력구조의 연결망 분석: 김영삼 김대중 정부
　　의 비교분석 중심으로」, 연세대학교 행정학 석사학위 논문.

김동영. 1997.「미국의 권력구조」, 국제평화전략연구원 엮음. 1997.『한
　　국의 권력구조 논쟁Ⅰ』, 풀빛.

김만흠. 1997.「민주화와 권력구조: 지역주의적 군주권력에서 민주적 시
　　민권력으로」, 국제평화전략연구원 엮음. 1997.『한국의 권력구조
　　논쟁Ⅰ』, 풀빛.

＿＿＿. 2002.「지역주의와 정부 권력구조」, 박호성 편. 2002.『한국의
　　권력구조 논쟁Ⅲ』, 인간사랑.

김민정. 2005.「빠리떼법을 통해 본 여성의 대표성 확대」, 이창훈 편.

2005. 『한국과 프랑스의 권력구조』, 아셈연구원 한국프랑스정치학회.

김성호. 2004. 「권력구조와 민주주의」, 진영재. 2004. 『한국 권력구조의 이해』, 나남출판.

김연규. 2004. 「프랑스, 러시아, 폴란드의 이원집정부제 비교」, 『한국 정치학회보』 제38권 2호.

김연철. 1999. 「정보화 사회와 한국정당체제의 변화」, 『의정연구』 1999 여름호(제8호) 특집기획과제.

김영래. 1994. 「정치자금제도의 변천과정과 특징 연구」, 『한국 정치학회보』 제28집 1호.

김영태. 2001. 「세계화 시대 정당의 역할과 한국 정당정치의 과제」, 『의정연구』 제7권 2호.

______. 2002. 「한국정치의 이중 과제와 의회정당정치 및 선거의 민주적 제도화」, 박호성 편. 2002. 『한국의 권력구조 논쟁Ⅲ』, 인간사랑.

______. 2004. 「독일과 프랑스의 권력구조 비교」, 진영재. 2004. 『한국 권력구조의 이해』, 나남출판.

김용복. 1999. 「정치개혁과 권력구조 논의」, 『계간사상』 여름호. 사회과학원.

______. 2003. 「권력구조개혁과 국무총리제도: 문제와 개선방안」, 『국제정치연구』 제6집 1호.

______. 2006. 「권력구조 개혁과 정치 리더십: 일본의 수상공선제론에 대한비판적 연구」, 『사회과학연구』 제14권. 서강대학교 사회과학연구소.

김용호. 2000. 「21세기 새로운 의회정치 모색: 분점 정부 운영방안」『의정연구』 제6권 2호.

______. 2004. 「2003년 헌정위기의 원인과 처방: 제3당 분점정부와 대통령 - 국회 간의 대립」, 진영재. 2004. 『한국 권력구조의 이해』, 나남출판.

김욱. 2002. 「대통령 - 의회 관계와 정당의 역할」, 『의정연구』 제6권 2호.

김운태. 1993. 「한국정치문화의 특성과 변천」, 『행정논총』 제31권 1호.

김은경. 2002. 「여성의 정치적 대표성 확보방안: 법제도 개선을 중심으로」, 박호성 편. 2002.『한국의 권력구조 논쟁Ⅲ』, 인간사랑.

김재한. 1997.「한국의 권력구조 선호」, 국제평화전략연구원 엮음. 1997. 『한국의 권력구조 논쟁Ⅰ』, 풀빛.

김정현. 2006.「이원정부제에 관한 연구」, 서울대학교 석사학위 논문.

김정혜. 2001.「한국 정치발전과 내각제에 대한 고찰」, 연세대학교 행정 대학원 석사학위 논문.

김철수. 2004.「헌법개정의 기본방향」,『헌법학연구』제10집 1호.

김현종. 2002.「지역갈등 해소방안의 모색: 유럽의 사례를 중심으로」, 박 호성 편. 2002.『한국의 권력구조 논쟁Ⅲ』, 인간사랑.

남복현. 1998.「현행 헌법상 권력구조의 개편 필요성에 관한 검토」,『공 법연구』제26집 3호.

노동일. 1989.「현대한국사회의 권력구조연구: 유형 및 형성요인을 중심 으로」, 서울대학교 정치학 박사학위 논문.

다니엘 각시. 2005.「정치적 메커니즘에서 본 프랑스 5공화국 정치제도」, 이창훈 편. 2005.『한국과 프랑스의 권력구조』, 아셈연구원 한국프 랑스정치학회.

라종일, 강량. 1997.「통일한국을 대비한 권력구조」, 국제평화전략연구 원 엮음. 1997.『한국의 권력구조 논쟁Ⅰ』, 풀빛.

마리 – 안느 꼬앙데. 2005.「프랑스 제 5공화국 헌법과 동거정부」, 이창 훈 편. 2005.『한국과 프랑스의 권력구조』, 아셈연구원 한국프랑 스정치학회.

민준기. 2001.「한국의 정치문화와 민주주의 공고화」, 민준기. 2001.『21 세기 한국의 정치』, 법문사.

박경산. 2002.「한국의 권력구조 개편 1: '대통령제' 개혁과 헌법개정 과 제」, 박호성 편. 2002.『한국의 권력구조 논쟁Ⅲ』, 인간사랑.

박상훈, 한상정. 1997.「대통령제냐, 내각제냐 – 논쟁의 역사적이론적 지 형」,『정치비평』제2권.

박찬욱. 2001.「한국 국회의원 총선거의 역사적 전개」, 민준기. 2001.『21 세기 한국의 정치』, 법문사.

______. 2004.「대통령제의 정상적 작동을 위한 개헌론」, 진영재. 2004. 『한국 권력구조의 이해』, 나남출판.

박호성. 2000. 「권력구조의 결정과 개편 과제」, 박호성, 이종찬 외. 2000. 『한국의 권력구조 논쟁Ⅱ』, 풀빛.

______. 2002. 「민주화 시대 '한국형' 권력구조의 모색」, 박호성 편. 2002. 『한국의 권력구조 논쟁Ⅲ』, 인간사랑.

박효종. 1995. 「민주주의체제의 안정과 불안정에 관한 일 고찰: 사회선택론의 관점을 중심으로」, 『한국정치학회보』 제29권 2호.

______. 1997. 「한국 의회민주주의와 공정성에 관한 연구」, 『산업경제』 제7권. 경상대학교 경영경제연구소.

______. 1994. 「민주화와 합리적 선택: 법률적 적실성과 쟁점들을 중심으로」, 『한국정치학회보』 제28권 1호.

______. 1999. 「한국에서의 공정한 절차민주주의 제도화를 위한 비판적 연구: 사회선택론의 관점을 중심으로」, 『국민윤리연구』 제42호. 한국국민윤리학회.

______. 2000. 「의회의 다수당과 소수당 협상 행태에 대한 정치경제학적 연구」, 『국민윤리연구』 제44호.

배성동. 2001. 「3당 합당과 정당정치의 변화」, 민준기. 2001. 『21세기 한국의 정치』, 법문사.

배정호, 임승빈. 1997. 「일본의 권력구조」, 국제평화전략연구원 엮음. 1997. 『한국의 권력구조 논쟁Ⅰ』, 풀빛.

배찬복. 2000. 「한국정치에 있어서의 의원내각제 도입에 관한 적실성 연구」, 『한국북방학회논집』 6권.

______. 2002. 「한국의 이원집정제 정부형태로의 변화에 관한 연구」, 『한국북방학회논집』 8권.

백경남. 1985. 「바이마르 민주주의의 실패요인 — 정치문화를 중심으로 한 고찰 — 」, 『한국정치학회보』 제19권.

서복경. 2005. 「권력기구 간 견제와 균형의 제도화」, 『21세기 민주주의와 한국정치』, 한국정치학회 춘계학술회의.

석철진. 1997. 「프랑스의 권력구조」, 국제평화전략연구원 엮음. 1997. 『한국의 권력구조 논쟁Ⅰ』, 풀빛.

______. 2000. 「프랑스 이원집정제와 합리적 수용의 정치」, 박호성, 이종찬 외. 2000. 『한국의 권력구조 논쟁Ⅱ』, 풀빛.

______. 2005. 「이원집정제와 지방분권: 이원적 권력관계의 구조화」, 박호성, 이규영 편. 2005. 『한국의 권력구조 논쟁Ⅳ』, 인간사랑.

______. 2005. 「프랑스 기능적 지역주의」, 이창훈 편. 2005. 『한국과 프랑스의 권력구조』, 아셈연구원 한국프랑스정치학회.

성낙인. 1991. 「반대통령제(이원정부제)의 이론과 현실 − 프랑스와 핀란드를 중심으로」, 『한일법학연구』 제10권.

______. 1997. 「권력의 민주화와 정부형태 − 한국형 이원정부제(반대통령제)」, 『법과 사회』 15권.

______. 2005. 「한국 헌법상 대통령과 의회 및 내각의 관계」, 이창훈 편. 2005. 『한국과 프랑스의 권력구조』, 아셈연구원 한국프랑스정치학회.

손혁재. 2002. 「참여민주주의를 위한 정치개혁의 방향」, 박호성 편. 2002. 『한국의 권력구조 논쟁Ⅲ』, 인간사랑.

손호철. 1991. 「세계체제의 변화와 제 3세계의 미래 − 제3세계의 분화를 중심으로」, 『현대세계체제의재편과 제3세계』, 경남대학교 극동문제연구소.

______. 1997. 「내각제: 민주주의의 전진인가? 후퇴인가?」, 『정치비평』 제3권.

송창석. 2002. 「지방자치 시대 행정개혁을 위한 헌법개정 과제」, 박호성 편. 2002. 『한국의 권력구조 논쟁Ⅲ』, 인간사랑.

신명순. 1994. 「전국구 국회의원제도의 비판적 고찰」, 『한국정치학회보』 제28권 2호.

______. 2001. 「한국정당과 민주주의 공고화」, 민준기. 2001. 『21세기 한국의 정치』, 법문사.

안순철. 2004. 「내각제와 다정당체제: 제도적 조화의 모색」, 진영재. 2004. 『한국 권력구조의 이해』, 나남출판.

안영훈. 2005. 「21세기 권력분권형 모델, 프랑스 지방자치」, 이창훈 편. 2005. 『한국과 프랑스의 권력구조』, 아셈연구원 한국프랑스정치학회.

안용흔. 2005. 「대통령제 논쟁의 비판과 새로운 쟁점의 모색」, 『사회과학논총』 제4권. 대구효성 가톨릭대학교 사회과학연구소.

안청시. 1999. 「한국정치와 제도개혁: 체제구상 및 권력구조 개편의 모형과 방향」, 『한국정치연구』 제8권.

양동훈. 1998. 「대통령제 對 의원내각제 논쟁의 비판적 분석: 한국의 선택을 위한 함축적 모색」, 『논문집』 제19호. 경성대학교.

______. 1999. 「한국대통령제의 개선과 대안들에 대한 재검토」, 『한국정치학회보』 제33권 3호.

양기호. 2000. 「일본 의원내각제의 권력분산과 집중」, 박호성, 이종찬 외. 2000. 『한국의 권력구조 논쟁Ⅱ』, 풀빛.

양승윤. 2000. 「인도네시아 대통령제와 권위주의정권의 위기」, 박호성, 이종찬 외. 2000. 『한국의 권력구조 논쟁Ⅱ』, 풀빛.

오일환. 1998. 「한국 대통령제 권력구조의 문제점과 그 개선책 – 현 청와대 정치구조를 중심으로」, 『한국공공정책연구』 제4호.

______. 2005. 「프랑스 이원집정부제 권력구조의 특징 분석: 한국정치에 주는 시사점」, 『세계지역연구논총』 제23집. 한국세계지역학회.

______. 2005. 「한국 대통령과 프랑스 대통령의 권력 비교 분석」, 이창훈 편. 2005. 『한국과 프랑스의 권력구조』, 아셈연구원 한국프랑스정치학회.

윤용희. 1997. 「미국 대통령제에 관한 연구」, 『한국동북아논총』 제4권.

이계희. 1998. 「이원집정부제의 한국적 응용」, 『사회과학논집』 제9권.

이규영. 1997. 「독일의 권력구조」, 국제평화전략연구원 엮음. 1997. 『한국의 권력구조 논쟁Ⅰ』, 풀빛.

______. 2000. 「독일 의원내각제와 제도적 안정 운영」, 박호성, 이종찬 외. 2000. 『한국의 권력구조 논쟁Ⅱ』, 풀빛.

______. 2002. 「한국의 권력구조 개편2: '의원내각제'의 대안 가능성」, 박호성 편. 2002. 『한국의 권력구조 논쟁Ⅲ』, 인간사랑.

______. 2005. 「의원내각제 원리와 한국에서의 도입가능성」, 『21세기 민주주의와 한국정치』, 한국정치학회 춘계학술회의.

______. 2005. 「의원내각제와 지방분권」, 박호성, 이규영 편. 2005. 『한국의 권력구조 논쟁Ⅳ』, 인간사랑.

______. 2005. 「권력구조 논의와 지방정치: 보완과 균형」, 박호성, 이규영 편. 2005. 『한국의 권력구조 논쟁Ⅳ』, 인간사랑.

이동선. 2005. 「한국 지방자치제도의 특징과 평가」, 박호성, 이규영 편. 2005. 『한국의 권력구조 논쟁 Ⅳ』, 인간사랑.

이명남. 1996. 「한국에서 대통령제의 적실성」, 『한국정치학회보』 제30권 4호.

이정희. 2005. 「한국 권력구조 논쟁의 정치적 메커니즘」, 이창훈 편. 2005. 『한국과 프랑스의 권력구조』, 아셈연구원 한국프랑스정치학회.

이종상. 1997. 「이원집정부제」, 『연구원논집』, 제3집. 경남대학교 경남지역문제연구원.

이종원. 2005. 「대통령제와 지방분권」, 박호성, 이규영 편. 2005. 『한국의 권력구조 논쟁 Ⅳ』, 인간사랑.

이종찬. 1997. 「한국 권력구조 개편논의의 허상과 실상: 제도화와 방향」, 국제평화전략연구원 엮음. 1997. 『한국의 권력구조 논쟁 Ⅰ』, 풀빛.

______. 2000. 「권력구조 운영, 위임대통령제, 한국사례」, 박호성, 이종찬 외. 2000. 『한국의 권력구조 논쟁 Ⅱ』, 풀빛.

이현우. 1998. 「한국에서의 경제투표 − 15대 대선 분석」, 『제15대 대통령선거 분석과 정치개혁』, 한국정치 특별학술회의1 논문집.

______. 2000. 「미국 대통령제와 권력의 공유」, 박호성, 이종찬 외. 2000. 『한국의 권력구조 논쟁 Ⅱ』, 풀빛.

이홍종. 1998. 「정치문화와 권력구조 ― 미국과 한국의 경우 ― 」, 『국제지역연구』 제2권 2호.

______. 1997. 「한국의 정당과 권력구조: 정치문화 및 책임정당 논의를 중심으로」, 『선거. 정당』, 한국정치학회 연례학술대회.

임성호. 1998. 「한국 의회민주주의와 국회제도 개혁방안」, 『의정연구』, 제4권 2호.

______. 2001. 「한국 통치이념으로서의 '발전' 개념과 의회 민주주의」, 민준기. 2001. 『21세기 한국의 정치』, 법문사.

______. 2002. 「미국 의회 − 대통령 관계의 변화와 지속성: 대통령 반대당의 영향력을 중심으로」, 『한국정치학회보』 제36권 3호.

______. 2003. 「원내정당화와 정치개혁: 의회민주주의 적실성의 회복을 위한 소고」, 『의정연구』 제9권 제1호 통권 제15호(2003. 6).

______. 2005. 「권력구조의 총체성과 권력구조 논의의 부분성: 그 불일치

극복을 위한 시론」,『한국정당학회보』4권 1호.

임승빈. 2005. 「일본의 지방권력구조」, 박호성, 이규영 편. 2005.『한국의 권력구조 논쟁 Ⅳ』, 인간사랑.

임혁백. 2001. 「냉전, 탈냉전 그리고 한국의 민주주의; 한국 민주화의 국제적 요인」, 민준기. 2001.『21세기 한국의 정치』, 법문사.

장의관. 2000. 「선거제도의 쟁점, 사례 및 제도화의 방향」, 박호성, 이종찬 외. 2000.『한국의 권력구조 논쟁Ⅱ』, 풀빛.

장훈. 2001. 「한국 대통령제의 불안전성의 기원」,『한국정치학회보』제 35권 4호.

＿＿＿. 2002, 「대통령과 국회/정당」, 박세일 외, 2002,『대통령의 성공조건 Ⅰ』, 동아시아 연구원.

전재경. 2002. 「한국의 민주화와 권력구조 개편의 과제: 헌법개정론을 중심으로」, 박호성 편. 2002.『한국의 권력구조 논쟁Ⅲ』, 인간사랑.

전학선. 2005. 「한국의 헌법개정과 프랑스 정부형태」, 이창훈 편. 2005.『한국과 프랑스의 권력구조』, 아셈연구원 한국프랑스정치학회.

정순훈. 2002. 「경제적 자유의 보장과 경제발전을 위한 헌법개정 방향」, 박호성 편. 2002.『한국의 권력구조 논쟁Ⅲ』, 인간사랑.

정영국. 1999. 「내각제 개헌을 해서는 안되는 7가지 이유」,『사회비평』제20호.

＿＿＿. 2000. 「말레이시아 의원내각제와 합의형 권력구조」, 박호성, 이종찬 외. 2000.『한국의 권력구조 논쟁Ⅱ』, 풀빛.

정영화. 2005. 「의회개혁과 국가경쟁력 – 양원제 도입의 논거로서 13 – 17대 총선거의 실증분석」,『세계헌법연구』제11권.

정재각. 2005. 「스위스의 지방권력구조」, 박호성, 이규영 편. 2005.『한국의 권력구조 논쟁 Ⅳ』, 인간사랑.

정준표. 1997. 「정당선거제도와 권력구조의 선택」, 국제평화전략연구원 엮음. 1997.『한국의 권력구조 논쟁Ⅰ』, 풀빛.

정진민. 2004. 「한국 대통령제의 문제점과 극복방안」, 진영재. 2004.『한국 권력구조의 이해』, 나남출판.

정진영. 2000. 「브라질 대통령제와 정치적 불안정」, 박호성, 이종찬 외. 2000.『한국의 권력구조 논쟁Ⅱ』, 풀빛.

조기숙. 2001. 「한국 지역주의 선거와 민주화」, 민준기. 2001. 『21세기 한국의 정치』, 법문사.

조정관. 2001. 「한국대의제 민주주의의 질적 고양을 위하여」, 『의정연구』 제7권 1호.

______. 2004. 「대통령제 민주주의의 원형과 변형: '한국형' 대통령제의 특징과 제도운영의 문제」, 진영재. 2004. 『한국 권력구조의 이해』, 나남출판.

______. 2005. 「한국 권력구조 개편 논의」, 『21세기 민주주의와 한국정치』, 한국정치학회 춘계학술회의.

진영재. 2004. 「권력구조 논쟁의 虛와 實」, 진영재. 2004. 『한국 권력구조의 이해』, 나남출판.

______. 2004. 「'성공한' 대통령과 '실패한' 대통령: '인물론', '조직론', 그리고 '국민선택론'」 진영재. 2004. 『한국 권력구조의 이해』, 나남출판.

최용섭. 2001. 「한국 민주주의 공고화 과정에서의 김영삼 김대중 정부의 정치 개혁」, 민준기. 2001. 『21세기 한국의 정치』, 법문사.

최정주. 1983. 「국가권력구조에 관한 연구」, 조선대학교 법학 박사학위 논문.

최진. 2005. 「대통령 리더십과 국정운영 스타일의 심리학적 상관관계 – 한국 역대 대통령의 비교분석」, 고려대학교 행정학 박사학위 논문.

최진욱. 1995. 「통일시대를 대비한 새로운 권력구조의 모색」, 『한국정치학회보』 제29권 3호.

최진혁. 2005. 「프랑스의 지방권력구조」, 박호성, 이규영 편. 2005. 『한국의 권력구조 논쟁 Ⅳ』, 인간사랑.

최창수. 2005. 「미국의 지방권력구조: 시민참여와 정책결정구조의 다양성」, 박호성, 이규영 편. 2005. 『한국의 권력구조 논쟁 Ⅳ』, 인간사랑.

최한수. 2005. 「한국 역대정권의 대통령제 권력구조 특성에 관한 연구」, 『대한정치학회보』 제13권 2호.

최헌묵. 2004. 「통일 한국의 권력구조」, 『한국동북아논총』 제32집.

한규선. 1997. 「영국의 권력구조」, 국제평화전략연구원 엮음. 1997. 『한국의 권력구조 논쟁Ⅰ』, 풀빛.

______. 2000. 「영국 의원내각제와 합의정치」, 박호성, 이종찬 외. 2000.
『한국의 권력구조 논쟁Ⅱ』, 풀빛.

한형서. 2005. 「독일의 지방권력구조: 통일 이후 지방정책의 변화」, 박호
성, 이규영 편. 2005. 『한국의 권력구조 논쟁 Ⅳ』, 인간사랑.

함성득. 1998. 「의회, 정당, 대통령과의 새로운관계」, 『의정연구』 제4권
1호.

허용범. 2004. 「4.15총선: 17대 총선결과에 대한 두 가지 해석」, 『한국논
단』 제175권.

황태연. 2005. 「유럽 분권형 대통령제에 관한 고찰」, 『한국정치학회보』
제39권 2호.

3) 기 타

______. 1997. 「한국의 권력구조 개편논의의 허와 실」, 국제평화전략연구
원 엮음. 1997. 『한국의 권력구조 논쟁Ⅰ』, 풀빛.

______. 1997. 「선진국 권력구조의 한국에 대한 적실성」, 국제평화전략연
구원 엮음. 1997. 『한국의 권력구조 논쟁Ⅰ』, 풀빛.

______. 1997. 「통일과 민주화를 위한 권력구조 개편문제」, 국제평화전략
연구원 엮음. 1997. 『한국의 권력구조 논쟁Ⅰ』, 풀빛.

______. 2002. 「한국의 권력구조 논쟁의 지평확대를 위하여: 세미나 현장
기록」, 박호성 편. 2002. 『한국의 권력구조 논쟁Ⅲ』, 인간사랑.

강경근. 2005. 11. 4 「헌법개정안 작성 경과」, 헌법포럼.

국가발전기독연구원. 2005. 「한국 정치제도 개선 방향 모색과 기독교의
사회참여」, 창립 1주년 기념 및 제4차 포럼 자료.

「권력구조 선호도 여론조사」, 1996. 1. 1 한국일보와 미디어리서치 공동.

「__________________」, 1996. 4. 중앙일보.

「__________________」, 1996. 6. 2 조선일보.

「__________________」, 1996. 6. 10 한국일보.

「__________________」, 1997. 5. 20 국민일보.

「__________________」, 1998. 12 주간한국.

「________________________」, 1999. 11 마이다스 동아일보.

「________________________」, 2000. 5 문화일보.

「________________________」, 2000. 12 국민일보.

「________________________」, 2001. 12 중앙일보.

「________________________」, 2003. 11 SBS.

「________________________」, 2003. 12 국민일보.

「________________________」, 2004. 2 미디어 리서치.

「________________________」, 2004. 9 중앙일보.

「________________________」, 2005. 7 한겨레.

「________________________」, 2005. 8 신동아.

「________________________」, 2005. 9 중앙일보.

「________________________」, 2005. 10 경향신문과 현대리서치 공동.

「________________________」, 2005. 10 한국일보와 코리아타임스.

「________________________」, 2005. 11 경향신문.

「________________________」, 2005. 11 동아일보.

「________________________」, 2005. 11 매일경제와 TNS 공동.

「________________________」, 2005. 12 국회운영위 국민의식조사.

「________________________」, 2006. 1 KBS(미디어 리서치 조사).

「________________________」, 2006. 1 MBC(코리아 리서치 조사).

권철현. 2005. 「헌법 개정과 권력구조 개편 - 개헌 논의, 지금이 適期이다」, 사단법인 4월회 제27차 심포지움 발제문(2005. 12. 6).

김광덕. 「책임총리제에 준하는 국정운영」, 한국일보, 2004. 4. 18.

______. 「이총리, '정책적 책임총리제 가까워'」, 한국일보, 2004. 8. 13.

김용래. 「정치학자들이 따져본 대연정의 허실」, 국민일보, 2005. 11. 9.

김인배. 「헌법, 대통령 '완전 사임'만 허용」, 데일리안, 2005. 9. 2.

______. 「노정권 지지도, '최악'의 세계적기록」, 데일리안, 2005. 9. 27.

김정훈. 「노대통령 '책임총리제 내년 본격실시'」, 동아일보, 2004. 8. 20.

김철수. 「헌법개정 논의 신중해야 한다」, 문화일보, 2006. 1. 4.

독일대사관. 2005. 「독일의정치제도」
http://www.koreaemb.de/botschaft_kr/deutschland/deutsch - polit.htm

문화일보. 「모레 제헌절. 개헌논의 주요쟁점」, 2006. 7. 15.

박명림. 「한국민주주의의 위기」, 한겨레 신문, 2006. 6. 9.

박상천. 2002. 「분권형 대통령제 개헌의 시급성과 반대론에 대한 검토」, 민주당 보도자료.

박세일. 2005. 「세계화와 양극화 원인과 대책」, 대화 아카데미.

______. 2005. 「21세기 국가발전 이념(공동체 자유주의)」, 안민 정책포럼.

박종진. 「'나를 위한 행진곡' 된 연정론……다음 수는 뭔가?」, 주간한국, 2005. 9. 15.

박혜경. 「권철현 '개헌논의 지금이 적기, 6단계 개헌 로드맵' 제시」, 폴리뉴스, 2005. 12. 6.

박효종. 「제왕적 대통령과 헌법정신」, 문화일보, 2001. 12. 3.

______. 「제왕적 대통령제에 대한 개선방안」 http://blog.naver.com/parkp47/140015042589 2002. 8. 30.

______. 「제왕적 대통령제가 저질 대통령 낳는다」, 한국논단 156호.

______. 「내각제 거론엔 까닭있다」, 문화일보, 2003. 2. 16.

______. 「실질총리제 정착의 조건」, 문화일보, 2004. 8. 11.

______. 「책임장관제와 대통령 책임제」, 세계일보, 2004. 8. 18.

신창훈. 「다른 정파 소속 대통령·총리 갈등」, 내일신문, 2005. 8. 2.

양원보. 「대통령 중임제로 개헌해야」, 세계일보, 2005. 12. 19.

이병철. 「2기 내각, 책임총리제 실현여부가 관건」, 업코리아, 2004. 5. 11.

이석연. 2005. 「헌법 개정안 공개에 즈음하여」, 헌법포럼.

이석희. 2004. 「정치학개론」, http://catizen.com.ne.kr/s3 − 3 − 1/html

이성복. 「'연정' 속내 들여다보니」, 국민일보, 2005. 9. 11.

이재국, 이지선. 「정치권 '조기 개헌론' 봇물 − '당장 개헌 연구기구 만들자'」, 경향신문, 2005. 10. 25.

이희진. 「개헌 관련 권력구소 선호도 '대통령 중심제' 압도적」, 노컷뉴스, 2006. 5. 12.

자민련. 2003. 「자민련의 내각책임제」, 자민련.

장강명. 「대선 − 총선 2007년 11월에 함께 치르자」, 동아일보, 2005. 12. 7.

장용석. 「박근혜 '정치권 3대 부정부패 반드시 척결'」, 데일리안, 2006. 5. 9.

정덕구. 2005. 「사회 지배구조의 위기와 한국경제의 4가지 펌프」, 대한상공회의소 CEO조찬 강연.

장석권. 2006. 「정치권의 개헌논의와 헌법 제4조(영토조항) 및 제4조(통일의 기본 원칙)의 개폐 문제」, 자유공론(2006. 1).

______. 2006. 「대한민국의 문제, 헌법인가 지도력인가」, 자유공론.

전인철. 「'개헌 땐 대통령 중임제 도입을'…… 우리당 정책연구원 주장」, 파이낸셜 뉴스, 2005. 12. 19.

정광섭, 서정민. 「책임총리제 공방 확산」, 인터넷한겨레. 2003. 10. 1.

정용관. 「고건 퇴임 후 첫 단독인터뷰 '내 시대적 역할 무엇인지 고민'」, 동아일보, 2005. 12. 19.

정진영. 2004. 「한국의 정치제도와 정치적 불안정」, 사회통합을 위한 새로운 거버넌스 전략: 4차 토론회 발제문. 여의도연구소.

http://www.youidoins.org/_admin/pds/text - 4.hwp

조선일보. 「대통령 - 의원 任期 맞추기 改憲 논의할 만하다」, 2005. 12. 8.

청와대. 2006. 「프랑스의 동거정부체제」

최장집, '대통령이 아닌 정당이 정치 중심이 돼야', 데일리 서프라이즈, 2006. 6. 30.

최창렬. 「탄핵과 책임총리제」, 노컷뉴스, 2004. 5. 26.

통일시대연구소. 2004. 「통일한국의 새로운 권력구조 모색」

http://www.kgeco.net/dmz/data/00400 - 0028. doc

프랑스 대사관. 2002. 「프랑스 정치조직」

http://www.amb - coreesud.fr/h - index.htm

프랑스문화원. 2003. 「프랑스의 정치제도」

http://www.france.co.kr/culture/poli - 1.html

한국순환학회. 2004. 「대통령제는 자연의 순리다」

http://www.soon.or.kr/politics2.html

한화갑. 2005. 「한국 정치제도 개선 방안 모색」, 민주당.

헌법포럼. 「헌법개정안」, 2005. 12. 2.

홍준철. 「盧, '책임총리제' 발언은 '이해찬 대망론' 지지?」, 폴리뉴스, 2004. 11. 9.

______. 「한나라 소장파, '조기개헌' 본격 논의」, 폴리뉴스, 2005. 11. 10.

Agenda Research Group. 「노무현 정부의 '책임총리제.'」, 아젠다넷. 2005. 10. 23.

4) 외국 문헌

Aron, Raymond. 1981. "Alternation in Government in Industrialized Countries." *Government and Opposition* 17. no.1: 3 – 21. Weidenfeld and Nicolson.

Diamond, Larry. 1996. 'Three Paradoxes of Democracy.' Larry Diamond · Marc F. Plattner, eds. *The Global Resurgence of Democracy*. The Johns Hopkins University Press.

Duverger, Maurice. 1980. 'A New Political System Mode l: Semi – presidential Government'. European Journal of Political Research 8. no.2, 165 – 87.

Ezra N. Suleiman. 1980. "Presidential Government in France." Rose, Richard., Ezra N. Suleiman.(ed.) 1980. *Presidents And Prime Ministers*. American Enterprise Institute. pp.106 – 21.

Geddes, Barbara. 2003. *Paradigms and Sand Castles*: *Theory Building and Research Design in. Comparative Politics*. University of Michigan Press Horowitz, Donald L. 1996. 'Comparing democratic systems.' Larry Diamond · Marc F. Plattner, eds. *The Global Resurgence of Democracy*. The Johns Hopkins University Press.

Lardeyret, Guy. 1996. 'The problem with PR.' Larry Diamond · Marc F. Plattner, eds. *The Global Resurgence of Democracy*. The Johns Hopkins University Press.

Lijphart, Arend. 1977. "Democracy in Plural Societies: A Comparative Exploration." New Haven; Yale University Press.

Lijphart, Arend. 1996. 'Constitutional choices for new democracies.' Larry Diamond · Marc F. Plattner, eds. *The Global Resurgence of Democracy*. The Johns Hopkins University Press.

Lijphart, Arend. 1996. 'Double – checking the evidence.' Larry Diamond · Marc F. Plattner, eds. *The Global Resurgence of Democracy*. The Johns Hopkins University Press.

Linz, Juan J., Arturo Valenauela(ed). 1994. "The Failure of Presidential

Democracy: Comparative Perspectives." 신명순·조정관 역 1995, 『내각제와 대통령제』, 나남출판.

Linz, Juan J. 1996. 'The Perils of Presidentialism.' Larry Diamond·Marc F. Plattner, eds. *The Global Resurgence of Democracy*. The Johns Hopkins University Press.

Linz, Juan J. 1996. 'The virtues of parliamentarism.' Larry Diamond·Marc F. Plattner, eds. *The Global Resurgence of Democracy*. The Johns Hopkins University Press.

Lipset, Seymour Martin. 1996. 'The centrality of political culture.' Larry Diamond·Marc F. Plattner, eds. *The Global Resurgence of Democracy*. The Johns Hopkins University Press.

Mainwaring, Scott., Shugart, Matthew. 1997. "Juan Linz, presidentialism and Democracy." *Politics, Society, and Democracy*: *Latin America (Essays in Honor of Juan J. Linz)*. Westview Press.

Norris, Pippa. 2004. *Electoral Engineering*: *Voting Rules and Political Behavior*. Cambridge University Press.

O'Donell, Guillerno. 1994. "Delegative Democracy." *Journal of Democracy* V.5 N.1.

Roper, Steven D. 2002. "Are all semipresidential regimes the same? A comparison. of premier－presidential regimes". *Comparative Politics*. vol.34, no.3.

Sartori, Giovanni. 1994. "대통령제도 아니고 내각제도 아니다" Linz, Juan J., Arturo Valenauela(ed). 1994. "The Failure of Presidential Democracy: Comparative Perspectives." 신명순·조정관 역 1995, 『내각제와 대통령제』, 나남출판.

Sartori, Giovanni. 1976. Parties and Party Systems: A Frame work for Analysis. Cambridge University Press.

Siaroff, A. 2003. "Comparative presidencies: The inadequacy of the presidential, semi－presidential and parliamentary distinction." *European Journal Of Political Research*. Vol 42.

Stepan, Alfred. 1978. The State and Society: Peru in Comparative

Perspective. Princeton University Press.

Quade, Quentin L. 1996. 'PR and democratic statecraft.' Larry Diamond · Marc F. Plattner, eds. *The Global Resurgence of Democracy*. The Johns Hopkins University Press.

ㄱ

저자 **강상호(姜相昊)**

▌약 력

고려대학교 졸업
고려대학교 경영학 석사
경희대학교 정치학 박사
고려대학교 총학생회장
고려대학교 경영대학원 MBA 66회 회장
독일 DEMAG Kunststofftechnik사 한국대표
미국 GAIN Technologies사 한국대표
한국정치발전연구소 대표
민주평화통일자문회의 자문위원
행정자치부 중앙자문위원
고려대학교 교우회 상임이사
고려대학교 경제인회 이사
(재)이정의료법인 이사
(사)21세기 분당포럼 기획위원장
전국포럼연합 대변인
독도수호국제연대 자문위원

한국정치와 권력구조의 선택

초판인쇄 | 2009년 1월 5일
초판발행 | 2009년 1월 5일

지은이 | 강상호
펴낸이 | 채종준
펴낸곳 | 한국학술정보㈜
주 소 | 경기도 파주시 교하읍 문발리 513-5 파주출판문화정보산업단지
전 화 | 031) 908-3181(대표)
팩 스 | 031) 908-3189
홈페이지 | http://www.kstudy.com
E-mail | 출판사업부 publish@kstudy.com

등 록 | 제일사 115호(2000. 6. 19)
가 격 27,000원

ISBN 978-89-534-6072-0 93340 (Paper Book)
      978-89-534-6073-7 98340 (e-Book)

내일을여는지식은 시대와 시대의 지식을 이어 갑니다.